Nils Berkemeyer I Bärbel Kracke I Sebastian Meißner I
Peter Noack (Hrsg.)
Schule gemeinsam gesund gestalten

D1705097

Nils Berkemeyer | Bärbel Kracke |
Sebastian Meißner | Peter Noack (Hrsg.)

Schule gemeinsam gesund gestalten

Facetten, Erfahrungen und Ergebnisse
zweier schulischer Interventionsstrategien

Dieses Buch ist erhältlich als:
ISBN 978-3-7799-6242-7 Print
ISBN 978-3-7799-5544-3 E-Book (PDF)

1. Auflage 2020

© 2020 Beltz Juventa
in der Verlagsgruppe Beltz · Weinheim Basel
Werderstraße 10, 69469 Weinheim
Alle Rechte vorbehalten

Herstellung: Ulrike Poppel
Satz: text plus form, Dresden
Druck und Bindung: Beltz Grafische Betriebe, Bad Langensalza
Printed in Germany

Weitere Informationen zu unseren Autor_innen und Titeln finden Sie unter: www.beltz.de

Inhalt

Teil II
Soziale Teilhabe in Schulen – Materialien für die Praxis

Schlussbetrachtung

Einleitung

Vorbeugen durch soziale Teilhabe: Neue Wege der Gesundheitsförderung an Schulen

Sebastian Meißner, Ina Semper, Bärbel Kracke, Nils Berkemeyer und Peter Noack

„Gesundheitsförderung zielt auf einen Prozess, allen Menschen ein höheres Maß an Selbstbestimmung über ihre Gesundheit zu ermöglichen und sie damit zur Stärkung ihrer Gesundheit zu befähigen. Um ein umfassendes körperliches, seelisches und soziales Wohlbefinden zu erlangen, ist es notwendig, dass sowohl Einzelne als auch Gruppen ihre Bedürfnisse befriedigen, ihre Wünsche und Hoffnungen wahrnehmen und verwirklichen sowie ihre Umwelt meistern bzw. verändern können. In diesem Sinne ist die Gesundheit als ein wesentlicher Bestandteil des alltäglichen Lebens zu verstehen. Gesundheit steht für ein positives Konzept, das in gleicher Weise die Bedeutung sozialer und individueller Ressourcen für die Gesundheit betont wie die körperlichen Fähigkeiten. Die Verantwortung für Gesundheitsförderung liegt deshalb nicht nur beim Gesundheitssektor, sondern bei allen Politikbereichen und zielt über die Entwicklung gesünderer Lebensweisen hinaus auf die Förderung von umfassendem Wohlbefinden" (WHO 1986).

Die 1986 von der Weltgesundheitsorganisation (WHO) verabschiedete Ottawa-Charta stellt ein Schlüsseldokument und einen Wendepunkt in der Gesundheitspolitik dar. Dem Leitbild der Gesundheitsförderung verpflichtet, entwirft die WHO eine neue, salutogenetisch und sozial-ökologisch ausgerichtete Perspektive auf Gesundheit (Loss/Warrelmann/Lindacher, 2016).

Richtungsweisend ist zunächst eine grundlegende Umorientierung im Verständnis von Krankheit und Gesundheit. Entgegen der bis dato vorherrschenden Krankheits- und Risikoorientierung, deren Strategien auf die Prävention und Bekämpfung von Krankheiten zielt, fokussiert der salutogenetische Ansatz primär die Frage, *was den Menschen gesund erhält* (Antonovsky 1996, 1997). Konkret heißt das, nach den Bedingungen und Faktoren, d.h. den internen wie externen Ressourcen zu fragen, die unsere Gesundheit schützen und uns und unseren Organismus widerstandsfähiger gegenüber schädlichen Einflüssen machen (Bengel/Strittmatter/Willmann, 2009, S. 27).

Eben diese Ressourcenorientierung erfordert die Berücksichtigung der ganzen Person mitsamt ihrer Lebenswelt. Gesundheitsförderung setzt an diesem Punkt an. Dass das Gesundheitsverhalten vielfach durch soziale wie umweltbezogene Faktoren bedingt ist, die nur in Grenzen frei wähl- und beeinflussbar sind, belegen die zahlreichen Forschungen zu gesundheitsbezogenen Ungleichheiten der vergangenen Jahre eindrücklich (Hurrelmann/Richter 2009, 2013; Lampert et al. 2016; Lampert et al. 2017). Maßnahmen der Gesundheitsförderung zielen in ihrem Kern daher auf die Schaffung „gesundheitsfördernder Lebenswelten" (Loss et al. 2016, S. 436). Konkret geht es hierbei zum einen um die Veränderung des materiellen, sozialen, organisatorischen und politischen Lebensumfeldes, d.h. jener Rahmenbedingungen, die es Gesellschaften und ihren Mitgliedern ermöglichen sich gesund zu entwickeln (Habermann-Horstmeier 2017; Habermann-Horstmeier/Lippke 2019; Loss et al. 2016). Zum anderen sollen Menschen individuell wie kollektiv dazu befähigt werden, in einem höheren Maß über ihre Gesundheit selbst zu bestimmen und sich proaktiv, auch durch Veränderung von Umweltbedingungen, für ihre eigene wie für die Gesundheit anderer einzusetzen.

Kurz: Gesundheitsförderung lenkt den Blick auf die Frage, wie und mit welchen Mitteln das Gesundheitspotenzial von Menschen durch die strukturelle Schaffung und Unterstützung bei der Ausgestaltung gesundheitserhaltender Lebensbedingungen (Verhältnisorientierung) wie über die Stärkung der Gesundheitskompetenz (Verhaltensorientierung) gefördert werden kann (Dadaczynski/Baumgarten/Hartmann 2016, S. 215 f.).

Eine Schlüsselstrategie hierfür sind sogenannte setting-bezogene Ansätze. Settings sind jene sozialräumlich institutionalisierten Lebenswelten, wie Kindertagesstätten, Schulen, Hochschulen, Betriebe, Unternehmen, Seniorenheime, Quartiere, Gemeinden etc., „in which people engage in daily activities in which environmental, organizational and personal factors interact to affect health and wellbeing" (WHO 1998, S. 16). In diesen lebensweltlichen Institutionen können große Bevölkerungsteile mit präventiven und gesundheitsförderlichen Maßnahmen erreicht werden, daher sind sie geeignet, gesundheitsbezogenen Chancenungleichheiten effektiv entgegenzuwirken (Habermann-Horstmeier/Lippke 2019; Loss et al. 2016; kritisch hierzu Bär 2016).

Gesundheitsförderung im Sinne des Setting-Ansatzes ist ein komplexer Prozess und erfordert eine systemisch-ökologische Perspektive auf Gesundheit. Konkret bedeutet dies, Gesundheit einerseits als Ergebnis des dynamischen Wechselspiels von personellen, organisationalen und umweltbezogenen Faktoren zu verstehen und andererseits zu berücksichtigen, dass Settings als soziale Systeme aufgrund ihrer Offenheit immer in Relation zu anderen Settings und daher nie isoliert zu betrachten sind (Dadczynski/Baumgarten/Hartmann 2016, S. 215). Um nachhaltige Veränderungen innerhalb eines Settings anzustoßen gilt es, ganzheitliche Organisationsentwicklungen anzustoßen, d.h. Gesundheit und ihre Förderung „in die Prozesse, Strukturen und Kernanliegen des Settings" zu integrieren, sodass diese „zum selbstverständlichen Bestandteil aller Entscheidungs- und Planungsprozesse werden" (ebd., S. 216). Auf lokaler Ebene bedarf es daher der aktiven Einbeziehung und Einbindung der Setting-Mitglieder und relevanter Stakeholder *(participation)*. Um die eigene Lebenswelt aktiv beeinflussen und gestalten zu können, forcieren setting-bezogene Ansätze den Aufbau und die Entwicklung der individuellen Gesundheitskompetenz *(Health Literacy)* wie den Aufbau von Netzwerkstrukturen innerhalb und außerhalb des Settings *(capacity-building)*. Auch auf politischer Ebene ist ein Umdenken nötig. Eine umfassende und adäquate Gesundheitsförderung, wie sie die WHO in der Ottawa-Charta entwirft und wie sie in den Folgekonferenzen weiter ausdifferenziert wird (siehe hierzu Brösskamp-Stone/Dietscher 2011), ist nur durch die Berücksichtigung von Gesundheit in allen Politikbereichen erreichbar. „Health in all Politics" lautet die Botschaft und Herausforderung (Loss/Warrelmann/Lindacher 2016, S. 437).

Dass Gesundheit ein wertvolles, zu bewahrendes und zu schützendes Gut ist, rückt unter dem Eindruck umfassender gesellschaftlicher Transformationen immer stärker in das öffentliche Bewusstsein. Zu nennen sind hier u.a. der demografische Wandel, die Internationalisierung, Individualisierung, veränderte Lebensbedingungen oder der technologische Wandel. In den letzten beiden Dekaden lässt sich aber auch ein grundlegender Wandel des Krankheitsspektrums hin zu sog. Volks- bzw. Zivilisationskrankheiten, wie Demenz, Depression, Burnout etc., konstatieren (Berger et al. 2019; Berger/Kraußlach/Strauß 2019). Aus all diesen Entwicklungen erwachsen neue gesundheits- und versorgungsrelevante Herausforderungen, bei denen es weniger um die Risikovermeidung, sondern um das Management von Krankheiten und den Erhalt von Lebensqualität geht (Krajic/Dietscher/Pelikan 2017, S. 10).

Mit der Verabschiedung des Gesetzes zur Stärkung der Gesundheitsförderung und Prävention, kurz Präventionsgesetz (PrävG) 2015 wird ein deutliches politisches Signal gesendet, die Anstrengungen zur Förderung der Gesundheit und Prävention konsequent lebensweltlich auszurichten und hierfür die Anstrengungen verschiedener Akteure stärker zu bündeln (Bundesrat 2015).

Zur Bewältigung der komplexen Herausforderungen im Gesundheitssektor schreibt das Bundesministerium für Bildung und Forschung (BMBF) im Jahr 2012 den Wettbewerb „Gesundheits- und Dienstleistungsregionen von morgen" (GeDiReMo) aus (BMBF 2012). Ziel der Förderung ist es, Modellregionen zu etablieren, die „innovative Maßnahmen der Primärprävention und Gesundheitsförderung im Rahmen eines Forschungs- und Praxisverbundes anregen" (Berger et al. 2019, S. 38). Getragen von der Idee setting-basierter Gesundheitsförderung sollen die fünf avisierten Gesundheitsregionen einen sektorenübergreifenden Ansatz verfolgen, der die relevanten Akteurinnen und Akteure auf lokaler Ebene in einem partizipativen Prozess miteinander verzahnt, um so „den individuellen Bedürfnissen der Menschen nach ganzheitlichen Lösungsangeboten zu genügen" (BMBF 2012).

Unter dem Leitgedanken „Vorbeugen durch Teilhabe" gehört Jena zu einer der fünf vom BMBF unter dem Dach der Fördermaßnahme „Gesundheits- und Dienstleistungsregionen von morgen" (GeDiReMo) geförderten Modellregionen, in denen innovative Präventions- und Gesundheitsförderungsmaßnahmen im Zeitraum von 2014 bis 2018 in den Lebenswelten vor Ort und über die gesamte Lebensspanne hinweg erprobt und evaluiert werden (Förderkennzeichen 01KK1401A-C).

VorteilJena geht hierbei neue Wege der Gesundheitsförderung und -forschung, indem durch die Stärkung der sozialen Teilhabe den neuen Volkskrankheiten vorgebeugt und entgegengewirkt werden soll. Selbstwert und der Selbstwirksamkeit fungieren hierbei als vermittelnde Variablen zwischen Teilhabe und Gesundheit (Berger/Kraußlach/Strauß, 2015; Berger/Kraußlach/Strauß, 2019). Der diesem Ziel zugrundeliegende Kerngedanke ist der der Förderung gesellschaftlicher Inklusion: Wer sich dazugehörig fühlt, einbezogen wird, in seinen Bedürfnissen Anerkennung findet und nicht aufgrund von Geschlecht, Alter, Herkunft, Religionszugehörigkeit, Bildung oder Behinderung benachteiligt oder ausgeschlossen wird, kann aktiv und selbstbestimmt für seine Gesundheit sorgen. Soziale Teilhabe, im Sinne eines umfassenden Zugehörigkeitsgefühls *(belonging)* bewirkt, dass Menschen sich als wertvolle Mitglieder der Gesellschaft erleben, die die wichtigsten Aspekte der eigenen Lebensführung beeinflussen und ein sinnerfülltes Leben führen können (vgl. Hurrelmann 2010; Niederbacher/Zimmermann 2011).

Auf dieser Basis arbeiten insgesamt acht Teilprojekte in den drei lebensweltbezogenen Teilbereichen, „Gesund Lernen", „Gesund Arbeiten" und „Gesund Altern" des Verbundprojekts VorteilJena am Universitätsklinikum Jena (UKJ), der Friedrich-Schiller-Universität Jena sowie der Ernst-Abbe-Hochschule Jena (EAH) partizipativ mit den jeweiligen Modell- und Netzwerkpartnern sowie den Zielgruppen an innovativen Formaten der Gesundheitsförderung und der Entwicklung von qualitätsgesicherten Praxishilfen für eine bevölkerungsweite Nutzung (ausführlich hierzu Berger/Kraußlach/Strauß 2015; Berger et al. 2019; Berger/Kraußlach/Strauß 2019).

Im Bereich „Gesund Lernen", der in diesem Band im Fokus steht, werden zentrale Herausforderungen der Jenaer Bildungsregion zum Anlass für die Entwicklung, die Erprobung und Evaluation zweier netzwerkbasierter Interventionen:

- „Netzwerke für Bildungsübergänge": Teilhabe durch Unterstützung von Kindern mit sonderpädagogischem Förderbedarf bei Übergängen in der Bildungslaufbahn
- „Gesunde Lehrkräfte durch Gemeinschaft": Gesundheitsförderung von Lehrerinnen und Lehrern durch Stärkung der sozialen Teilhabe in Lehrkräftenetzwerken

In diesem Band werden die Impulse, Erfahrungen und Ergebnisse, die aus dem Kontext dieser beiden Teilprojekte hervorgegangen bzw. entstanden sind, vorgestellt und im Hinblick auf ihre Potenziale zur Gesundheitsförderung und Prävention im Setting Schule kritisch diskutiert und eingeordnet.

Aufbau des Bandes

Der vorliegende Band gliedert sich in zwei große Schwerpunktbereiche. Der erste Teil beleuchtet die theoretischen Grundlagen der schulischen Gesundheitsförderung im Medium sozialer Teilhabe, während sich der zweite Teil den qualitätsgesicherten Praxishilfen zuwendet, diese exemplarisch vorstellt und deren Anwendbarkeit und Nutzungspotenziale im Kontext Schule reflektiert.

Den Einstieg in den ersten Schwerpunktbereich bildet der Beitrag von *Peter Noack und Bärbel Kracke,* die sich dem Thema Übergänge in der schulischen Bildungsbiographie widmen. Bildungsübergänge verstehen sie hierbei als „ökologische Übergänge normativer Art" (Weber-Liel et al. 2019, S. 9). Entlang der einzelnen bildungsbiographischen Übergänge von der Kindertagestätte über die Schule in die Berufs- und Arbeitswelt hinein, diskutieren sie die damit verbundenen Herausforderungen und Chancen für die individuelle Entwicklung von Kindern und Jugendlichen. Inwieweit Bildungsübergänge stärker risikobehaftet oder chancenreich sind, hängt nicht nur von individuellen Dispositionen ab, sondern ist das Resultat des komplexen Wechselspiels zwischen individuellen Merkmalen und kontextuellen Bedingungen. Ansatzpunkte dafür, den Prozess und die Ergebnisse von Bildungsübergängen günstiger zu gestalten, sehen sie zum einen in der geeigneten Vorbereitung von Kindern und Jugendlichen im Hinblick auf Wissen, Kompetenzen und Orientierungen, zum anderen aber auch in der verstärkten Kooperation und Vernetzung zwischen den ab- und aufnehmenden Einrichtungen sowie weiteren regionalen Akteuren.

Dorit Weber-Liel und Bärbel Kracke zeigen vor dem Hintergrund des im Art. 24 der UN-Behindertenrechtskonvention formulierten Anspruchs auf inklusive Bildung konkreten Handlungsbedarf auf, der hinsichtlich erfolgreicher Übergänge für Schülerinnen und Schüler mit sonderpädagogischem Förderbedarf besteht. Dabei stellen sie zum einen die Frage zentral, mit welchen spezifischen Herausforderungen sich Kinder und Jugendliche mit sonderpädagogischem Förderbedarf bei Bildungsübergängen konfrontiert sehen und zum anderen, welche Anforderungen sich hieraus für schulische Akteure und regionale Schulsysteme ergeben. Bezugnehmend auf den ökosystemischen Ansatz von Uri Bronfenbrenner betonen sie die zentrale Rolle von Kooperation und Vernetzung zwischen allen am Übergangsprozess beteiligten Akteuren und Bezugssystemen bei der individuellen und bedarfsgerechten Unterstützung von Kindern und Jugendlichen mit sonderpädagogischem Förderbedarf. Mit dem Instrument der Übergangskonferenz schlagen sie einen im Rahmen der Netzwerkintervention erprobten methodischen Ansatz vor, eben diesen Herausforderungen erfolgreich zu begegnen. Die Schaffung tragfähiger regionaler Übergangsstrukturen, die sich dem Gedanken einer inklusiven Bildungslandschaft verpflichtet, ist letztlich eine Aufgabe, so das abschließende Plädoyer, der Kommunen zukünftig stärker nachkommen müssen, um die Gesundheit und Teilhabe von Schülerinnen und Schüler mit besonderem Unterstützungsbedarf nachhaltig zu fördern.

Die Teilhabechancen von Kindern und Jugendlichen mit sonderpädagogischem Förderbedarf durch eine Verbesserung von bildungsbiographischen Übergangsprozessen zu stärken, ist ein Kernanliegen des VorteilJena-Teilprojektes „Netzwerke für Bildungsübergänge". Dadurch soll es möglich werden, die psychische wie physische Gesundheit mittelbar positiv zu beeinflussen. *Bärbel Kracke, Peter Noack, Dorit Weber-Liel und Kerstin Mayhack* rekonstruieren in ihrem Beitrag die Entwicklung des Instruments „Übergangskonferenzen", in dessen Fokus die gelingende Gestaltung von Bildungsübergängen im Kontext regionaler Übergangsstrukturen steht. Im Ergebnis des mehrstufigen Erarbeitungsprozesses, der neben einer umfassenden qualitativen Bedarfsanalyse auch auf die Erfassung inklusiver Einstellungen und Erfahrungen der Praxispartnerinnen und -partner umfasste, zeigt sich, dass die Methode der Übergangskonferenz von allen Befragten positiv bewertet wird. Gleichzeitig verdeutlichen die Autorinnen und Autoren spezifische Herausforderungen, die sich aus Sicht der einzelnen Akteure mit der Implementation über Übergangskonferenzen ergeben. Während kommunale Akteure für eine umfassende Implementation plädieren, fürchten insbesondere Lehrkräfte eine qualitative Überforderung, die mit der Umsetzung eines inklusiven und individuellen Übergangsmanagements für alle Schülerinnen und Schüler einhergehen. Welche Folgen sich hieraus für die Praxis ergeben, wird abschließend diskutiert.

Netzwerke im Schulkontext gelten als Antwort auf aktuelle bildungspolitische Herausforderungen. Als Praxis- und Lerngemeinschaften stellen sie einen Raum dar, in dem im Rahmen von Kooperation und Austausch Lern- und Professionalisierungsprozesse initiiert werden. *Ina Semper* leuchtet in ihrem Beitrag die Rolle schulübergreifender Netzwerke als Gesundheitsressource aus. Vor dem Hintergrund netzwerktheoretischer Überlegungen diskutiert sie die Frage, ob schulübergreifende Netzwerke über ihre Funktionen für die Schulentwicklung, Professionalisierung und Kooperation hinaus auch eine geeignete Präventionsstrategie darstellen, um gesundheitliche Belastungen zu reduzieren, Handlungsspielräume zu eröffnen und die Ressourcen der an Schule beteiligten Personengruppen zu stärken. Insbesondere Innovationsnetzwerke, so das abschließende Fazit, bieten Anknüpfungspunkte für die Etablierung und professionelle Weiterentwicklung schulischer Präventions- und Gesundheitsförderungsstrategien. Derartige Potenziale lassen sich allerdings erst ausschöpfen, wenn die Ergebnisse der Netzwerkarbeit in die einzelschulischen Strukturen und alltäglichen Arbeitsprozesse diffundieren. Diese Transferprozesse bedürfen jedoch der Begleitung und Unterstützung. Hierzu sind geeignete Rahmenbedingungen und Strukturen sowohl auf Seiten des Netzwerkes als auch auf Seiten der Schule nötig.

Während bislang auf theoretischer Ebene die gesundheitsbezogenen Potenziale, Perspektiven und Herausforderungen schulübergreifender Netzwerke diskutiert wurden, stellt der Beitrag von *Ina Semper und Sebastian Meißner* die Evaluationsergebnisse der im Rahmen des VorteilJena-Teilprojektes „Gesunde Lehrkräfte durch Gemeinschaft" initiierten drei schulübergreifenden Lehrkräftenetzwerke zum Thema „Lehrkräftegesundheit" vor. Ein besonderer Fokus der quantitativen und qualitativen Evaluationen lag auf den wahrgenommenen professions- und gesundheitsbezogenen Wirkungen der Netzwerkintervention. Im Einklang mit den bisherigen Befunden der Lehrkräftegesundheitsforschung zeigt sich, dass die im Kontext der schulübergreifenden Lehrkräftenetzwerke befragten Lehrerinnen und Lehrer zwar belastet sind und Anerkennungsdefizite thematisieren, insgesamt aber eine hohe Arbeitszufriedenheit aufweisen. Den Kern der Netzwerkintervention bildete die Kollegiale Fallberatung, die über einen Zeitraum von einem Schuljahr eingeübt und durchgeführt wurde. Auf Basis leitfadengestützter Interviews im Anschluss an die Intervention zeigt sich, dass die Teilnehmenden Wirkungen vor allem hinsichtlich der Lösung konkreter beruflicher Praxisprobleme, der Anregung von Reflexionsprozessen und der Belastungsreduktion durch soziale Unterstützung beschrieben. Die nachhaltige Implementation und praktische Umsetzung Kollegialer Fallberatungen im schulischen Kontext bewegt sich, so das abschließende Fazit vor dem Hintergrund dreier zentraler Spannungsfelder: Aufwand vs. Nutzen, schulintern vs. schulextern sowie schulartspezifisch vs. schulartübergreifend.

Die rezenten Reformen des Schulsystems, die unter dem Leitbegriff der „Neuen Steuerung" firmieren, haben die Arbeitsorganisation von Schule und die professionellen Anforderungen an Lehrkräfte verändert. Diese Transformationen verlaufen keinesfalls reibungslos, sondern konflikthaft und lassen sich auch als Kämpfe um Anerkennung interpretieren (Berkemeyer 2017), die gesundheitlich nicht folgenlos bleiben. Dass mangelnde Anerkennung mit manifesten gesundheitlichen Risiken einhergeht, belegen inzwischen mehrere Forschungsarbeiten (Lehr/Hillert/Keller 2009; Seibt/Galle/Dutschke, 2007). Um diesen negativen Folgen entgegenzuwirken, wird häufig die Etablierung einer Kultur der Anerkennung in Schule gefordert. Der Beitrag von *Sebastian Meißner* knüpft an diese neue Diskussionslinie innerhalb der Lehrkräftegesundheitsforschung an. Während zunächst der empirische Zusammenhang zwischen sozialer Anerkennung und der Gesundheit von Lehrkräften vor dem Hintergrund des Effort-Reward-Imbalance-Modells nachgezeichnet wird, zeigt die anschließende kritische Diskussion, dass die anerkennungstheoretischen Grundlagen der bisherigen Forschungszugänge unzureichend sind um die Frage zu beantworten, inwieweit soziale Anerkennung das Stress- und Belastungserleben von Lehrkräften beeinflussen, moderieren oder kompensieren kann. Hierfür bedarf es einer stärker anerkennungstheoretisch fundierten Lehrkräftegesundheitsforschung. Ein solches Vorhaben kann, so die zentrale These, ihren Ausgangspunkt in den subjektivierungstheoretischen Arbeiten Judith Butlers nehmen, die nicht nur den ambivalenten Charakter schulischer Anerkennungsverhältnisse betonen, sondern es gleichsam gestatten, die Gesundheit von Lehrkräften als Mehrebenenphänomen mit seinen vielfältigen Chancen und Risiken zu konzeptualisieren.

Im zweiten Abschnitt stehen die gemeinsam mit den Praxispartnerinnen und Praxispartnern des VorteilJena-Projektes entwickelten qualitätsgesicherten Praxishilfen im Vordergrund. Dabei geht es weniger um eine en-Détail-Analyse und Rezension der umfangreichen Praxishilfen, sondern vielmehr um eine exemplarische Darstellung der einzelnen Instrumente, sodass deren Ansatz, Vorgehensweise und Nutzen für die Prävention und Gesundheitsförderung im Setting Schule deutlich werden.

Dass Kinder und Jugendliche in ihrer Bildungsbiographie verschiedene Übergänge bewältigen müssen, die chancenreich, aber auch risikobehaftet sein können, haben die Beiträge der Forschungsgruppe des Teilprojektes „Netzwerke für Bildungsübergänge" herausgearbeitet. Mit der Praxishilfe „Übergangskonferenzen" wird allen an Bildungsübergängen beteiligten Akteurinnen und Akteure ein Instrument zur individuellen Unterstützung von Übergängen für Kinder und Jugendliche mit besonderem Förderbedarf auf ihrem Weg vom Kindergarten über die Schule bis in die Arbeitswelt hinein zur Verfügung gestellt.

Dorit Weber-Liel, Kerstin Mayhack, Bärbel Kracke und Peter Noack gehen in ihrem Beitrag zunächst auf das Format der Übergangskonferenz und deren Zielsetzungen ein. Anschließend zeigen sie anhand exemplarischer Auszüge aus der Praxishilfe, wie eine professionelle Übergangsbegleitung von Kindern und Jugendlichen mit besonderem Unterstützungsbedarf im Kontext von Übergangskonferenzen ausgestaltet werden kann. Hierzu werden die sieben zentralen Bausteine der Praxishilfe „Übergangskonferenzen" eingehend betrachtet. Während die vier stärker theoretisch orientierten Bausteine den Anwenderinnen und Anwender in prägnanter Form zentrale Informationen zu Fragen von Bildungsübergängen, Übergangskonferenzen, der Bedeutung von Kooperation und Vernetzung im Kontext der Übergangsgestaltung sowie zum Thema schulischer Inklusion präsentieren, steht die Durchführung von Übergangskonferenzen im Zentrum der drei praxisorientierten Teile. Abschließend thematisiert der Beitrag die Zielgruppen der Praxishilfe, die sich nicht nur an Pädagoginnen und Pädagogen richtet, die Übergänge konkret begleiten, sondern auch Schulentwicklungsakteure, denen die Praxishilfe mit ihrer Methode der Übergangskonferenz konkrete Impulse für die eigene Schulentwicklung im Hinblick auf Fragen der Übergangsgestaltung an die Hand gibt.

Die eigenen Ressourcen zu (er)kennen, zu stärken und dadurch Lehrerinnen und Lehrer physisch wie psychisch widerstandsfähiger gegenüber den Herausforderungen im Schulalltag zu machen, ist das Kernanliegen des VorteilJena-Teilprojektes „Gesunde Lehrkräfte durch Gemeinschaft". Ausgangspunkt der aus dem Projektkontext heraus entwickelten Praxishilfen „Anti-Stress-Box für Lehrerinnen und Lehrer" und die „Praxisbox Kollegiale Fallberatung. Herausforderungen in der Schule gemeinsam bewältigen" ist die salutogenetische Frage, was Lehrkräfte im Setting Schule gesund erhält.

Der Beitrag von *Sebastian Meißner, Ina Semper, Sascha Roth und Nils Berkemeyer* gibt einen exemplarischen Einblick in die Praxishilfematerialien. Beide Praxisboxen nutzen hierfür unterschiedliche Zugänge und changieren dabei zwischen den Polen der Prävention und Gesundheitsförderung. Im Sinne der Primärprävention setzt die Anti-Stress-Box am Verhalten von Lehrkräften an und konzentriert sich auf die Frage, was Lehrerinnen und Lehrer selbst tun können, um die Herausforderungen und Belastungen des Schulalltags erfolgreich(er) zu bewältigen. Anknüpfend an den Ansatz der Gesundheitsförderung fokussiert die Praxisbox Kollegiale Fallberatung die Ebene kollegialer Beziehungen innerhalb von Schulen als Gesundheitsressource. In ihrer anwendungsorientierten Einführung stellen die Autorinnen und Autoren die unterschiedlichen Praxishilfematerialien und deren Einsatzpunkte für die Gesundheitsförderung und Prävention in Schule vor. Anschließend diskutiert der Beitrag die Reichweite und den Nutzen beider Praxisboxen. Lehrkräftegesundheit, so das Fazit der Autorinnen und Autoren, ist nie nur ein persönlich oder rein kollegial zu bestreitender Entwicklungsweg, sondern muss vielmehr als eine gemeinsam getragene Entwicklungsaufgabe der gesamten Schulgemeinschaft ebenso wie des Schulsystems verstanden werden.

Den Abschluss des Bandes bildet eine kurze Schlussbetrachtung der Herausgeberinnen und Herausgeber. *Sebastian Meißner, Bärbel Kracke, Nils Berkemeyer und Peter Noack* bilanzieren in ihrer kritischen Reflexion der beiden Netzwerkinterventionen, deren Wirksamkeit und Wirkungskraft in die Schulen hinein und zeigen dabei weitere Entwicklungswege und -bedarfe für die schulische Gesundheitsförderung auf.

Danksagung

Wir möchten an dieser Stelle allen Partnerinnen und Partnern, die uns während der Projektlaufzeit durch ihre Beteiligung, ihre wertvollen Beiträge und Rückmeldungen bei unseren Forschungen sowie bei der Erarbeitung unserer Praxishilfen unterstützt haben, ganz herzlichen danken. Hierzu gehören die

Schulleiterinnen und Schulbegleiter, Lehrkräfte, Sonderpädagoginnen und Sonderpädagogen, Schulbegleiterinnen und Schulbegleiter sowie der Elternschaft unserer Kooperationsschulen in beiden Teilprojekten – LEONARDO Freie Ganztagsschule-Gemeinschaftsschule Jena, Gesamtschule UniverSaale Jena, Staatliche Gemeinschaftsschule Kulturanum, Staatliche Grundschule Westschule, Staatliche Grundschule Südschule, Lobdeburgschule Jena – Staatliche Gemeinschaftsschule, Staatliches Berufsbildendes Schulzentrum Jena-Göschwitz Staatliche Berufsbildende Schule für Gesundheit und Soziales Jena, Freie Ganztagsschule Milda, Carl-Zeiss-Gymnasium Jena.

Danken möchten wir auch allen Kooperationspartnerinnen und -partnern bei der Stadt Jena, des Schulamtes Ostthüringen, der Landesvereinigung für Gesundheitsförderung Thüringen e.V. (AGETHUR), der IHK, der Agentur für Arbeit Jena ebenso wie den verschiedenen regionalen Vereinen und Projekten sowie allen Gesprächspartnerinnen und -partnern, die wir an dieser Stelle nicht alle namentlich nennen können.

Ein großes Dankeschön geht ebenso unseren ehemaligen Projektmitarbeiterinnen und -mitarbeitern: Zum einen Dr. Stefanie Schmachtel, die das erste schulübergreifende Lehrkräftenetzwerkes mit viel Engagement ins Leben gerufen und die mit ihren Ideen die weitere Projektarbeit bereichert hat. Zum anderen möchten wir ganz herzlich Jana Berkemeyer danken, die neben ihrer hervorragenden redaktionellen Unterstützung bei der Fertigstellung dieses Bandes, auch die Netzwerkintervention begleitet hat. Ein besonderer Dank gilt aber auch den wissenschaftlichen Hilfekräften beider Teilprojekte: Sophie Schächer, Lena Becker, Laura Schacht, Ulrike Palme, Ronja Wacker, Leon Lörchner und Anne Israel. Für ihre wertvolle Unterstützung bei der redaktionellen Umsetzung dieses Bandes möchten wir zudem Anna Billich und Corinna Marina Keil danken.

Bedanken möchten wir uns nicht zuletzt bei Frank Engelhardt und seinem Team der Verlagsgruppe Beltz, die die Entstehung dieses Bandes professionell wie freundlich begleiten haben. Ein besonders großes Dankeschön gilt Miriam Frank, die uns bei der Gestaltung und dem Layout unserer Praxishilfen immer mit Rat und Tat sowie kreativen Ideen zur Seite gestanden hat und dadurch entscheidend zur Qualität unserer Praxishilfen beigetragen hat.

Literaturverzeichnis

Antonovsky, Aaron (1996): The salutogenic model as a theory to guide health promotion. In: Health Promotion International 11, H. (1), S. 11–18.

Antonovsky, Aaron (1997): Salutogenese. Zur Entmystifizierung der Gesundheit. Tübingen: Dgvt-Verl.

Bär, Stefan (2016): Soziologie und Gesundheitsförderung. Einführung für Studium und Praxis. 1. Auflage. Weinheim: Beltz Juventa.

Bengel, Jürgen/Strittmatter, Regine/Willmann, Hildegard (2009): Was erhält Menschen gesund? Antonovskys Modell der Salutogenese – Diskussionsstand und Stellenwert: eine Expertise. Köln: BZgA.

Berger, Uwe/Kraußlach, Heinke/Kirschner, Hariet/Mühleck, Julia/Werner, Benedikt/Strauß, Bernhard (2019): Vorbeugen durch Teilhabe im Verbundprojekt VorteilJena. Bedeutung sozialer Teilhabe für Gesundheit und Wohlbefinden über die Lebensspanne. In: Psychotherapeut 64, H. 1, S. 38–45.

Berger, Uwe/Kraußlach, Heike/Strauß, Bernhard (2015): Was zeichnet eine Gesundheitsregion von morgen aus? Das Verbundprojekt VorteilJena – Vorbeugen durch Teilhabe. In: Psychotherapie, Psychosomatik, medizinische Psychologie 65, H. 6, S. 203.

Berger, Uwe/Kraußlach, Heike/Strauß, Bernhard (2019): VorteilJena: Vorbeugen durch Teilhabe in der Gesundheitsregion von morgen. Prävention und Gesundheitsförderung 14 H. 1, S. 1–2.

Berkemeyer, Nils (2017): Anthropologie „Neuer Steuerung". Ein Essay über implizite und explizite Menschenbilder und deren Potenziale für die Steuerungsforschung im Schulsystem. In: Standop, Jutta/Röhrig, Ernst Daniel/Winkels, Raimund (Hrsg.): Menschenbilder in Schule und Unterricht. 1. Auflage. Weinheim: Beltz Juventa, S. 181–194.

Brösskamp-Stone, Ursel/Dietscher, Christina (2011): Die Ottawa Charta für Gesundheitsförderung. In: Dür, Wolfgang/Felder-Puig, Rosemarie (Hrsg.): Lehrbuch schulische Gesundheitsförderung. 1. Auflage. Bern: Verlag Hans Huber, S. 27–31.

Bundesministerium für Bildung und Forschung (BMBF) (2012): Bekanntmachung des Bundesministeriums für Bildung und Forschung von Richtlinien zur Förderung von Gesundheits- und Dienstleistungsregionen von morgen. www.bmbf.de/foerderungen/bekanntmachung-776.html [22.11.2019].

Bundesrat (2015). Gesetz zur Stärkung der Gesundheitsförderung und Prävention (PrävG). In: Bundesgesetzesblatt Teil I 31, S. 1368–1379.

Dadaczynski, Kevin/Baumgarten, Kerstin/Hartmann, Thomas (2016): Settingbasierte Gesundheitsförderung und Prävention. Kritische Würdigung und Herausforderungen an die Weiterentwicklung eines prominenten Ansatzes. In: Prävention und Gesundheitsförderung 11, H. 4, S. 214–221.

Habermann-Horstmeier, Lotte (2017): Gesundheitsförderung und Prävention. Kompakte Einführung und Prüfungsvorbereitung für alle interdisziplinären Studienfächer. Bern: Hogrefe.

Habermann-Horstmeier, Lotte/Lippke, Sonia (2019): Grundlagen, Strategien und Ansätze der Gesundheitsförderung. In: Tiemann, Michael/Mohokum, Melvin (Hrsg.): Prävention und Gesundheitsförderung. Berlin und Heidelberg: Springer, S. 1–11.

Hurrelmann, Klaus (2010). Gesundheitssoziologie. Eine Einführung in sozialwissenschaftliche Theorien von Krankheitsprävention und Gesundheitsförderung. 7. Auflage. Weinheim: Juventa-Verl.

Hurrelmann, Klaus/Richter, Matthias (2009): Gesundheitliche Ungleichheit. Grundlagen, Probleme, Perspektiven. 2. aktualisierte Auflage. Wiesbaden: VS Verlag.

Hurrelmann, Klaus/Richter, Matthias (2013): Gesundheits- und Medizinsoziologie. 8. Auflage. Weinheim und Basel: Beltz Juventa

Krajic, Karl/Dietscher, Christina/Pelikan, Jürgen (2017): Gesundheitsförderung und Krankheitsprävention – soziologisch beobachtet. In: Kriwy, Peter/Jungbauer-Gans, Monika (Hrsg.): Handbuch Gesundheitssoziologie. Wiesbaden: Springer, S. 1–31.

Lampert, Thomas/Hoebel, Jens/Kuntz, Benjamin/Müters, Stephan/Kroll, Lars E. (2017): Gesundheitliche Ungleichheit in verschiedenen Lebensphasen. Gesundheitsberichterstattung des Bundes gemeinsam getragen von RKI und Destatis. RKI: Berlin.

Lampert, Thomas/Richter, Matthias/Schneider, Sven/Spallek, Jacob/Dragano, Nico (2016): Soziale Ungleichheit und Gesundheit: Stand und Perspektiven der sozialepidemiologischen Forschung in Deutschland. In: Bundesgesundheitsblatt, Gesundheitsforschung, Gesundheitsschutz 59, H. 2, S. 153–165.

Lehr, Dirk/Hillert, Andreas/Keller, Stefan. (2009): What Can Balance the Effort? Associations between Effort-Reward Imbalance, Overcommitment, and Affective Disorders in German Teachers. In: International Journal of Occupational and Environmental Health, 15, H. 4, S. 374–384.

Loss, Julika/Warrelmann, Berit/Lindacher, Verena (2016): Gesundheitsförderung: Idee, Konzepte und Vorgehensweisen. In: Richter, Matthias/Hurrelmann, Klaus (Hrsg.): Soziologie von Gesundheit und Krankheit. 1. Auflage. Wiesbaden: Springer VS, S. 435–449.

Niederbacher, Anne/Zimmermann, Peter (2011): Sozialisation und Gesundheit. In: Niederbacher, Anne/Zimmermann, Peter (Hrsg.): Grundwissen Sozialisation. Einführung zur Sozialisation im Kindes- und Jugendalter. 4., überarbeitete und aktualisierte Auflage. Wiesbaden: VS Verlag, S. 177–187.

Seibt, Reingard/Galle, M./Dutschke, Diana (2007): Psychische Gesundheit im Lehrerberuf. In: Prävention und Gesundheitsförderung 2, H. 4, S. 228–234.

Weber-Liel, Dorit/Mayhack, Kerstin/Kracke, Bärbel/Noack, Peter (2019): Runde Tische für Inklusion. Übergangskonferenzen zur Unterstützung von Kindern, Eltern und Lehrkräften. In: Prävention und Gesundheitsförderung 14, H. 1, S. 9–14.

World Health Organisation (WHO) (1986): Ottawa-Charta zur Gesundheitsförderung. http://www.euro.who.int/__data/assets/pdf_file/0006/129534/Ottawa_Charter_G.pdf?ua=1 [21.11.2019].

World Health Organization (WHO) (1998): Health Promotion Glossary. Geneva: World Health Organization.

Teil I
Soziale Teilhabe als Medium
der Gesundheitsförderung in Schulen

Übergänge in der schulischen Bildungsbiografie

Herausforderungen und Chancen für die individuelle Entwicklung

Peter Noack & Bärbel Kracke

1 Übergänge

Wenn wir über unser Leben berichten, organisieren wir die Erzählung vor allem mit Bezug auf Ereignisse, die mit tiefgreifenden Veränderungen in einem oder mehreren Lebensbereichen einhergingen, und vergleichsweise selten werden wir ruhige Lebensphasen erwähnen, die von Stabilität geprägt waren. Die Erinnerung an solche Übergänge in eine veränderte Lebenssituation scheint nachhaltiger und intensiver zu sein. Und oft werden diese Erinnerungen auch herangezogen, um die eigene Person zu erläutern und zu erklären, wer man ist und wie es dazu kam. Sie sind offenbar für viele Menschen eng mit der eigenen Identität verbunden.

Dass es sich bei dem beschriebenen Phänomen nicht (nur) um eine subjektive Überhöhung von Ereignissen handelt, unterstreicht die besondere Aufmerksamkeit, die verschiedene entwicklungsbezogene Theorien in Psychologie, Soziologie und Erziehungswissenschaft auf Übergangssituationen richten. Großen Einfluss hat beispielsweise Havighursts (1972) Konzept der Entwicklungsaufgaben gefunden, der sie als altersgradierte Veränderungs- bzw. Anpassungsanforderungen an das Individuum in definierten Lebensbereichen sieht, die sich aus dem Fortgang der biologischen Entwicklung, gesellschaftlich verankerten Erwartungen im Umfeld und individuellen Zielen ergeben. Erfolge und Misserfolge bei der Bewältigung der Anforderungen tragen zur Lebenszufriedenheit sowie psychosozialen Anpassung bei und machen eine gelingende Auseinandersetzung mit folgenden Aufgaben wahrscheinlicher. An Havighurst anschließende Konzeptualisierungen von sogenannten Familienentwicklungsaufgaben (Carter/McGoldrick 1980), von denen eine ganze Reihe durch biografische Übergänge des (ältesten) Kinds bestimmt sind, wie dessen Einschulung oder Auszug aus dem Elternhaus, machen die enge Verknüpfung von individuellen Veränderungen und dem nahen Lebensumfeld deutlich. Eine vielfach geäußerte Kritik an diesen Konzepten richtete sich auf ihren stark normativen Charakter, es sind Anforderungen, die sich praktisch jedem in derselben Lebensphase stellen. Eine vergleichbare biografische Bedeutung kommt jedoch Ereignissen zu, die mit einer ähnlichen Veränderungsdynamik einhergehen, jedoch in dem Sinne individueller Natur sind, dass sie nicht jeden treffen und zu einem nicht langfristig absehbaren Zeitpunkt eintreten, wie ein schwerer Unfall, die Trennung der Eltern oder ein beruflicher Wechsel.

Übergänge in der schulischen Bildungsbiografie gehören fraglos zu den normativen Lebensereignissen. Dazu trägt zum einen die Standardisierung bei, die das Bildungssystem über das letzte Jahrhundert erfahren hat. Zum anderen durchlaufen durch die Bildungsexpansion immer mehr Mitglieder einer Kohorte jahrgangsgeordnet und im Gleichtakt parallele Übergänge. In Anbetracht des in jüngerer Zeit festzustellenden Trends zur Individualisierung in anderen Feldern des Lebens sieht Tillmann (2013) die eher starre zeitliche Organisation des Bildungsgangs annähernd als „Alleinstellungsmerkmal" dieses Bereichs.

Auch wenn biografische Übergänge fast durchweg an einem Wechsel zu einem gegebenen Zeitpunkt im Leben festgemacht werden, handelt es sich eher selten um ein punktuelles Ereignis. Gerade bei normativen Übergängen, deren Eintritt vorhersehbar ist, setzen Anpassungsprozesse, die innere Einstellung auf die Veränderung wie auch vorbereitende aktive Bemühungen um eine erfolgreiche Bewältigung oft schon zeitlich deutlich früher ein. Und ebenso ist die Auseinandersetzung mit Anpassungserfordernissen praktisch nie mit dem Übergang in die neue Lebenssituation abgeschlossen, sondern hält für eine gewisse Zeit weiterhin an. Selbst der Umstand, dass ein nicht-normatives Lebensereignis eintritt, kündigt sich für das Individuum häufig schon mit einem gewissen Vorlauf an. Mit der Trennung der Eltern oder einem beruflichen Wechsel wird man selten von heute auf morgen konfrontiert und kann sich, zumindest in gewissem Maße, darauf einstellen, wie auch sich aktiv darauf vorbereiten.

Nicht nur nicht-normative, sondern auch normative Übergänge haben in ihrer Bedeutung und den Folgen einen individuellen Charakter. Dazu tragen nicht zuletzt Merkmale der betroffenen Person bei. Das betrifft zum einen den Stellenwert, der ihnen zugemessen wird, und die Interpretation als Bedrohung oder Chance, die wiederum von allgemeinen Persönlichkeitsmerkmalen, dem Selbstkonzept sowie Einstellungen und Überzeugungen der Person abhängt. Zum anderen spielen Wissen und Kompetenzen des Individuums und die Wahrnehmung von diesen und weiteren Ressourcen für den Bewältigungsprozess eine Rolle. Ebenso wichtig für den Übergangsprozess und seine Ergebnisse sind Kontextfaktoren, vor allem Personen im sozialen Umfeld, die förderlich oder in ungünstiger Weise auf die Auseinandersetzung mit den Anforderungen Einfluss nehmen können. Letztere sind oft allerdings nicht nur Einflussfaktoren. Vielmehr sind Veränderungen im sozialen Netzwerk einer Person und daraus resultierende Anpassungserfordernisse ein Aspekt vieler Übergänge selbst, wie dem Wechsel des Arbeitsplatzes oder dem Eingehen einer festen Partnerschaft. Diverse Übergänge sind im Sinne Bronfenbrenners (1981) „ökologische", zu denen Veränderungen des sozialen Kontextes gehören, aber auch der räumlich-physikalischen Bedingungen.

Vor diesem Hintergrund lässt sich festhalten, dass Mittelwertaussagen zu den Chancen und Risiken eines bestimmten Übergangs nur eingeschränkt aussagekräftig sind und den Blick auf eine erhebliche Spannbreite individueller Bewältigungsverläufe verstellen können. Die Trennung von Partnern etwa mag in manchen Fällen bei einem oder beiden günstige Entwicklungsprozesse anstoßen oder aber auch ihre psychosoziale Anpassung aus dem Gleichgewicht bringen. Dabei betreffen die Auswirkungen von Übergängen stets vielfältige Aspekte des Erlebens und Verhaltens und werden über diese hinweg selten durchweg positiv oder negativ sein.

2 Übergänge in der schulischen Bildungsbiografie

Die Übergänge im schulischen Bildungsgang sind heutzutage, wie schon angedeutet, in vielen Ländern der Welt und ohne Frage in Deutschland stark standardisiert. Um die Mitte der Kindheit herum erfolgt zumeist der Eintritt in die Grundschule, mit einer gewissen zeitlichen Variationsbreite im Umfeld der Pubertät der Übergang in die weiterführende Beschulung. Mit wenigen Jahren Unterschied in zeitlicher Nähe zur Volljährigkeit steht schließlich die nächste einschneidende Veränderung an, die junge Menschen in die Arbeitswelt, zumeist jedoch in die Berufs- oder akademische Ausbildung führt. Da in Deutschland in allen Bundesländern rund 90 Prozent der Drei- bis Fünfjährigen eine Kindertageseinrichtung besuchen, ist schon der erste genannte Übergang fast immer einer zwischen Institutionen. Beim Wechsel in die weiterführende Beschulung ist dies häufig der Fall einschließlich des Wechsels in eine im sozialen wie physischen Sinn andere Schule. Allerdings nimmt in Deutschland die Verbreitung alternativer Schulmodelle zu (vgl. Tillmann 2013), in denen Schülerinnen und Schüler, wie beispielsweise innerhalb der Gemeinschaftsschulen Thüringens, vom Schuleintritt bis zum Ende der Schulzeit unterrichtet werden. Auch wenn damit dann wenige oder keine Veränderungen in Hinblick auf das Schulgebäude als physischem und die Klassenkameraden als sozialem Kontext verbunden sind, erfahren Schülerinnen und Schüler mit dem Eintritt in die Sekundarstufe auch in solchen Schulmodellen fast durchweg eine merklich veränderte Organisation der Bildungsprozesse.

Die Bedeutung der Bildungsübergänge als Statuspassagen wird schon daran deutlich, dass sie üblicherweise durch entsprechende Symbole und Zeremonien markiert werden. Die Schultüte der Erstklässler, Abschlussfeiern und Familienfeste zu den Anlässen sind Beispiele dafür. Ihre Bedeutung erwächst dabei nicht nur aus ihrer Rolle als Markierung von Wegstrecken in der Bildungsbiografie, sondern nicht zuletzt aus den Selektionsprozessen, die an den Schwellen stattfinden und in erheblichem Maße richtungsweisend sind für das gesamte weitere Leben. Gilt das zwar für den Wechsel von der KiTa in die Grundschule noch kaum, stellt in Deutschland der Übergang in die verschiedenen Formen der weiterführenden Beschulung eine biografische Wegscheide dar, wie auch die spätere Aufgliederung in jene, die nach dem Schulabschluss eine Berufsausbildung beginnen, und die Gleichaltrigen, die dann die Hochschule besuchen. Den Stellenwert der Bildungsübergänge kennen die meisten Eltern und er ist selbst nicht wenigen Kindern im Rahmen ihrer Verständnismöglichkeiten schon zum Ende ihrer Grundschulzeit zu bewusst. Und schon dieses Wissen allein trägt zur Wahrnehmung des Übergangs als Glück, Chance oder Niederlage bei.

Auch wenn es sich dabei nur um einen Teil der Wahrheit handelt, ist die Richtung des Wegs, der mit dem Übergang beschritten wird, im Selbstverständnis der abgebenden und aufnehmenden Institutionen, wie auch in der allgemeinen Wahrnehmung eng mit Leistungskriterien verbunden. Die Grundschulempfehlung für die weiterführende Schule oder die Hochschulzugangsberechtigung sind Beispiele dafür. Tillmann (2013) erkennt in diesem eindimensionalen Zuweisungsprozess (wie in der Standardisierung der Bildungsbiografien) eine weitere Diskrepanz zwischen dem Bildungssystem und anderen Bereichen des heutigen Lebens. In welchem Maße Noten, die dabei eine entscheidende Rolle spielen, tatsächlich die als Kriterium herangezogenen Leistungen angemessen abbilden (Ziegenspeck, 1999), muss an dieser Stelle nicht erörtert werden, kommt jedoch in den folgenden Unterkapiteln noch einmal zur Sprache.

Für die Mehrheit der Betroffenen sind mit jedem Bildungsübergang außer unterschiedlichen Zukunftsperspektiven vielfältige Veränderungen verbunden. Sie betreffen zunächst das Bildungsgeschehen selbst. Der inhaltliche Kanon, mit dem Schülerinnen und Schüler sich auseinanderzusetzen haben, wechselt ebenso, wie die Organisation der Bildungsprozesse und die Bewertung der individuellen Ergebnisse. Zumeist handelt es sich im Folgeschritt um einen anderen Ort, an dem Kinder und Jugendliche wiederum mit anderen Personen interagieren als zuvor. Mitunter ergeben sich auch veränderte zeitliche Regime, etwa neue Startzeiten und Zugangswege. Auch wenn sich einiges davon wenig aufsehenerregend anhört – andere Mitschülerinnen und Mitschüler, andere Lehrkräfte, anderes Gebäude –, ist nicht nur daran zu denken, wie tief der Einschnitt für ein Kind sein kann, alte Freunde hinter sich zu lassen und sich darum bemühen zu müssen, neue zu finden. Beachtung verdient auch die Menge der verschiedenen Anpassungserfordernisse, der die Jungen und Mädchen durch den Übergang zum gleichen Zeitpunkt ausgesetzt sind. Gerade die zeitliche Koinzidenz mehrerer Bewältigungsanforderungen und Belastungen birgt ein besonderes Risiko für Krisen (Niesel/Griebel 2015).

Um die bisherige und folgende Darstellung in eine angemessene Perspektive zu rücken, ist darauf hinzuweisen, dass bei allgemeinen Feststellungen zu Bildungsübergängen aufgrund des föderal organisierten Bildungssystems in

Deutschland Einschränkungen mitzudenken sind. Bei allen Ähnlichkeiten und Abstimmungen zwischen den Bundesländern wie in der Kultusministerkonferenz handelt es sich in gewissem Sinne um 16 Bildungssysteme. Unterschiede in der Verbindlichkeit der Grundschulempfehlung, des Übergangsalters in die Sekundarstufe, wie auch in den Schultypen, die für die weiterführende Beschulung bereitgestellt werden, sind nur ein paar wenige Beispiele dafür. Es braucht kaum hinzugefügt werden, dass eine Übertragung auf andere Länder in jedem Fall nur unter großen Vorbehalten möglich ist, selbst dann, wenn dortige Schulsysteme oberflächlich dem deutschen stark ähneln.

2.1 Übergang KiTa–Grundschule

Nicht ohne Stolz berichten viele Kinder anderen von ihrem neuen Status, wenn sie Schüler geworden sind. Der Charakter des Eintritts in die Grundschule als Statuspassage ist ihnen durchaus bewusst. Bei aller Freude, mit der die Jungen und Mädchen in die Schule eintreten (Helmke 1993), schwingt bei vielen sicher auch ein wenig Angst davor mit, denn es handelt sich um einen überaus herausforderungsreichen Schritt. In gewissem Sinne kann man von zwei Übergängen sprechen, bei denen die Grundschule die aufnehmende Institution ist und auf der abgebenden Seite zum einen die Familie, zum anderen die KiTa steht.

Auch wenn Kinder mit dem Eintritt in die Schule die Familie nicht in direktem Sinne verlassen, führt sie ihr Weg in einen Kontext, der sich strukturell erheblich von der häuslichen Umwelt unterscheidet. Hansen (1986) charakterisiert in seiner Gegenüberstellung idealtypisch die Familie als partikularistisches Umfeld, während die Schule aufgrund ihrer gesellschaftlichen Aufgaben universalistisch geprägt ist. Letzteres meint eine Orientierung am Allgemeinen, realisiert durch explizite Regeln und Pflichten der Beteiligten, die nur auf Zeit aneinander gebunden sind und vor allem unter der Perspektive ihrer Rollen, das Kind in der Schülerrolle, betrachtet werden und weniger in ihrer ganzen Persönlichkeit. Die Familie wird indessen als langfristiges Beziehungsgeflecht beschrieben, innerhalb dessen Liebe und Verständnis das Miteinander bestimmen, die sich auf Menschen in vielfältigen Persönlichkeitsfacetten beziehen (Wild/Hofer 2002).

KiTas werden zwar zunehmend nicht nur als Betreuungs-, sondern auch als Bildungseinrichtungen verstanden (Tillmann 2013), und umgekehrt sind Grundschulen über die letzten Jahrzehnte in mancherlei Hinsicht familienähnlicher geworden. Ungeachtet dessen bleiben deutliche strukturelle Unterschiede bestehen (Diehm 2008). Die größte Diskrepanz betrifft die zentrale Rolle des Lernens in der Schule gegenüber der Dominanz von Spielaktivitäten in der Zeit davor, wobei Lehrkräfte entsprechend mit anderen pädagogischen Orientierungen in die Interaktionen gehen (Albers/Lichtblau 2015). Damit korrespondiert eine andere räumliche und vor allem eine vergleichsweise rigide zeitliche Struktur, als Kinder sie in der KiTa kennenlernen.

Auch wechseln zwar nicht wenige Kinder zusammen mit einigen weiteren aus ihrer Betreuungseinrichtung in die Schule. Der Eintritt in die Klassengemeinschaft bringt sie aber fast unweigerlich mit ihnen zuvor unbekannten Jungen und Mädchen zusammen und sie stehen vor der Aufgabe, ihren Platz in der neuen Gruppe zu finden. Dabei unterscheiden sich Grundschulen, Klassenlehrerinnen und Klassenlehrer in ihrer Handhabung dieses Prozesses. Während zum Teil versucht wird, untereinander bekannte oder befreundete Kinder in diesen Gruppierungen in die Klasse zu integrieren, um ihnen den Übergang zu erleichtern, werden anderenorts genau gegenteilige Strategien verfolgt mit dem Ziel, die Bildung einer neuen Gemeinschaft zu fördern.

Der Eintritt in die Grundschule stellt Kinder also vor eine ganze Reihe von Anforderungen, die für sie, jedenfalls zunächst, stressreich sein können. Die empirische Ergebnislage dazu, wie viele der Mädchen und Jungen Schwierigkeiten bei der Bewältigung haben, schwankt erheblich in Abhängigkeit von den jeweiligen Untersuchungen, die zwischen wenigen Prozent und einem Drittel der Fälle Probleme ausmachen (Faust 2013). Kaum Zweifel besteht allerdings daran, dass mit dem Kennenlernen des realen Schulalltags ab der ersten Klasse im Mittel eine Abwärtsentwicklung der Lernfreude einsetzt, die sich über die Grundschulzeit (und auch darüber hinaus) mehr oder weniger kontinuierlich fortsetzt (Helmke 1986).

Zum Einbruch der Lernfreude dürfte beitragen, dass aufgrund der während der vorschulischen Zeit in der KiTa und noch mehr in der Familie individuell auf das Kind orientierten Rückmeldungen oft unrealistische Selbsteinschätzungen der eigenen Kompetenzen in die Schulsituation hineingetragen werden und die dort typischerweise im Vergleich mit den Mitschülerinnen und Mitschülern erfolgende Leistungsbewertung und -rückmeldung zu Misserfolgserlebnissen führt (Wild/Hofer 2002). Diese Konstellation ist nicht per se ein Problem, sondern kann auch als wichtiger Entwicklungsanstoß für die Ausbildung eines realitätsnäheren Selbstkonzepts betrachtet werden. Zum einen ist jedoch die Frage, ob und wie diese potenziell schwer zu bewältigenden Erfahrungen vermittelt und in ihrer Wirkung von den Personen im Kontext, Lehrkräfte und Eltern, aufgefangen werden. Zum anderen wiederholen sie sich für die leistungsschwächeren Kinder regelmäßig, ein Umstand, der sich auf die psychosoziale Anpassung auswirken kann.

Nicht nur mit Blick auf die Rückmeldungen, die das eigene Kind nun in der Grundschule erhält, sind die Eltern gefordert. Auch für sie geht der Eintritt des Kindes in die Schule mit einer Reihe von Veränderungen und Anforderungen einher, daher das schon angesprochene Verständnis dieses Übergangs, jedenfalls wenn es um das erste Kind in dieser Situation geht, als Familienentwicklungsaufgabe. Nicht immer treten zeitliche Umstrukturierungen des Tagesablaufs ein.

Praktisch durchweg erweitert sich das soziale Netzwerk der Familie mit dem Beginn der Schulzeit des ältesten Kinds. Vor allem aber sehen sich Eltern mit der Aufgabe konfrontiert, den Schulbesuch und die Lernaktivitäten der Tochter oder des Sohns angemessen zu begleiten. Ein stärker beforschter Aspekt davon ist der Umgang mit der Hausaufgabensituation (Wild/Lorenz 2010). Gerade weil Kinder in den ersten Schuljahren das Lernen lernen müssen, kann nicht nur eine Abstinenz der Eltern in dieser Hinsicht, sondern auch ein hohes Maß an Führung und Kontrolle ungünstige Lernhaltungen und Misserfolge zeitigen.

Neben den individuellen Voraussetzungen der neuen Schulkinder, im engeren Sinne lernbezogenen wie auch allgemeineren, ist vor diesem Hintergrund die Kopplung der beteiligten Systeme, KiTa, Schule und Familie entscheidend für den Verlauf des Übergangsprozesses (vgl. Rimm-Kaufman/Pianta 2000). Im Vergleich zu früheren Zeiten ist in beiden Bildungsinstitutionen inzwischen bewusst einiges getan worden, um die Übergangsschwelle zu senken. Auf der Ebene der politischen Rahmensetzung wurden vielfach übergreifende Bildungspläne wie beispielsweise der „Thüringer Bildungsplan für Kinder bis 18 Jahre" (TMBJS 2016) erstellt, die dem Bildungsprozess eine stärkere Kontinuität geben sollen. In KiTas gibt es immer systematischer Aktivitäten zur Vorbereitung der Kinder auf die Grundschule, zu denen auch der Besuch der künftigen Schulen gehören. Allerdings scheinen einige dieser Bemühungen nur wenige nachweisbare Erfolge zu bringen und vor allem der Austausch von Informationen zum individuellen Kind, der günstig wäre, nur ansatzweise oder gar nicht stattzufinden (Faust 2013). Vor allem auf der Seite der Grundschule ist in dieser Hinsicht das Engagement eingeschränkt, wozu auch Vorbehalte zwischen den Berufsgruppen beitragen mögen (Albers/Lichtblau 2015). Mehr hat sich in den Grundschulen strukturell verändert. So wird vielfach zumindest in der Anfangszeit auf eine Notengebung als Leistungsbewertung zugunsten individualisierter Rückmeldungsberichte verzichtet. Zum Teil wurden jahrgangsübergreifende Eingangsphasen eingerichtet. Und sicherlich ist festzustellen, dass Interaktionsweisen, wie auch die Gestaltung von Klassenzimmern, im Mittel deutlich ähnlicher jenen in KiTa und Familien geworden sind, als es noch vor einigen Jahrzehnten der Fall war.

Entscheidend mit Blick auf die Kopplung von Familie und Schule ist vor allem ein regelmäßiger und in beide Richtungen informativer Austausch. Eltern sind gefordert und fühlen sich nicht selten unsicher, wenn ihr ältestes Kind in die Schule kommt. Und Lehrkräfte können erheblich profitieren, wenn sie von den Eltern mehr über ihre Schülerinnen und Schüler erfahren, als ihnen im Unterrichtsgeschehen zugänglich ist (Uhlendorff 2009). Echte Erziehungs- und Bildungspartnerschaften, wie sie vielfach gefordert werden, sind jedoch eher die Ausnahme, häufiger scheint eine distanzierte Beziehung zwischen den Partnern vorzuherrschen (Textor 2018). In entsprechenden Befragungen äußern sich sowohl Eltern (Jäger-Flor/Jäger 2009) als auch Lehrkräfte (Robert-Bosch-Stiftung 2019) skeptisch oder desillusioniert zum wechselseitigen Austausch. Dabei scheint die Problematik in der Grundschulphase noch virulenter zu sein als in der weiteren Schulzeit. Zu dem eher spärlichen Informationsfluss scheint aus Sicht der Lehrerinnen und Lehrer nicht zuletzt auch Zeitmangel beizutragen. Aber auch Perspektivenunterschiede, auseinandergehende Zielvorstellungen bis hin zu wechselseitigen Vorbehalten spielen eine Rolle.

An beiden Schnittstellen wären also Maßnahmen wünschenswert, die zu dichteren, vor allem aber erfolgreicheren Interaktionen führen. Wie sie gefördert werden könnten, ist bekannt (Uhlendorff 2009). Es würde gelten, diese Wege auch zu gehen.

2.2 Übergang Grundschule–weiterführende Schule

Obgleich Jungen und Mädchen beim Wechsel in die weiterführende Schule, anders als beim Eintritt in die Grundschule, schon auf eine mehrjährige Erfahrung mit schulischem Lernen, den institutionellen Tagesabläufen und Interaktionsformen sowie der sozialen Situation in der Klassengemeinschaft zurückblicken, ist auch dieser Schritt ein anforderungsreicher Übergang. Anders als beim Schuleintritt ist mit diesem in Deutschland ein allen Beteiligten bewusster Selektions- und Platzierungsprozess verbunden. Zwar variiert die spezifische Auffächerung der weiterführenden Schule nach Schultypen in den Bundesländern, prägend ist jedoch weithin die Trennung nach einer gymnasialen Beschulung mit dem Ziel der Vorbereitung auf eine akademische Bildung auf der einen Seite und auf der anderen Seite einer oder mehreren nicht-gymnasialen Schulformen, auf deren Abschluss typischerweise eine berufliche Ausbildung folgt. In Abhängigkeit von der jeweiligen Platzierung sind nicht nur unterschiedliche Bildungs-, sondern auch Lebensperspektiven gegeben.

Die anstehende Aufgliederung prägt für nicht wenige Schülerinnen und Schüler schon deutlich zumindest die Endphase der Grundschulzeit, da in der Regel die dann erworbenen Zensuren über die, je nach Bundesland mehr oder weniger verbindliche, Grundschulempfehlung entscheidend sind für den im Anschluss besuchten Schultyp. Vielfach konnte zwar gezeigt werden, dass Schulnoten mit parallelen Ergebnissen standardisierter Tests nur eingeschränkt übereinstimmen, vom Leistungsumfeld der Schülerinnen und Schüler in ihrer Klassengemeinschaft abhängen und von sachfremden Faktoren wie dem sozioökonomischen Hintergrund beeinflusst werden (Lintorf 2012). Dennoch werden sie als Abbild der akademischen Leistungsfähigkeit herangezogen und weithin akzeptiert. Selbst wenn Zweifel an der Validität dieser Bewertungen gegeben sind, ist der vielfach erlebte Druck in Richtung auf gute Zensuren, den sich Schülerinnen und Schüler selber machen oder der von ihren Eltern ausgeht, innerhalb der Grundschule erheblich. Der Übergang ist in diesem Sinne deutlich markiert und wirft früh seine Schatten voraus.

Eine Konsequenz der Selektion an diesem zweiten Bildungsübergang ist, dass Jungen und Mädchen sich in der weiterführenden Schule in einem leistungsmäßig und sozial homogeneren Umfeld wiederfinden. Gerade für die neuen Gymnasiasten ergibt sich daraus eine besondere Herausforderung. Im Mittel rangieren Jungen und Mädchen, die nach ihren Leistungsrückmeldungen in der Grundschule zur besseren Hälfte der Klasse gehörten, im Leistungsmittelfeld der Gymnasialklasse, erleben also einen Abstieg. Das Umgekehrte gilt für jene, die entsprechend der Empfehlung nicht ins Gymnasium gelangen. Da sich sowohl Lehrkräfte in ihrer Zensurengebung als auch noch stärker Schülerinnen und Schüler in ihrer Selbsteinschätzung nicht zuletzt an der sozialen Bezugsnorm (Rheinberg 2001), also dem direkten Umfeld in der Klasse, orientieren, lassen sich in der ersten Zeit der weiterführenden Beschulung entsprechende Auswirkungen auf die Selbstkonzeptentwicklung der Kinder beobachten, die unter dem Begriff „Big Fish Little Pond"-Effekt vielfach empirisch dokumentiert wurden (Marsh et al. 2008).

Eine weitere Folge der Selektion ist, dass sich das soziale Gefüge der Gleichaltrigen ein weiteres Mal deutlich umstrukturiert. Zwar mögen in kleinem Umfang Schülerinnen und Schüler, die miteinander bekannt oder befreundet sind, gemeinsam wechseln, mehrheitlich treffen Jungen und Mädchen in der weiterführenden Schule jedoch auf neue Peers und lassen nicht selten Freunde zurück. Dies geschieht in einer Entwicklungsphase, in der der Peerkontext eine starke Bedeutung bekommt (Noack 2002). Dabei ist dies nicht notwendig eine nur belastende Situation, sie birgt auch Chancen, neue Freunde zu finden und durch diese andere Anstöße zu erhalten als zuvor. In jedem Fall handelt es sich jedoch um eine Herausforderung, mit der sich die Schülerinnen und Schüler auseinanderzusetzen haben.

Dasselbe gilt ebenfalls für die neue Schule als Lernkontext. Bei allen Variationen zwischen Schultypen und einzelnen Schulen ist der Unterricht in der Sekundarstufe stärker durch das Fachlehrerprinzip geprägt, der Fächerkanon erweitert sich, Leistungskriterien nehmen noch einmal an Bedeutung zu und mögen sich vielfach auch verschärfen (vgl. Pohlmann-Rother 2013). Diese Veränderungen erfolgen in einer Zeit, in der sich Jungen und Mädchen durch die pubertäre Reifung nicht nur körperlich und geistig entwickeln, sondern als mittelbare Folge auch wachsende Wünsche verspüren, als Individuum ernst genommen und autonomer zu werden. Eccles (z. B. Eccles/Roeser 2009) sieht dies als auseinanderdriftende Entwicklungstendenzen von Person und Kontext und spricht von einem abnehmenden „stage-environment fit" in dieser Zeit, also einer zunehmend schlechteren Passung mit Konsequenzen etwa für die Lernmotivation wie für das akademische Selbstkonzept, die anders als das allgemeine Selbstwertgefühl bei Jugendlichen in der Folgezeit weiter abnehmen (z. B. Hagenauer/Hascher 2011).

Wie im ersten Bildungsübergang ist beim zweiten Wechsel vorstellbar, wie mögliche Anschlussprobleme verringert werden könnten. Das gilt zum einen für die von Politik und Bildungsbehörden gesetzten Rahmenbedingungen. Beispiele dafür sind die bislang unzureichende Anschlussfähigkeit der Curricula, wie auch der Umstand, dass künftige Lehrkräfte für die Primarstufe und zumindest für die gymnasiale Sekundarstufe an den Hochschulen derzeit in je eigenen Bildungsgängen getrennt vorbereitet werden (vgl. Sartory et al. 2013).

Fast durchweg haben Grundschulen Vorbereitungsaktivitäten wie Elternversammlungen etabliert, in denen Informationen zur weiterführenden Beschulung vermittelt und vor allem ein Überblick zu den zu erwartenden Anforderungen gegeben werden sollen. Umgekehrt veranstalten weiterführende Schulen Tage der offenen Tür, an denen man diese Einrichtungen kennenlernen kann. Daneben finden auch bei in dieser Hinsicht engagierteren Grundschulen Ausflüge zu weiterführenden Schulen statt. Letztlich verbleibt allerdings die angebotene Information oft auf einer eher allgemeinen Ebene. Hinzukommen können, jedoch zumeist auf die Grundschule beschränkt, individuelle Beratungsgespräche, die stärker auf das Leistungs- und Persönlichkeitsprofil der einzelnen Jungen und Mädchen eingehen. In welchem Maße solche Treffen den Übergangsprozess optimieren können, hängt nicht zuletzt davon ab, wie gut die entsprechenden Lehrkräfte das Kind und die Anforderungen weiterführender Schulen einschätzen können. Ihr Kenntnisstand scheint jedoch eingeschränkt zu sein (Koch 2006), da sich ihr Ausbildungsgang normalerweise von jenem ihrer Kolleginnen und Kollegen, die in der Sekundarstufe unterrichten, unterscheidet und eigene Erfahrungen zumeist einer mitunter länger zurückliegenden Gymnasialzeit entstammen. Abhilfe schaffen könnten ein stärkerer Austausch und Kooperationen zwischen den Vertretern der abgebenden und aufnehmenden Bildungseinrichtung. Sartory und Kollegen (2013) sehen in einem systematischen Aufbau von Schulnetzwerken (Berkemeyer et al. 2008) einen vielversprechenden Schritt auf diesem Weg.

2.3 Übergang weiterführende Schule–Berufsausbildung/Hochschule

Für die Mehrheit aller Schülerinnen und Schüler steht mit dem Schulabschluss, in Abhängigkeit vom Bildungsgang frühestens zum Ende des 10. und spätestens des 13. Schuljahrs, wieder ein Übergang an, der in zumindest zweierlei Hinsicht prägend für den weiteren Lebensweg ist. Zum einen ist es eine abermalige Selektion nach dem erworbenen Schulabschluss, der aktuell etwas über 40 Prozent der Schülerinnen und Schüler die Hochschulreife bestätigt, und dem Eintritt in eine Berufsausbildung oder ein Hochschulstudium, derzeit von den Schulabsolventinnen und -absolventen jeweils etwa hälftig realisierte Optionen. Dabei führt die Hochschulzugangsberechtigung nicht notwendig in ein Studium, etwa ein Fünftel der neu abgeschlossenen Ausbildungsverträge in Deutschland entfällt auf Abiturientinnen und Abiturienten (Statistisches Bundesamt 2013). Auch ist zu berücksichtigen, dass die angestrebten Abschlüsse einer Berufsausbildung und eines Studiums keine scharfe Trennung nach finanziellen und sozialen Zukunftsperspektiven vorhersagen. Dennoch machen junge Menschen mit dem Verlassen der allgemeinbildenden Schule auch heute noch einen Schritt, an den im Mittel Unterschiede im künftigen Einkommen und beruflichen Ansehen verbunden sind.

Zum anderen fallen an dieser Schwelle inhaltliche Entscheidungen für das spätere Berufsleben, auch innerhalb der verschiedenen Bildungsgänge. Aktuell werden Ausbildungen in über 300 Berufen angeboten, an den Hochschulen können die Zugangsberechtigten unter einer inzwischen unüberschaubaren Anzahl von annähernd 9 000 Bachelorstudiengängen wählen. Dabei hängt der beschrittene Weg nicht nur von den in den Abschlusszeugnissen ausgewiesenen Schulleistungen ab, sondern mindestens ebenso stark von individuellen Interessen und Neigungen. Und zumindest im Licht der Abbruchquoten scheinen die Selektions- und Entscheidungsprozesse optimierbar zu sein. Etwa jeder vierte Ausbildungsvertrag wird während seiner Laufzeit wieder gelöst (Statistisches Bundesamt 2013), an den Hochschulen liegt die Studienabbrecherquote für Bachelorstudiengänge an Fachhochschulen ebenfalls bei einem Viertel, an Universitäten bei einem Drittel (BMBF 2018). Zwar beziffern diese Zahlen sicherlich nicht eins zu eins Misserfolgserlebnisse und belastende Erfahrungen junger Menschen, sie sind in der gegebenen Größenordnung aber ernst zu nehmen und werfen Fragen hinsichtlich der geeigneten Vorbereitung und Begleitung des Übergangs auf.

Berufsorientierende Unterrichtsinhalte und Aktivitäten sind in den Curricula aller Bundesländer fest verankert (KMK 2017). Dementsprechend bemühen sich, mit einigen Variationen nach Schulform und Bundesland, die weiterführenden Schulen in Deutschland darum, ihre Schülerinnen und Schüler auf den anstehenden Übergang vorzubereiten. Dazu gehören entsprechende Unterrichtsanteile, oft fächerübergreifend organisiert, kurze Praktika sowie Kontakte mit Vertretern der Bundesagentur für Arbeit, oft in Form von Besuchen bei deren lokalen Stellen. Über diese Maßnahmen sollen den Schülerinnen und Schülern sowohl ein Überblick über das Spektrum möglicher Berufe, den Ausbildungswegen dorthin und zu erfüllende Anforderungen sowie eine Vorstellung vom beruflichen Arbeitsalltag vermittelt werden. Gleichzeitig möchte die Schule ihre Schülerinnen und Schüler anregen, sich mit den eigenen Kompetenzen und Interessen auseinanderzusetzen und im Abgleich mit Ausbildungs- und Berufsprofilen einen passenden Weg ins Auge zu fassen.

Nicht nur mit Blick auf die zuvor genannten Abbrecherquoten scheint die schulische Berufsorientierung nicht auszureichen. Jedenfalls fühlen sich zumindest viele Schülerinnen und Schüler selbst mit Blick auf den subjektiv als wichtig erlebten Übergang nicht gut genug vorbereitet (Driesel-Lange/Hany 2005; Kracke et al. 2011). Dazu mögen eine Reihe von Faktoren beitragen. Vielfach fehlen theoretisch fundierte Konzepte. Die verbreitete und der Sache nach sicherlich begründete, fächerübergreifende Organisation der entsprechenden Unterrichtsanteile erfordert nicht nur ein integratives Konzept, sondern auch eine systematische Koordination, die offenbar nicht durchweg geleistet werden kann. Zudem fehlt den dann im engeren Sinne zumeist fachfremd unterrichtenden Lehrkräften der adäquate Ausbildungsvorlauf. Schließlich spielt die Berufsorientierung im Vergleich mit anderen Unterrichtsinhalten eine schon quantitativ nachrangige Rolle. So ist das auch schülerseitig als ausgesprochen informativ erlebte (Pflicht-)Berufspraktikum mit einer in den meisten Bundesländern festgelegten Dauer von ein bis drei Wochen eher von kurzer Dauer, vor allem in der Sekundarstufe der Gymnasien (Becker 2014). Generell scheinen die Vorbereitungsaktivitäten im Gymnasium weniger intensiv zu sein als in der nicht-gymnasialen Sekundarstufe (Kracke 2006). Das gilt nicht nur für die Unterstützung im Entscheidungsprozess. So beklagt Trautwein (2013) mit Blick auf Gymnasiastinnen und Gymnasiasten und ihren möglichen Übergang in eine Hochschulausbildung die mangelnde Vorbereitung auf die Anforderungen eines Studiums und des wissenschaftlichen Arbeitens.

Ansatzpunkte dafür, den Prozess und die Ergebnisse dieses dritten Übergangs günstiger zu gestalten, sind wie bei den vorangehenden zum einen die geeignete Vorbereitung der jungen Menschen mit Blick auf Wissen, Kompetenzen und Orientierungen, zum anderen die Kopplung der abgebenden und aufnehmenden Institutionen (vgl. Rimm-Kaufman/Pianta 2000). Gerade letztere erweist sich an dieser Stelle im Bildungsgang als vielleicht noch schwieriger als beim Wechsel in die Grundschule bzw. Sekundarstufe. Der Graben zwischen den weiterführenden Schulen auf der einen, Ausbildungsbetrieben und Hochschulen auf der anderen Seite scheint noch breiter zu sein als zwischen KiTa, Grundschule und weiterführender Schule. So werden, zumindest aus der Sicht Auszubildender, sogar schon Austausch und Kooperation zwischen Berufsschule und Ausbildungsbetrieben, die in der neuen Bildungsphase eng zusammenarbeiten sollten, eher kritisch gesehen (Beicht/Krewerth 2008). Trautwein (2013) unterstreicht vor diesem Hintergrund in seiner Argumentation bezogen auf die Kopplung Schule-Hochschule die Bedeutung eines geeigneten Übergangsmanagements und sieht die Entwicklung einiger Maßnahmen in dem Bereich, wie den Einsatz von „Studienbotschaftern", die Schüler informieren sollen oder Verbesserungen in der Studienberatung, muss allerdings einräumen, dass die Effekte solcher Maßnahmen derzeit noch nicht tragfähig einzuschätzen sind.

Es besteht jedoch Grund zu der Annahme, dass, angesichts der geänderten Marktlage mit einem zunehmenden Angebotsüberhang auf Seiten der ausbildenden Betriebe und Hochschulen, deren Bemühungen um Interessenten weiter deutlich zunehmen werden, wozu auch ein Ausbau der Informationsaktivitäten und eine stärkere Tuchfühlung mit den abgebenden Schulen gehören dürften. Indessen besteht bei dieser Entwicklung, in der die Hochschulen und Ausbildungsbetriebe untereinander, wie auch Ausbildung gegenüber Studium als Angebot an Schulabsolventen in immer stärkerer Konkurrenz stehen, die Gefahr, dass entsprechende Maßnahmen in höherem Maße der (An-)Werbung als dem Übergangsmanagement dienen.

Die Frage nach dem Einbezug der Eltern in den Übergangsprozess ist insofern etwas schwerer zu beantworten, als Mütter und Väter teilweise ihre Bemühungen reduzieren und in dieser Lebensphase ihren Kindern mehr Eigenständigkeit, auch in wichtigen Entscheidungen gewähren oder diese sogar verlangen. Tatsächlich sind die meisten Abiturientinnen und Abiturienten bei ihrem Eintritt ins Studium rechtlich gesehen erwachsen und auch den Schritt in die erste Berufsausbildung nehmen mit im Mittel 19,5 Jahren mehrheitlich volljährige Schulabsolventinnen und -absolventen (Statistisches Bundesamt 2013). Gleichzeitig ist allerdings empirisch festzustellen, dass die Eltern in diesem Bereich einen systematischen Einfluss auf ihre Söhne und Töchter ausüben, nicht zuletzt eine intensivere ausbildungs- und berufsbezogene Exploration fördern oder eben schwächen (Dietrich/Kracke 2009; Noack et al. 2010). Weiterhin ist festzuhalten, dass künftige Studierende ihre Eltern im Explorations- und Entscheidungsprozess zwar mehrheitlich konsultieren, die Ergebnisse des Austauschs aber als nur eingeschränkt gewinnbringend einschätzen (Heine et al. 2008). Entsprechend erscheint es geboten, auch die Eltern in möglichen Maßnahmen zu berücksichtigen. Vor allem wäre es wünschenswert, sie in ihrer Rolle als Ansprechpartner zu unterstützen, auch mit dem Ziel, sie in ihrem Wissen und ihrer Kompetenz zu stärken.

3   Fazit

Biografische Übergänge verdienen besondere Aufmerksamkeit, sowohl innerhalb der Forschung als auch die derjenigen Praktikerinnen und Praktiker, die im Alltag mit ihnen zu tun haben. Diese Einschnitte im Leben sind nicht nur für das jeweilige Individuum subjektiv bedeutsam und fordern es. Wie und mit welchem Ergebnis die Herausforderungen bewältigt werden, hat zumeist auch längerfristige Konsequenzen für den künftigen Entwicklungsverlauf und mitunter den Charakter von Wegscheiden, die das weitere Leben prägen können.

Auch wenn Übergänge fast immer herausfordernd sind, werden sie nicht notwendig als belastend erlebt und bergen nicht nur Risiken. Zumeist sind gerade aufgrund der vielfältigen Veränderungen ebenso Entwicklungsanstöße und -chancen damit verbunden. Welchen Verlauf die Auseinandersetzung damit nimmt und welche Wege in der Folge eingeschlagen werden, hängt von Merkmalen des Individuums ab, seinen Zielen, Einstellungen und Kompetenzen, wie auch von den Bedingungen in seinem näheren Umfeld.

Den normativen Übergängen in der Bildungsbiografie kommt insofern eine besondere Wichtigkeit zu, als sie fast durchweg auch Selektions- und Platzierungsschritte darstellen mit Blick auf die weitere Bildungskarriere und in gewissem Umfang für die Rollen, die junge Menschen als Erwachsene einmal in der Gesellschaft einnehmen werden. Das gilt zumindest für den zweiten und dritten Übergang von der Primar- in die Sekundarstufe sowie von der Schule in eine Ausbildung oder ein Studium.

Jungen und Mädchen machen den Schritt in die weiterführende Schule und aus ihr heraus in unter Entwicklungsperspektive sensiblen Phasen. Damit ist beispielsweise die pubertäre Entwicklung angesprochen, die Auseinandersetzung mit Fragen der eigenen Identität und auch die Integration in die Welt der Peers und Beziehungen zu Gleichaltrigen ohne nennenswerte direkte Einwirkungen der Eltern. Damit steigt nicht nur die Wahrscheinlichkeit einer potenziell belastenden Häufung unterschiedlicher Anforderungen. Diese können auch widersprüchlich sein, etwa Bemühungen um Selbständigkeit und die Erfüllung von Ansprüchen, die sich aus reglementierteren Lernbedingungen in der weiterführenden Schule ergeben, oder der Wunsch nach Ansehen unter den Mitschülerinnen und Mitschülern, das nicht notwendig durch gute Schulleistungen und positive Beziehungen zu den Lehrkräften zu erreichen ist.

Wenngleich die Auseinandersetzung mit den Anforderungen von Bildungsübergängen jungen Menschen nicht abgenommen werden kann und auch nicht abgenommen werden sollte angesichts ihres potenziell entwicklungsförderlichen Charakters, gibt es eine Reihe von Ansatzpunkten auf verschiedenen Ebenen, eine erfolgreiche Bewältigung zu unterstützen. Grundsätzlich ist allerdings festzuhalten, dass diese bislang nicht ausreichend genutzt werden. Das gilt sowohl für die Vorbereitung von Jungen und Mädchen auf den jeweiligen Wechsel und den Alltag, wie die Bildungsprozesse in den aufnehmenden Institutionen, wie für die Kopplung der abgebenden und aufnehmenden Einrichtungen.

Eine zentrale Rolle spielt dabei neben den Randbedingungen auf Regelungs- und curricularer Ebene vor allem der systematische und effiziente Austausch zwischen den Beteiligten. Das sind die Lehr- und Betreuungskräfte der Einrichtungen, die Jungen und Mädchen selbst sowie ihre Eltern. Im Ergebnis sollte bei allen eine bessere und geteilte allgemeine Informationslage hinsichtlich der pädagogischen Konzepte und des typischen Entwicklungs-, Wissens- und Kompetenzstands der Mädchen und Jungen im Wechsel entstehen, die wünschenswert, aber nicht ausreichend wäre. Obschon weitaus aufwändiger, würde ein Austausch, der den einzelnen jungen Menschen mit seinen Stärken, Schwächen und Besonderheiten im Blick hat, nicht nur diesem den Übergang ebnen helfen, sondern auch der aufnehmenden Einrichtung ihre Aufgaben im Bildungsalltag erleichtern.

Sind solche weitergehenden Bemühungen wirklich erforderlich? Die Daten-lage zur Verbreitung von Problemen beim Eintritt in die Grundschule ist ge-mischt. Dass auf diesem Weg die Abnahme der Lernfreude über die Schulzeit hinweg zu mildern wäre, bleibt spekulativ. Ob ein Viertel Abbrüche erster Be-rufsausbildungen oder Studiengänge ein vertretbarer Anteil ist, mag im Auge des Betrachters liegen. Es liegt allerdings nahe zu vermuten, dass das Ausmaß des Erfolgs bei der Bewältigung von Bildungsübergängen in der aktuellen Situa-tion mehrheitlich stärker auf Merkmale der jungen Menschen in der Wechsel-situation und ihre Familien zurückgeht als auf die Unterstützung durch die be-teiligten Institutionen und ihre Vertreter. Neben der Selektion, die nach der Organisation von Bildungsgängen auf der Basis von Schulleistungen erfolgen soll, bekommt damit der Übergangsprozess selbst, zumindest partiell, einen Se-lektionscharakter, den er offiziell nicht haben soll. Damit werden nicht Einsatz, Leistung und Erfolge vieler Lehrkräfte, Schulen oder Ausbildungsbetriebe ge-schmälert, die sich um einen intensiven Austausch und eine Erleichterung des Wechsels von Bildungseinrichtung zu Bildungseinrichtung bemühen. Vielmehr würde ihre Arbeit erleichtert und viele junge Menschen würden davon profitie-ren, wenn ihr Beispiel Schule machte und die Arbeit an den Übergängen ebenso in den institutionellen Alltag integriert würde wie die Bildungsarbeit zwischen den Übergängen.

Literaturverzeichnis

Albers, Timm/Lichtblau, Michael (2015): Transitionsprozesse im Kontext von Inklusion – Normative, theoretische und empirische Perspektiven auf die Gestaltung des Übergangs vom Elementar- in den Primarbereich. In: Zeitschrift für Inklusion, 1. www.inklusion-online.net/index.php/inklusion-online/article/view/260 (Abfrage: 12. 09. 2019).

Becker, Andreas (2014): Gesetzliche Regelung betrieblicher Praktika in der Sekundarstufe I an allgemeinbildenden Schulen im Rahmen der Arbeitswelt- und Berufsorientierung – Eine Übersicht nach Bundesländern. Berlin: IG Metall.

Beicht, Ursula/Krewerth, Andreas (2008): Ausbildungsqualität in Deutschland aus Sicht der Auszubildenden. Erste Ergebnisse einer Umfrage des Bundesinstituts für Berufsbildung (BIBB) unter Teilzeitberufsschülern und -schülerinnen. Bonn: Bundesinstitut für Berufs-bildung.

Berkemeyer, Nils/Bos, Wilfried/Manitius, Veronika/Müthing, Kathrin (Hrsg.) (2008): Unter-richtsentwicklung in Netzwerken. Konzeptionen, Befunde, Perspektiven. Münster: Wax-mann.

Bronfenbrenner, Urie (1981): Die Ökologie der menschlichen Entwicklung. Stuttgart: Klett-Cotta.

Bundesministerium für Bildung und Forschung (2018): Studienabbruchquoten für deutsche Studierende im Erststudium nach Hochschularten und ausgewählten Abschlussarten. www.datenportal.bmbf.de/portal/de/K255.html (Abfrage: 12. 09. 2019).

Carter, Elisabeth A./McGoldrick, Monica (1980): The family life cycle: A framework for family therapy. New York City: Gardner Press.

Diehm, Isabell (2008): Kindergarten und Grundschule – Zur Strukturdifferenz zweier Erziehungs- und Bildungsinstitutionen. In: Helsper, Werner/Böhme, Jeanette (Hrsg.): Handbuch der Schulforschung. Wiesbaden: VS Verlag für Sozialwissenschaften, S. 557–575.

Dietrich, Julia/Kracke, Bärbel (2009): Career-specific parental behaviors in adolescents' development. In: Journal of Vocational Behavior 75, H. 2, S. 109–119.

Driesel-Lange, Katja/Hany, Ernst (2005): Berufsorientierung am Ende des Gymnasiums: Die Qual der Wahl. Schriften zur Berufsorientierungsforschung, H. 1. Erfurt: Universität Erfurt.

Eccles, Jacquelynne S./Roeser, Robert W. (2009): Schools, academic motivation, and stage-environment fit. In: Lerner, Richard M./Steinberg, Laurence (Hrsg.):Handbook of adolescent psychology: Individual bases of adolescent development. Hoboken: Wiley, S. 404–434.

Faust, Gabriele (2013): Übergang in das Schulsystem hinein. Vom Kindergarten in die Grundschule – Aktuelle Befunde aus der Bildungsforschung. In: Bellenberg, Gabriele/Forell, Matthias (Hrsg.): Bildungsübergänge gestalten. Ein Dialog zwischen Wissenschaft und Praxis. Münster: Waxmann, S. 33–43.

Hagenauer, Gerda/Hascher, Tina (2011): Schulische Lernfreude in der Sekundarstufe I und deren Beziehung zu Kontroll- und Valenzkognitionen. In: Zeitschrift für Pädagogische Psychologie 25, H. 1, S. 63–80.

Hansen, Donald A. (1986): Family-school articulations: The effects of interaction rule mismatch. In: American Educational Research Journal 23, H. 4, S. 643–659.

Havighurst, Robert J. (1972): Developmental tasks and education. Third Edition. Reading: Addison-Wesley Longman.

Heine, Christoph/Willich, Julia/Schneider, Heidrun/Sommer, Dieter (2008): Studienanfänger im Wintersemester 07/08 Wege zum Studium, Studien- und Hochschulwahl, Situation bei Studienbeginn. HIS: Forum Hochschule 16. Hannover: HIS.

Helmke, Andreas (1993): Die Entwicklung der Lernfreude vom Kindergarten bis zur 5. Klassenstufe. In: Zeitschrift für Pädagogische Psychologie 7, H. 2-3, S. 77–86.

Wild, Elke/Hofer, Manfred (2002): Familien mit Schulkindern. In: Hofer, Manfred/Wild, Elke/Noack, Peter (Hrsg.): Lehrbuch Familienbeziehungen. 2. Auflage. Göttingen: Hogrefe, S. 216–239.

Jäger-Flor, Doris/Jäger, Reinhold S. (2010): Bildungsbarometer zur Kooperation Elternhaus-Schule. Ergebnisse, Bewertungen und Perspektiven. Landau: VEP Verlag Empirische Pädagogik.

Koch, Katja (2006): Der Übergang von der Grundschule in die weiterführende Schule als biographische und pädagogische Herausforderung. In: Ittel, Angela/Stecher, Ludwig/Merkens, Hans/Zinnecker, Jürgen (Hrsg.): Jahrbuch Jugendforschung. 6. Ausgabe. Wiesbaden: VS Verlag, S. 69–89.

Kracke, Bärbel (2006): Was tun nach dem Abi? Die schulische Vorbereitung auf die Studien- und Berufswahl aus der Sicht von GymnasiastInnen in der Sekundarstufe II. In: Diskurs Kindheits- und Jugendforschung 1, H. 4, S. 533–549.

Kracke, Bärbel/Hany, Ernst/Driesel-Lange, Katja/Schindler, Nicola (2011): Anregung zur eigenständigen Zukunftsplanung? Angebote der schulischen Studien- und Berufswahlvorbereitung aus der Sicht der Jugendlichen. In: Krekel, Elisabeth M./Lex, Tilly (Hrsg.): Neue Jugend, neue Ausbildung? Beiträge aus der Jugend- und Bildungsforschung. Bielefeld: Bertelsmann, S. 79–93.

KMK – Kultusministerkonferenz (2017): Dokumentation zur Beruflichen Orientierung an allgemeinbildenden Schulen. Beschluss der Kultusministerkonferenz vom 07.12.2017. Berlin: KMK.

Lintorf, Katrin (2012): Wie vorhersagbar sind Grundschulnoten? Wiesbaden: VS Verlag.

Marsh, Herbert W./Seaton, Marjorie/Trautwein, Ulrich/Lüdtke, Oliver/Hau, K. T/O'Mara, Alison J./Craven, Rhonda G. (2008): The Big-Fish-Little-Pond-Effect stands up to critical scrutiny. Implications for theory, methodology, and future research. In: Educational Psychology Review 20, H. 3, S. 319–350.

Niesel, Renate/Griebel, Wilfried (2015): Übergänge ressourcenorientiert gestalten: Von der Familie in die Kindertagesbetreuung. Stuttgart: Kohlhammer.

Noack, Peter (2002): Freunde, Bekannte, Peers: Die Familie und Beziehungen zu „Gleichen". In: Hofer, Manfred/Wild, Elke/Noack, Peter (Hrsg.): Lehrbuch Familienbeziehungen. 2. Auflage. Göttingen: Hogrefe, S. 82–104.

Noack, Peter/Kracke, Bärbel/Gniewosz, Burkhard/Dietrich, Julia (2010): Parental and school effects on students' occupational exploration: A longitudinal and multilevel analysis. In: Journal of Vocational Behavior 77, S. 50–57.

Pohlmann-Rother, Sanna (2013): Den Wechsel miteinander gestalten – Elternberatung und Übergang. Stand der Forschung. In: Bellenberg, Gabriele/Forell, Matthias (Hrsg.): Bildungsübergänge gestalten. Ein Dialog zwischen Wissenschaft und Praxis. Münster: Waxmann, S. 129–137.

Rimm-Kaufman, Sara/Pianta, Robert C. (2000): An ecological perspective on the transition to kindergarten: A theoretical framework to guide empirical research. In: Journal of Applied Developmental Psychology 21, H. 5, S. 491–511.

Sartory, Katharina/Järvinen, Hanna/Bos, Wilfried (2013): Der Übergang von der Grundschule zum gegliederten Schulwesen – Chancen wahren und stärken. In: Bellenberg, Gabriele/Forell, Matthias (Hrsg.): Bildungsübergänge gestalten. Ein Dialog zwischen Wissenschaft und Praxis. Münster: Waxmann, S. 107–128.

Statistisches Bundesamt (2013): Berufsausbildung auf einen Blick. Wiesbaden: Statistisches Bundesamt.

Textor, Martina R. (2018): Elternarbeit in der Schule. 2. Auflage. Norderstedt: Books on Demand.

TMBJS – Thüringer Ministerium für Bildung, Jugend und Sport (2016): „Thüringer Bildungsplan für Kinder bis 18 Jahre. 2. Auflage." www.thueringen.de/mam/th2/tmbwk/bildung/bildungsplan/thuringer_bildungsplan-18_web.pdf (Abfrage: 12.09.2019).

Tillmann, Klaus-Jürgen (2013): Die Bewältigung von Übergängen im Lebenslauf – eine biographische Perspektive. In: Bellenberg, Gabriele/Forell, Matthias (Hrsg.): Bildungsübergänge gestalten. Ein Dialog zwischen Wissenschaft und Praxis. Münster: Waxmann, S. 15–31.

Trautwein, Ulrich (2013): Übergang zwischen Schule und Hochschule – Empirische Befundlage. In: Bellenberg, Gabriele/Forell, Matthias (Hrsg.): Bildungsübergänge gestalten. Ein Dialog zwischen Wissenschaft und Praxis. Münster: Waxmann, S. 267–274.

Uhlendorff, Harald (2009): Kooperation zwischen Bildungseinrichtungen und Eltern. Ludwigsfelde: Landesinstitut für Schule und Medien Berlin-Brandenburg (LISUM).

Wild, Elke/Lorenz, Fiona (2010): Elternhaus und Schule. Paderborn: Schöningh.

Ziegenspeck, Jörg W. (1999): Handbuch Zensur und Zeugnis in der Schule. Historischer Rückblick, allgemeine Problematik, empirische Befunde und bildungspolitische Implikationen. Ein Studien- und Arbeitsbuch. Bad Heilbrunn: Klinkhardt.

Kinder und Jugendliche mit besonderem Förderbedarf in Bildungsübergängen

Dorit Weber-Liel, Bärbel Kracke

1 Einleitung

Die Ratifizierung der UN-Behindertenrechtskonvention (UN-BRK) durch die Bundesregierung 2009 stellt einen wichtigen Meilenstein für die Entwicklung eines inklusiven Bildungssystems in Deutschland dar. Die damit geschaffene rechtliche Grundlage ist Ausgangspunkt einer Entwicklung hin zu einem Schulsystem, das allen Schülerinnen und Schülern mit ihren individuellen Lernvoraussetzungen gerecht werden soll. Der Aspekt der Prozesshaftigkeit und Entwicklung muss immer wieder betont werden, angesichts der damit einhergehenden Herausforderungen an Schule, sich den individuellen Lern- und Entwicklungsbedürfnissen von Kindern mit Behinderung anzupassen. Dabei richten sich die Forderungen nach einem grundsätzlichen Umdenken nicht nur an die schulischen Akteure. Für eine umfassende Inklusionsstrategie sind Bund, Länder, Kommunen und auch die Zivilgesellschaft gefragt (Hebborn 2019). Wocken (2018) fordert neben Maßnahmen wie Lehrkräftefortbildung und Verbesserung der technischen und personellen Ausstattung von Schulen auch ein Bekenntnis der Bildungspolitik und der Öffentlichkeit zum Aufbau eines inklusiven Schulsystems. Der Rückbau von Förderschulen ist ein wichtiger Schritt, aber nicht ausreichend, wenn Schulen nicht bereit sind, die hohen Inklusionsquoten mitzutragen, und die Bildungspolitik die Veränderungsprozesse an den Schulen nicht bedarfsgerecht und nachhaltig unterstützt.

In der Frage der Gestaltung von Bildungsübergängen wird die Notwendigkeit einer umfassenden und einheitlich ausgerichteten Inklusionsstrategie besonders deutlich. Ein Übergang ist dann erfolgreich, wenn eine günstige Passung zwischen den individuellen Lernvoraussetzungen und den vorhandenen kontextuellen Bedingungen hergestellt werden konnte (Eccles 1993). Die Kooperation aller am Übergang beteiligten Akteure ist eine wichtige Voraussetzung, um für die vielschichtigen Besonderheiten im Falle einer Behinderung individuelle Handlungsstrategien zu entwickeln. Der in Artikel 24 der UN-BRK formulierte Anspruch auf inklusive Bildung für alle steht den Mechanismen unseres segregierenden Schulsystems konträr gegenüber (Griebel/Niesel 2011). Während sich der Wechsel von der Grundschule in die weiterführende Schule für Kinder ohne eine Behinderung als ein an Leistungskriterien orientierter

Selektionsprozess gestaltet, geht es für die Kinder mit einer Behinderung darum, eine Schule zu finden, die bereit und in der Lage ist, sich auf die besonderen Lern- und Entwicklungsbedürfnisse einzustellen und den damit verbundenen Übergangsprozess aktiv und ko-konstruktiv zu gestalten. Die Kooperation zwischen abgebender und aufnehmender Einrichtung, Eltern und anderen am Übergangsprozess Beteiligten hat hier einen besonders hohen Stellenwert im Zusammenhang mit der Unterstützung von Kindern und Jugendlichen mit einer Behinderung in ihren Anpassungsprozessen an die neue Lern- und Lebenssituation.

Im Folgenden wird näher darauf eingegangen, welche Bedeutung Inklusion für die Gestaltung von Bildungsübergängen hat. Ausgehend von der Auseinandersetzung mit dem Begriff Inklusion, soll weiterführend beleuchtet werden, über wen genau wir sprechen, wenn es um Kinder mit sonderpädagogischem Förderbedarf geht, welche Herausforderungen sich für diese Schülerinnen und Schüler an den Bildungsübergängen ergeben und welche Anforderungen sich daraus für die schulischen Akteure ableiten lassen.

2   Inklusion

Inclusio ist die lateinische Wurzel des Begriffes Inklusion und kann mit „Enthaltensein" oder „Einschließen" übersetzt werden. Bei der Suche nach einer Begriffsdefinition offenbart sich inzwischen eine unüberschaubare Anzahl von wissenschaftlichen Arbeiten auf nationaler und internationaler Ebene. Da es nicht Ziel dieses Artikels ist, hier einen umfassenden Überblick zu liefern, wird eine Abkürzung dahingehend genommen, dass nur einige Punkte im Zusammenhang mit dem Bildungskontext aufgeführt werden. Für die Betrachtung von Bildungsübergängen für Kinder und Jugendliche mit einem Förderbedarf ist eine Auseinandersetzung mit schulischer Inklusion grundlegend.

Die Wurzeln des inklusiven Denkens sind im nordamerikanischen Raum zu finden (Sander 2002; Biewer 2011). Hier wurde die Verwendung des Begriffes Inklusion von Anfang an wesentlich durch bildungspolitische und pädagogische Entwicklungen geprägt (Wansing 2015). Die Diskussionen um *inclusion, inclusive education, inclusive schools* wurden 1991 von Gordon Porter und Diane Richler in ihrem Grundwerk „Changing Canadian Schools: Perspectives on Disability and Inclusion" aufgegriffen. Zu diesem Zeitpunkt verwendete man im deutschen Sprachgebrauch Inklusion hauptsächlichen im wirtschaftlichen Zusammenhang. Fragen schulischer Inklusion wurden unter dem Begriff der Integration fast ausschließlich in der Sonderpädagogik bearbeitet (Bleidick 2006).

1994 wird der Begriff *inclusion* auf der Salamanca-Weltkonferenz aufgegriffen, an der mehr als 90 Regierungen und 25 internationale Organisationen teilnahmen, um eine *Bildung für Alle* zu unterstützen. Die Salamanca-Erklärung mit der Formulierung der Rechte aller Kinder auf Bildung und der Forderung nach der Entwicklung von Schulsystemen, die der Vielfalt und den unterschiedlichen Bedürfnissen der Kinder und Jugendlichen gerecht werden, war ein wichtiger Meilenstein für die Etablierung inklusiven Denkens. Ein bedeutsames Ereignis, nicht zuletzt für die Verbreitung des Begriffs Inklusion im öffentlichen deutschen Sprachraum, war die Ratifizierung der UN-BRK 2009. Die UN-BRK wurde weltweit von 160 Staaten unterzeichnet und bildet die rechtliche Grundlage für die Umsetzung von Inklusion auf Staatenebene.

> „Zweck dieses Übereinkommens ist es, den vollen und gleichberechtigten Genuss aller Menschenrechte und Grundfreiheiten durch alle Menschen mit Behinderungen zu fördern, zu schützen und zu gewährleisten und die Achtung der ihnen innewohnenden Würde zu fördern." (UN-BRK 2017, S. 8).

Die aus 50 Artikeln bestehende Konvention enthält über allgemeine Postulate und Bestimmungen der Menschenrechte hinaus international zu verwirklichende Standards im Umgang mit Opfern möglicher Diskriminierung. Sie ist damit deutlich konkreter als das in Artikel 26 der Allgemeinen Erklärung der Menschenrechte der Vereinten Nationen von 1948 verankerte Recht auf Bildung. Im Artikel 24 der UN-BRK wird gefordert, dass die Vertragsstaaten ein *integratives Bildungssystem* auf allen Ebenen gewährleisten und sicherstellen sollen, dass behinderte Menschen nicht aufgrund einer Behinderung vom allgemeinen Bildungssystem ausgeschlossen werden. Der hier verwendete Begriff der Integration ist im Deutschen nach der behindertenpädagogischen Empfehlung des Deutschen Bildungsrates von 1973 der sonderpädagogischen Fachsprache zugeordnet (Sander 2002), während er im Amerikanischen zur Alltagssprache gehört. Sprachliche Kompromisse, die bei der Formulierung internationaler Dokumente eingegangen werden, können auf nationaler Ebene zu inhaltlichen Unschärfen führen. Inklusion wird in der UN-BRK weder explizit gefordert noch begrifflich genau definiert. Die inhaltlichen Bezüge in Artikel 3, 19, 24, 26 und 27 liefern Hinweise auf das der UN-BRK zugrundeliegende Begriffsverständnis. Mit dem menschenrechtlichen Hintergrund und der damit verbundenen klaren Wertebasis hat der Begriff Inklusion hier einen normativen Charakter. Es wird sowohl die Dimension der Prozesshaftigkeit (Wansing 2015) als auch die eines ethischen Grundprinzips (Makarova 2017) deutlich. In Folge der in der UN-BRK fehlenden begrifflichen Festlegung zu Inklusion kam es zu zahlreichen Interpretationen und sich „teils widersprechenden Vorstellungen von Inklusion als Menschenrecht, von normativen gesellschaftlich-inklusiven Prinzipien und von Maßnahmen sowie deren Umsetzung im Bildungsbereich […]" (Cramer/Harant 2014, S. 639). Die intensive wissenschaftliche Auseinandersetzung und die breit angelegte Forschung zum Thema Inklusion sind grundsätzlich Zeichen einer erfreulichen Entwicklung. Allerdings hat die zunehmende Begriffsdiffusion auch negative Konsequenzen (Dederich 2017). Grosche bezeichnet die Mehrdeutigkeit und fehlende Präzision des Inklusionsbegriffs als wichtigen Grund für die Schwierigkeiten in den einzelnen Handlungsfeldern von Praxis und Wissenschaft (Grosche 2015). Eine Aufarbeitung der Definitionsansätze mit dem Ziel einer Begriffsschärfung wurde in zahlreichen Arbeiten sowohl international als auch national (z. B. Grosche 2015; Hinz 2002; Lindmeier/Lütje-Klose 2015; Werning 2010; Wocken 2014) versucht (Piezunka 2017).

Ein Ansatz der Klassifikation verschiedener Definitionen ist die Einteilung in enge und weite Begriffsbestimmungen (Kracke 2014). Bei der engen Begriffsbestimmung wird die von Diskriminierung betroffene Personengruppe genau bezeichnet und Inklusion als der gemeinsame Schulbesuch von Kindern mit und ohne Behinderung definiert. Die dieser Sichtweise zugrundeliegende Auffassung von zwei verschiedenen Gruppierungen lässt die Frage nach der Abgrenzung zum Begriff Integration aufkommen. Die begriffliche Nähe von Inklusion und Integration erschwert den fachlichen Diskurs (Hinz 2002). In einem weiten Verständnis von Inklusion formuliert Ziemen:

„Inklusion beinhaltet die Überwindung der sozialen Ungleichheit, der Aussonderung und Marginalisierung, indem alle Menschen in ihrer Vielfalt und Differenz, mit ihren Voraussetzungen und Möglichkeiten, Dispositionen und Habitualisierungen wahrgenommen, wertgeschätzt und anerkannt werden" (Ziemen 2016, S. 101).

Er legt damit den Fokus auf eine veränderte Herangehensweise, die nicht eine Gruppe von Benachteiligten hervorhebt, sondern die differenzierte Sicht auf die Bedürfnisse jedes Einzelnen fordert. Für den schulischen Kontext zieht die weite Definition von Inklusion die Frage nach sich: „Wie kann man es erreichen, dass alle Schülerinnen und Schüler mit ihren je individuellen Voraussetzungen in einer Schule für alle möglichst optimal gefördert werden können?" (Werning 2010, S. 184). Mit seinem normativ-pädagogischen Ansatz postuliert Hinz ebenfalls ein weites Begriffsverständnis. Er definiert Inklusion als Prozess mit der Zielsetzung eines gleichberechtigten Miteinanders unterschiedlichster Mehr- und Minderheiten und der Betonung des vollen Rechts auf individuelle Entwicklung und soziale Teilhabe unabhängig vom Unterstützungsbedarf (Hinz 2002, S. 3). Der hier formulierte Anspruch an Inklusion geht davon aus, dass es nicht erst zu einer Aufspaltung in eine Gruppe von Menschen mit und ohne Benachteiligung kommt. Für alle ist grundsätzlich eine umfängliche Teilhabe zu gewähren, was weit über die ethische Dimension des Begriffs Integration hinausgeht (Dederich 2017). Wenn vom engen Inklusionsbegriff ausgehend diskutiert wird, dass kategoriale Zuweisungen wie Behinderung notwendig sind, um festzulegen, auf wen Inklusion fokussiert ist, so sieht Wocken (2018) in dem Verzicht auf kategoriale Abgrenzungen wie Behinderung die substanzielle Unterscheidung von Integration und Inklusion. Zusammenfassend und in Anlehnung an Hinz formuliert Dederich einen präskriptiven und normativen Kern von Inklusion in drei Punkten: (1) Menschen mit Behinderung sind keine abgegrenzte Gruppe, was die individuelle Wertschätzung jedes Einzelnen bedeutet, (2) Heterogenität ist in allen denkbaren Dimensionen zu berücksichtigen, was eine Weiterentwicklung des Schulsystems zwingend notwendig macht und (3) jedes Individuum hat Rechte, die Ma rginalisierung ausschließen und auf umfängliche soziale Teilhabe ausgerichtet sind (Dederich 2017, S. 72). Im Ergebnis einer empirischen Studie wurden anhand von qualitativen Experteninterviews vier Definitionsrichtungen von Inklusion expliziert, die die wissenschaftliche Debatte in Deutschland abbilden.

„Unter Inklusion kann man die Realisierung des Rechtsanspruches für Schülerinnen und Schüler mit diagnostizierter Behinderung verstehen (Verständnis 1), die bestmögliche Leistungsförderung von einzelnen Schülergruppen (Verständnis 2), Teilhabe, Anerkennung und Wohlbefinden aller Schülerinnen und Schüler (Verständnis 3) oder das Überwinden von sozial konstruierten Differenzlinien im Denken und Handeln als Utopie (Verständnis 4). Der in dieser Zusammenstellung der 4 hierarchisch geordneten Verständnisrichtungen enthaltene Konsens ist die Überwindung einer sozial konstruierten Diskriminierung" (Piezunka et al. 2017, S. 207).

Als theoretischer Ausgangspunkt fokussiert das Ergebnis ebenso wie die oben genannten Ausführungen zum weiten Inklusionsbegriff auf die erfolgreiche Entwicklung einer inklusiven Bildungslandschaft. Der damit einhergehende Verzicht auf eine Kategorisierung in behinderte und nicht-behinderte Schülerinnen und Schüler kann als eine Erfolg versprechende Zieldimension für die Entwicklung unseres Schulsystems betrachtet werden. Für die pädagogische Praxis im Bereich sonderpädagogische Förderung und Übergangsgestaltung sind die personenspezifische Zuordnung von Behinderungen und die darauf aufbauenden Laufbahnentscheidungen aktuell noch immer handlungsleitend. Die Betrachtung des Behinderungsbegriffs ist nicht zuletzt aufgrund seiner stark kritisierten Funktion hinsichtlich der Ressourcenzuweisung notwendig.

3 Der Begriff der Behinderung und seine pädagogische Relevanz

In der Betrachtung verschiedener Zugänge zum Behindertenbegriff wird deutlich, dass diese in enger Verbindung mit gesellschaftlichen Entwicklungen stehen. Bis zu Beginn des 20. Jahrhunderts wurden für Menschen mit verschiedenen Behinderungen stark abwertende Begriffe wie „Krüppel", „Invalide" oder „Schwachsinniger" verwendet, die Suche nach weniger diskriminierenden Begriffen führte zu Wortschöpfungen wie „Hilfling". Der Begriff Körperbehinderter wurde erstmals in der Weimarer Republik verwendet, im Dritten Reich ging es um die Unterscheidung zwischen legitimer Körperbehinderung durch Unfall oder Kriegsverletzungen und nicht legitimen Körperbehinderungen zum Beispiel aufgrund von Erbkrankheiten (Kastl 2017). Im Bundessozialhilfegesetz von 1961 findet sich erstmals das Spektrum von Behinderungen durch Nennung von körperlichen, geistigen und seelischen Behinderungen, durchgesetzt hatten sich diese Begriffe aber erst zu Beginn der 1980er Jahre (Schmuhl 2010). Wenngleich der Begriff Behinderung heute sowohl in der wissenschaftlichen Diskussion als auch im alltäglichen Sprachgebrauch geläufig ist, kann keine allgemein anerkannte Begriffsdefinition ausfindig gemacht werden. Die Verwendung des Begriffs in den verschiedenen Fachrichtungen Medizin, Psychologie, Soziologie und Pädagogik entsprechend der unterschiedlichen theoretischen und methodischen Voraussetzungen sowie der Gebrauch in der sozial- und bildungswissenschaftlichen Debatte können als ein Grund dafür gesehen werden (Dederich 2009). Weiterhin erschwert die Ansammlung bedeutungsähnlicher Begriffe wie Beeinträchtigung, Störung, Gefährdung, Erschwernis, Barriere usw. eine klare Begriffsbestimmung. Um zu verdeutlichen, dass Behinderung heute nicht mehr als eine einzeln zu betrachtende Kategorie existiert, sie vielmehr an verschiedene Kontexte und individuelle Voraussetzungen gebunden ist, werden im Folgenden verschiedene Zugänge zum Begriff Behinderung aufgeführt.

Das medizinische Modell begreift Behinderung als ein individuelles Phänomen, dem durch medizinische, therapeutische oder sonderpädagogische Maßnahmen zu begegnen ist. Der Fokus liegt auf dem Diagnostizieren des Problems beim Einzelnen und einer versuchten Veränderung, um die als Defizit wahrgenommene Behinderung zu beseitigen oder zu minimieren. Vor dem Hintergrund dieses Modells konnten in der Geschichte der Behindertenpolitik Maßnahmen wie Zwangseinweisungen, Zwangssterilisationen und andere erniedrigende Behandlungen bis hin zu Mitleidstötungen unter dem Deckmantel der Therapie legitimiert werden (Dederich 2009). Die Veränderung der Sichtweise vom defizitären Individuum, das therapiert und rehabilitiert werden muss, hin zu einer Betrachtung der Umwelt mit ihren verletzenden Reaktionen auf Behinderung sowie den exkludierenden Strukturen beschreibt den Wechsel vom medizinischen zum sozialen bzw. soziologischen Zugang zu Behinderung (ebd.). Im soziologischen Modell wird Behinderung schwerpunktmäßig als eine soziale Konstruktion betrachtet. In diesem Zusammenhang steht die Stigmatheorie (Goffman 1975), die einen sozialen Mechanismus beschreibt, nach dem aufgrund von Normabweichungen eine gesellschaftliche Ausgrenzung erfolgt. Das kann im Zusammenhang mit rassischen Merkmalen, physischen Auffälligkeiten oder intellektuellen Einschränkungen erfolgen. Behinderung ist das Ergebnis der Auseinandersetzung zwischen dem Individuum und der Gesellschaft, wobei die Gesellschaft durch ihre Reaktion und Bewertung Behinderung schafft (Cloerkes 2001). Am Beispiel der Lernbehinderung kann dies verdeutlicht werden. Während in einer Gesellschaft mit geringer Alphabetisierungsrate Schwierigkeiten beim Erlernen der Kulturtechniken Lesen und Schreiben nicht als eine Behinderung gewertet werden würden, würde die gleiche Schwierigkeit in unserer Gesellschaft als von der Norm- und Wertestruktur abweichend wahrgenommen werden (Textor 2015). Die Einstellungen gegenüber Menschen mit Behinderung werden in erster Linie durch Sichtbarkeit und Ausmaß der Behinderung in Bezug auf gesellschaftlich hoch bewertete Leistungen wie Mobilität, Intelligenz oder Kommunikationsfähigkeit bestimmt (ebd.). Das soziologische Modell war über lange Zeit Leitmotiv für eine kritische Auseinandersetzung mit einer Behindertenpolitik, die nur das medizinische Verständnis von Behinderung berücksichtigte. Behinderung wurde hier vorrangig im Zusammenhang mit Prävention und Rehabilitation gesehen. Die Forderung nach expliziter Formulierung der Menschenrechte im Sinne der Belange behinderter Menschen kam erst in den 1980er Jahren zur Diskussion. Zuerst mit der Forderung nach Chancengleichheit als einem zentralen Menschenrecht und später durch die Einbeziehung der gesamten Problematik der Menschenrechtsverletzungen. Mit der Verabschiedung der UN-BRK 2008 liegt ein erster universeller Völkervertrag vor, in dem die internationalen Menschenrechte für die Gruppe der Menschen mit einer Behinderung verbindlich formuliert sind (Degener 2009). Die UN-BRK steht dementsprechend für einen Paradigmenwechsel vom medizinischen zum sozialen bzw. menschenrechtlichen Modell von Behinderung. Unter diesem Ansatz ist es nicht mehr möglich, Menschenrechte aufgrund einer Behinderung zu beschränken oder gar außer Kraft zu setzen. Im Gegenteil bietet es die Grundlage für die Umsetzung eines inklusiven Gesellschaftssystems, das auf Ressourcenorientierung und Partizipation ausgerichtet ist (ebd.).

Mit dem medizinischen, dem soziologischen und dem menschenrechtlichen Modell sind wesentliche Einflüsse auf die Entwicklung des Behinderungsbegriffs benannt, vor deren Hintergrund nachfolgend einige ausgewählte Begriffsdefinitionen angeführt werden sollen.

Nach § 2 SGB IX sind Menschen dann behindert, „wenn ihre körperliche Funktion, geistige Fähigkeit oder seelische Gesundheit mit hoher Wahrscheinlichkeit länger als 6 Monate von dem für das Lebensalter typischen Zustand abweichen und daher ihre Teilhabe am Leben in der Gesellschaft beeinträchtigt ist". Mit diesem sozialrechtlichen oder juristischen Zugang, der sowohl die medizinische als auch die soziale Dimension integriert (Degener 2009), handelt es sich nicht um eine wissenschaftliche Definition. Hier geht es um einen Rechtsanspruch auf soziale Hilfen, unabhängig davon, welche Behinderung vorliegt. Die juristische Sichtweise, die ohne eine genauere Definition von Behinderung auskommt, sei an dieser Stelle erwähnt, da sie auch weit in die pädagogische

Praxis hineinreicht, wenn es um die Zuweisung von Ressourcen geht. Kritisch zu sehen sind die Orientierung an einem für das Lebensalter typischen Zustand, also dem Leitbild eines gesunden Menschen und den damit verbundenen Schwierigkeiten beim Feststellungsverfahren. Damit, dass nicht auf das Individuum und seine Wechselwirkung mit dem jeweiligen Kontext fokussiert wird, bleiben subjektive Aspekte der Wahrnehmung und die Wünsche einer Person nach selbstbestimmter Daseinsentfaltung unbeachtet (Welti 2006). Mit dem ICF-Modell (International Classification of Functioning, Disability and Health) der Weltgesundheitsorganisation (WHO) wurde versucht, ähnlich der Definition im SGB IX, die verschiedenen Definitionsansätze zu Behinderung in einem Modell zu vereinen, wobei der soziologische Fokus deutlich stärker gewichtet ist und um den systemischen Aspekt ergänzt wurde (Textor 2015). Behinderung wird hier als Partizipationsstörung definiert und ist damit als situations- und nicht mehr personenabhängiges Merkmal zu sehen. Während das 1989 eingeführte ICD-10-Modell (International Statistical Classification of Diseases and Related Health Problems) noch entsprechend dem medizinischen Ansatz davon ausging, dass sich eine Behinderung immer auf die zugrundeliegende Schädigung geistiger oder körperlicher Art zurückführen ließe, hat das neue ICF-Modell seit 2001 das Ziel, genau festlegen zu können, was die Beeinträchtigung genau ausmacht und welche individuelle Unterstützung benötigt wird. Behinderung wird hier als Einschränkung von Partizipationsmöglichkeiten verstanden, die aus einer Vielzahl von Ursachen in Person und Umwelt entstehen können. Statt der drei Dimensionen impairment, disability und handicap, die dem ICD-10-Modell zugrunde liegen, werden die Dimensionen in dem neuen Ansatz mit *impairment, activity* und *participation* bezeichnet. Die Dimension impairment impliziert die körperlichen Funktionen und Strukturen. In der Ebene activity oder activity limitation geht es um die Handlungseinschränkung. Es wird das Maß der persönlichen Verwirklichung angesichts der Schädigung oder Störung erfasst. Um Teilhabe am gesellschaftlichen und kulturellen Leben geht es in der Dimension participation. Neben der Betrachtung der Kontexte wird das Individuum mit seinen personellen Bedingungen als Mitgestalter stärker in den Fokus gerückt. Die Beschreibung von Behinderung als „Wechselwirkung zwischen dem gesundheitlichen Problem […] einer Person und ihren Umweltfaktoren" (DIMDI 2005, S. 5) entspricht dem soziologischen Ansatz. Das Modell hat bisher wenig Eingang in die pädagogische Arbeit gefunden. Mit der Fokussierung auf Teilhabe und die Realisierung von Chancengleichheit für Menschen mit Behinderung zeigt sich jedoch eine pädagogische Relevanz, weshalb das Modell als ein Minimalkonsens in der Behindertenpädagogik betrachtet werden kann (Degener 2009).

3.1 Der Begriff der Behinderung in der Pädagogik

Der Begriff der Behinderung hat in der Pädagogik eine noch junge Tradition. In den 1960er Jahren begann der Bereich der Sonderpädagogik mit einer Kategorisierung des Begriffs. Die anfängliche Übernahme medizinischer Begriffe wie Taubheit, Blindheit oder Schwachsinn zeigten sich in der Entwicklung der Heilpädagogik erschwerend, da mit ihrer Verwendung die „Abnormität" hervorgehoben wurde (Bleidick 2006). Die Einteilung in Blindheit, Sehbehinderung, Gehörlosigkeit, Schwerhörigkeit, Lernbehinderung, geistige Behinderung, Verhaltensbehinderung oder Verhaltensstörung war an der Gliederung des damaligen Sonderschulwesens orientiert. Zentral für die Konstituierung des Begriffs Behinderung in der Behindertenpädagogik ist die Einführung des Begriffs durch Bleidick (1972) in seinem Buch „Pädagogik der Behinderten". In Anlehnung an die Formulierung vom Deutschen Bildungsrat (1973) definiert er später: „Als behindert gelten Personen, die infolge einer Schädigung ihrer körperlichen, seelischen oder geistigen Funktionen soweit beeinträchtigt sind, dass ihre unmittelbaren Lebensverrichtungen oder ihre Teilnahme am Leben in der Gemeinschaft erschwert wird." (Bleidick 1977, S. 12). An dieser stark personenbezogenen Definition wird der einseitige Zusammenhang zwischen Behinderung und individueller Schädigung kritisiert, andere behindernde Einflüsse dagegen bleiben unerwähnt.

Das sich verändernde „Bild vom Kind" verbunden mit einer weniger isolierten Betrachtung und einer stärkeren Einbeziehung der Kontexte machte ökologische Perspektiven anschlussfähig an Konzepte der Behindertenpädagogik (Moser et al. 2008). Speck (2003, S. 248 ff.) fokussiert in seinem ökologischen Ansatz auf den „Mensch[en] mit seinen Lern- und Lebenshindernissen in seiner Lebenswelt". Eine auf die Schädigung bzw. Behinderung bezogene Terminologie wird von ihm durch den Begriff der „speziellen Erziehungserfordernisse" ersetzt. Speck spricht von der „Relativität von Behinderung" (2003, S. 244), die in Abhängigkeit von gesellschaftlichen Normen und verfügbaren sozialen Strukturen zu betrachten ist. Er nimmt in seinem Ansatz konkret Bezug auf die verschiedenen Systemebenen Mikrosystem und Mesosystem nach Bronfenbrenner (1981) und integriert damit die Perspektive auf Individuum und Kontext. Mit den 1980er Jahren fand eine erste Abwendung von einer Kategorisierung des Begriffs Behinderung statt, um besser den Bedarf von Erziehung und Bildung erfassen zu können (Speck 2003).

3.2 Sonderpädagogischer Förderbedarf

Mit der Einführung des Begriffs Sonderpädagogischer Förderbedarf wurde 1994 durch die Ständige Konferenz der Kultusminister der Länder in der Bundesrepublik Deutschland (KMK) der zu diesem Zeitpunkt bereits überholte bildungs- und schulpolitische Legitimationsbegriff der Sonderschulbedürftigkeit abgelöst (vgl. KMK 1994). Die benannten acht Förderschwerpunkte nehmen starken Bezug zu den Behindertenkategorien:

- „das Lern- und Leistungsverhalten, insbesondere das schulische Lernen, das Umgehen-Können mit Beeinträchtigungen beim Lernen
- die Sprache, das Sprechen, das kommunikative Handeln, das Umgehen-Können mit sprachlichen Beeinträchtigungen
- die emotionale und soziale Entwicklung, das Erleben und die Selbststeuerung, das Umgehen-Können mit Störungen in Erleben und Verhalten
- die geistige Entwicklung, das Umgehen-Können mit geistiger Behinderung
- die körperliche und motorische Entwicklung, das Umgehen-Können mit erheblichen Beeinträchtigungen im Bereich der Bewegung und mit körperlicher Behinderung
- das Hören, die auditive Wahrnehmung, das Umgehen-Können mit einer Hörschädigung
- das Sehen, die visuelle Wahrnehmung, das Umgehen-Können mit einer Sehschädigung
- die körperliche und seelische Verfassung, das Umgehen-Können mit einer lang andauernden Krankheit" (KMK 1994, S. 6).

Nach Pluhars Auffassung stellt diese neue begriffliche Festlegung „einen Paradigmenwechsel dar, hin zur individuellen sonderpädagogischen Förderung unabhängig vom Förderort" (Pluhar 2003, S. 70). Die sonderpädagogischen Förderschwerpunkte entsprechenden Behinderungsarten, stellen aber keine lineare Zuordnung zu einem bestimmten Schultyp her. Kinder und Jugendliche mit einem sonderpädagogischen Förderbedarf können in der allgemeinbildenden Schule unterrichtet werden, die Förderung muss kontextabhängig und individuell in einer Kind-Umfeld-Analyse bestimmt werden (Lindmeier/Lindmeier 2012).

Kritisiert wird an den Empfehlungen der KMK, dass die vorher bereits einsetzende Pluralisierung verschiedener Formen und Orte sonderpädagogischer Förderung einfach fortgesetzt wurde, ohne eine Orientierung für die Weiterentwicklung integrativer Strukturen anzubieten (ebd.). Der Vorwurf geht so weit, dass die neue Terminologie eher der Stabilisierung der vorhandenen schul- und bildungspolitischen Verhältnisse diene, statt strukturelle Veränderungen des Systems und damit der Überwindung von Aussonderung zu befördern (Eberwein/Knaur 2002). Der Behinderungsbegriff, der eigentlich abgelöst werden sollte, bleibt unerwähnte Bezugsnorm, da Behinderung und Förderung in einem Bedeutungsgegensatz mit Bezug auf denselben Begriffsinhalt stehen (Lindmeier/Lindmeier 2012). Eine Förderung für eine Schülerin oder einen

Schüler wird dann erforderlich, wenn aufgrund einer Behinderung eine Anforderung nicht erfüllt werden kann. In diesem Begriffsverständnis erscheint es unmöglich, einen Förderbedarf zu bestimmen, ohne auf die Behinderung und die gesetzte Anforderung einzugehen (Lemke/Schuck 2002). 2011 verabschiedete die KMK eine neue Empfehlung unter dem Titel „Inklusive Bildung von Kindern und Jugendlichen mit Behinderungen in Schulen" (KMK 2011). Hier wird formuliert, dass Kinder und Jugendliche dann der Gruppe von Menschen mit Behinderungen angehören, wenn sie „langfristige körperliche, seelische, geistige Beeinträchtigungen oder Sinnesbeeinträchtigungen haben, welche sie in Wechselwirkung mit verschiedenen Barrieren an der vollen, wirksamen und gleichberechtigten Teilhabe an der Gesellschaft hindern können" (KMK 2011, S. 6).

In Anlehnung an die Definition von Behinderung in der UN-BRK wird damit ein offener und an Teilhabe orientierter Behinderungsbegriff formuliert. Entgegen der ursprünglichen Ankündigung ist aber die Systematik der Förderschwerpunkte erhalten geblieben. Durch die gleichzeitige Verwendung der Begriffe sonderpädagogische Förderung und sonderpädagogische Bildung sowie inklusive Bildung, ohne dass diese näher erläutert werden, leisten die neuen KMK-Empfehlungen kaum einen Beitrag zur begrifflichen Weiterentwicklung (Lindmeier/Lindmeier 2012).

Die Feststellung des sonderpädagogischen Förderbedarfs erfolgt in einem sonderpädagogischen Gutachten, in dem der Förderschwerpunkt benannt sowie eine Empfehlung für Bildungsgang und Förderort gegeben werden. Im Gutachten werden die personellen, materiellen und räumlichen Voraussetzungen beschrieben, um zu begründen, warum verschiedene Maßnahmen getroffen werden sollen. Der Fokus liegt hierbei jedoch eher auf der Quantität der Ressourcen und weniger auf der Qualität pädagogischen Handelns (Schuck 2006, S. 86). In diesem Zusammenhang erfüllt der Begriff des sonderpädagogischen Förderbedarfs die Funktion eines ressourcenorganisierenden Konstrukts (Lindmeier/Lindmeier 2012). In Bezug auf die Entwicklung eines inklusiven Schulsystems im Sinne des weiten Definitionsbegriffs von Inklusion (siehe Abschnitt 2) zeigt sich die Orientierung an Förderschwerpunkten eher hinderlich. Die personen- oder merkmalsbezogene sonderpädagogische Gegenstandsbestimmung und die mangelnde Betrachtung der Lern- und Lebenskontexte erlauben langfristig keine Umsetzung eines umfänglich inklusiven Konzeptes schulischer Bildung.

Bei der Umsetzung der ICF der WHO im Schulbereich zeigen sich dahingehend Chancen, dass das Ausloten der Aspekte von Behindert-Sein und Behindert-Werden auf der Basis eines mehrdimensionalen und kontextabhängigen Verständnisses möglich ist. Behinderung wird als das Ergebnis der Wechselwirkung beeinträchtigter Körperfunktionen einer Person, den mit bestimmten Anforderungen verbundenen Fähigkeiten und den kontextuellen Unterstützungsmöglichkeiten gesehen. Die Förderpädagoginnen und -pädagogen könnten davon ausgehend gemeinsam mit anderen pädagogischen Professionen die eigene Rolle in Bezug auf die Kernkompetenzen Fördern und Unterstützen reflektieren. Um den Bedarf an Förderung, Unterstützung und Kompensationsmaßnahmen sowohl beim Kind, bei den in Beziehung stehenden Personen als auch der Lernumgebung zu ermitteln, müssen neue Wege gefunden werden (Hollenweger 2004). Bildungsentscheidungen dürften dann nicht mehr nur aufgrund einer Kategorisierung getroffen werden. Vielmehr sind das Fähigkeitsprofil, die angestrebten Lernziele und die Bildungseinrichtung in ihrer gegenseitigen Wechselwirkung zu beleuchten.

4 Herausforderungen an Übergängen im Bildungssystem

Kinder und Jugendliche werden im Laufe ihrer Bildungsbiografie durch verschiedene Übergänge herausgefordert. Diese haben normativen Charakter, wenn es sich um die zu erwartenden Statuspassagen im Bildungssystem handelt, die jeweils gleichzeitig von einer Gruppe Gleichaltriger vollzogen wird. Als planbare Ereignisse erfordern sie die kollektive Bewältigung standardisierter Anforderungen (Tillmann 2013). Nicht-normative Übergänge sind dagegen ungeplant eintretende Ereignisse außerhalb des Schulsystems. Schicksalsschläge, Verluste, Trennung der Eltern o. ä. stellen im Sinne kritischer Lebensereignisse (Fillip/ Aymann 2010) Übergangssituationen dar, die individuell als „private Übergänge" zu verarbeiten sind (ebd.). Übergänge und ihre Bedeutung in der Entwicklung von Kindern und Jugendlichen werden in der Literatur sehr unterschiedlich bewertet. Zum einen werden Übergänge mit Entwicklungsrisiken, einem eher bedrohlichen Charakter und der Gefahr von Brüchen in Verbindung gebracht (Beelmann 2013). An anderer Stelle wird von Entwicklungsgelegenheiten gesprochen und die Chancen für positive Veränderungen werden betont (Griebel/Niesel 2004). Weitgehende Einigkeit zeigt sich dahingehend, dass Übergänge mit verschiedenen Herausforderungen und Anpassungsleistungen verbunden sind und individuell unterschiedlich bewältigt werden. Mit dem Wechsel in eine neue Bildungseinrichtung gelangen Kinder und Jugendliche in eine Position, in der sie durch Anpassung an neue Normen und Werte herausgefordert werden. Dazu ist es notwendig, die Informationen zur neuen Situation schnell zu verarbeiten, die Anpassungsanforderungen und Gestaltungsspielräume im neuen Kontext zu erkennen und zur Verfolgung der eigenen Ziele zu nutzen (Neuenschwander 2017; Beelmann 2013). So können Übergänge selbst auch als Bildungsprozesse betrachtet werden, da sie „pädagogisch zu betreuende, personale Akte der Selbststeuerung unter nicht selbst gesetzten Bedingungen sind" (Eckert 2013, S. 244). Bildungsverläufe folgen einer Dynamik von Gestalten und Anpassen (Neuenschwander 2017). Aus Sicht des Individuums kann dieser Prozess im Sinne einer Intelligenzfunktion als wichtige Voraussetzung für das Überleben beschrieben werden (Piaget 1972; Sternberg/Grigorenko 1997). Ein Individuum kann seinen grundlegenden Bedürfnissen nur dann nachkommen, wenn es in der Lage ist, sich an Lebensbedingungen veränderter Kontexte anzupassen. Der Aspekt der wechselseitigen Beeinflussung von Individuum und den Kontexten bzw. den Kontexten untereinander wird mit dem ökosystemischen Ansatz (Bronfenbrenner 1981) beschrieben. Die Entwicklung des Kindes oder Jugendlichen kann nicht losgelöst von den jeweiligen Bezugssystemen betrachtet werden, sondern ist als Produkt ständiger Auseinandersetzung mit seinen Kontexten und zwischen diesen zu verstehen. Die durch den Übergang initiierten Veränderungen betreffen verschiedene Bereiche, wie etwa den der Beziehungen, der Normierung, der Leistungsanforderungen, der Alltagsgestaltung. Die Bewältigungsmöglichkeiten der Anforderungen werden durch die in Wechselwirkung miteinander stehenden sozialen Bezugssysteme der Kinder und Jugendlichen beeinflusst (Bronfenbrenner 1981; Tillmann 2013). Ob ein Übergang letztendlich erfolgreich verläuft, hängt aus bewältigungstheoretischer Perspektive von der Wahrnehmung der Herausforderungen durch die Beteiligten, der Abschätzung von möglichen Barrieren und Ressourcen sowie dem Gefühl, Kontrolle über den Prozess zu haben, ab (Knoll et al. 2011). Ein gelingender Umgang mit den Herausforderungen an Bildungsübergängen ist vor allem dann zu erwarten, wenn die verschiedenen Bezugssysteme systematisch kooperieren (Bronfenbrenner 1981; Epstein 1992). Im Falle einer Behinderung ist davon auszugehen, dass das Kind weniger als andere Gleichaltrige in der Lage ist, die Herausforderungen am Übergang mit den eigenen Ressourcen zu bewältigen. Dementsprechend größer ist die Bedeutung der Kooperation der Bezugssysteme untereinander im Hinblick auf eine individuelle Übergangsgestaltung und -unterstützung.

5 Kinder mit sonderpädagogischem Förderbedarf an Übergängen

Aus der Erfassung der Inklusionsquoten in den einzelnen Bildungsstufen geht sehr deutlich hervor, dass für Kinder mit sonderpädagogischem Förderbedarf der Bildungsweg durch biografische Brüche gekennzeichnet ist (Klemm 2015). Während im Schuljahr 2013/14 in Deutschland 67 Prozent der Kinder mit einem Förderbedarf eine integrative Kindertagesstätte (weniger als 50 Prozent der Kinder haben dort einen Förderbedarf) besuchten, lag der Inklusionsanteil in der Grundschule bei 46,9 Prozent und in der weiterführenden Schule der Sekundarstufe I nur noch bei 29,9 Prozent. Die Zahlen zu den Inklusionsanteilen variieren länderspezifisch sehr stark, die Tendenz der abnehmenden Inklusionsanteile auf dem bildungsbiografischen Weg von der Kindertagesstätte bis hin zur Sekundarstufe dagegen zeigt sich stabil (ebd.). Beim Übergang von der Schule in den Beruf lässt sich durch Gegenüberstellung der Abgangsdaten aus

Förderschulen und der Daten zu den Neueintritten in die berufsbildenden Schulen ebenfalls eine absinkende Inklusionsquote erkennen. Von den 37 100 Förderschulabsolventen, die mit dem Schuljahr 2011/12 in Deutschland die Schule verlassen haben, begannen nur ca. 10 000, also 28 Prozent, im Anschluss eine Ausbildung (Ausbildung mit reduzierten Ausbildungsinhalten). Der Anteil an Schülerinnen und Schülern ohne Ausbildungsplatz ist in Bildungswege des Übergangssystems gewechselt, die wegen der fehlenden Abschlussmöglichkeit auch als „Warteschleifen" bezeichnet werden. Da keine genauen Daten vorliegen, kann nur vermutet werden, dass ein sehr geringer Teil der 37 100 Absolventinnen und Absolventen der Förderschule mit einer Vollausbildung beginnen konnte (ebd.). Für 2012 wurde eine genaue Analyse der Übergangssituation von 5 707 Schülerinnen und Schülern mit einem diagnostizierten sonderpädagogischen Förderbedarf in Nordrhein-Westfalen erstellt. 9,7 Prozent aus dieser Gruppe erlernte einen vollwertigen Ausbildungsberuf, 33 Prozent einen anspruchsreduzierten Ausbildungsberuf und 57,2 Prozent erlernte keinen Beruf (ebd.).

Neben der zunehmenden Gefahr, einen Übergang als Bruch in der eigenen Bildungsbiografie zu erleben, kommt die stark differierende Qualität gemeinsamer Beschulung von Schülerinnen und Schülern mit und ohne Behinderung. 51 Prozent der Befragten einer Studie zur „Gesellschaftlichen Teilhabe von Menschen mit Behinderung in Deutschland" bewerteten die gemeinsame Bildung und Erziehung von Schülerinnen und Schülern mit und ohne Behinderung mit weniger bzw. gar nicht gut (Institut für Demoskopie Allensbach 2011). Demgegenüber stehen Befunde, die eine bessere Intelligenz- und Leistungsentwicklung bei Schülerinnen und Schülern mit einer Behinderung im Gemeinsamen Unterricht zeigen (Tent et al. 1991; Wocken 2005; Neumann et al. 2017). Ebenso erreichen sie häufiger einen qualifizierten Schulabschluss als Schülerinnen und Schüler aus Förderschulen (Klemm 2009).

Neben den schulleistungsbezogenen Herausforderungen und der Bewältigung struktureller Veränderungen nach dem Übergang, sind Kinder und Jugendliche mit einem Förderbedarf mehr als andere Gleichaltrige dem Risiko von Vorurteilen und Nichtbeachtung im neuen Setting ausgesetzt. Sie schaffen es seltener, sich ohne besondere Unterstützung im neuen Setting eine befriedigende soziale Position zu erarbeiten, die eine wichtige Basis für Wohlbefinden sowie schulische Leistungsbereitschaft und -fähigkeit darstellt (Schwab et al. 2015). Wohlbefinden ist ein zentrales Kriterium für die Feststellung, ob ein Übergang erfolgreich bewältigt wurde (Niesel/Griebel 2015). Ist ein Kind mit einem sonderpädagogischen Förderbedarf gut in der neuen Klasse angekommen und fühlt sich wohl, kann es die Lernangebote der neuen Schule effektiv für die eigene kognitive und soziale Entwicklung nutzen. Erfolgreiche Übergänge bedeuten immer auch eine Kompetenzentwicklung, die als wichtige Voraussetzung die Bewältigung weiterer Übergangssituationen beeinflusst (ebd.).

Ein besonderes Augenmerk liegt aktuell in der bildungspolitischen Diskussion auf dem Übergang von der Schule in den Beruf für Jugendliche mit einem sonderpädagogischen Förderbedarf. Der Druck auf die Integration in den Arbeitsmarkt steigt, da die Schülerinnen und Schüler, die in die ersten inklusiven Klassen eingeschult wurden, jetzt an diesem Übergang angekommen sind. Ihre berufliche Orientierung verläuft grundsätzlich so wie bei den Gleichaltrigen ohne eine Behinderung, jedoch müssen die Jugendlichen mit Behinderung sich stärker mit den realisierbaren Möglichkeiten beschäftigen. Schülerinnen und Schüler, die in den Bildungsgängen Lernen und Individuelle Lebensbewältigung lernen, verlassen die Schule ohne einen ausbildungsrelevanten Schulabschluss. Die Reha-Abteilung der Bundesagentur für Arbeit fördert Jugendliche mit einer Behinderung am Übergang Schule–Beruf mit verschiedenen „Leistungen zur Teilhabe am Arbeitsleben". Das können Bildungsmaßnahmen, finanzielle Zuschüsse an Arbeitgeberinnen und Arbeitgeber, technische Hilfen oder Maßnahmen einer Werkstatt für behinderte Menschen sein. Letzteres wird wegen der geringeren Vergütung, niedrigerem Status sowie fehlenden Herausforderungen von den Jugendlichen und ihren Eltern mehrheitlich abgelehnt (Friedrich 2006). Nach der Erfahrung einer inklusiven Beschulung streben Jugendliche mit einem Förderbedarf doch eher den Weg in die „normale" Arbeitswelt an (Sommer 2013). Angesichts der wenigen Alternativen zur Werkstatt, besonders für Jugendliche mit einer geistigen oder einer Lernbehinderung, fühlen sich Eltern und auch Förderpädagoginnen und -pädagogen oft überfordert mit der Aufgabe einer individuellen und inklusiven Unterstützung am Übergang Schule–Beruf.

Verschiedene Studien stellen fest, dass Jugendliche mit Förderbedarf beim Übergang von der Schule in den Beruf häufig von Bildungsabbrüchen bedroht sind (Bertelsmann 2011). Der Fokus liegt dabei auf der Schule, die nach Ergebnissen der empirischen Berufsforschung meist Ausgangspunkt berufsbiografischer „Sackgassen" ist (Reißig/Gaupp/Lex 2008). Maßnahmen der beruflichen Orientierung und Benachteiligtenförderung werden verstärkt dort angesiedelt. Informationsabende, Praktika zur Berufsfelderkundung und -erprobung, Berufsberatung und Bewerbungstrainings sind etablierte Formate. Für die Unterstützungsbedarfe von Jugendlichen mit einer Behinderung und deren Eltern, reichen diese oft nicht aus. Die Schulen sind gefordert, mehr als bisher individuelle Ansätze, wie die Durchführung von Übergangskonferenzen, in die Konzepte zur beruflichen Orientierung zu integrieren. Maßnahmen zur Unterstützung sind das Bundesprogramm PraWo-Plus, ESF-geförderte Programme wie „Übergangskoordination" oder „Berufseinstiegsbegleitung". Die Unübersichtlichkeit der Angebote und ihre zeitliche Befristung und die oft fehlende Kooperation zwischen Elternhaus, Schule und außerschulischen Partnern verhindern jedoch die Entwicklung von dauerhaften und damit entlastenden Strukturen.

6 Gelingensbedingungen individueller Übergangsgestaltung

Mit Bezug auf Artikel 24 der UN-BRK und der damit verbundenen Forderung nach einem inklusiven Schulsystem wäre es wünschenswert, wenn die Kinder und Jugendlichen mit einem sonderpädagogischen Förderbedarf keine Brüche in ihrer Bildungsbiografie zu befürchten hätten. Damit stellt sich die Frage nach den Gelingensbedingungen erfolgreicher Übergänge für Kinder und Jugendliche mit sonderpädagogischem Förderbedarf. Analysen dazu gibt es nur wenige. Im Ergebnis einer Studie zum Übergangsverlauf von der Kita in die Grundschule mit 46 Kindern mit Beeinträchtigungen im kognitiven und körperlichen/motorischen Bereich zeigten sich große Unsicherheiten bezüglich der Erwartungen der jeweils anderen Seite sowie eine mangelnde Zusammenarbeit der Einrichtungen mit den Eltern. 70 Prozent der Lehrkräfte gaben an, auf den Schuleintritt gut vorbereitet zu sein, obwohl nur 45,5 Prozent Kontakt zu den Eltern vor Schulbeginn aufgenommen hatten. Gültig für alle Schülerinnen und Schüler am Übergang Kita–Grundschule nennen Niesel und Griebel (2015) fünf Faktoren für gelingende Übergänge: (1) Klarheit über den Prozess, (2) die Einbeziehung der Perspektiven aller Beteiligten, (3) Kommunikation, (4) Partizipation und (5) passende Arbeitsbedingungen. Im Rahmen der Bedarfsanalyse des Projektes „Netzwerke für Bildungsübergänge" konnten durch qualitative Interviews sechs Faktoren identifiziert werden, die für die besondere Situation von Kindern und Jugendlichen mit einem Förderbedarf gelten: Es wurden vor allem (1) eine schulübergreifende Strukturierung der Übergangsprozesse, (2) eine Systematisierung der Unterstützungsmöglichkeiten innerhalb und außerhalb der Schulen sowie (3) eine klare personelle Verantwortung für die Organisation des Übergangs als Desiderate gesehen. Vor allem für die Unterstützung von Jugendlichen im Übergang von der Schule in den Beruf wurde gefordert, (4) kontinuierliche Kooperationen mit festen Ansprechpartnern in der lokalen Wirtschaft im Sinn eines Netzwerkes zu etablieren. Für alle Bildungsübergänge gilt jedoch, dass (5) ohne die Bereitstellung von Ressourcen seitens der Schule und Schulverwaltung ein erfolgreiches Übergangsmanagement kaum möglich wäre. Als Faktor für eine erfolgreiche Gestaltung von Übergängen wurde (6) aber auch die Haltung der Praktikerinnen und Praktiker im Feld herausgestellt. Sie müssen bereit und in der Lage sein, die Stärken betroffener Kinder und Jugendlicher zu identifizieren sowie vor diesem Hintergrund individuelle Lösungen für deren erfolgreiche Bildungsbiografie zu entwickeln.

6.1 Übergangsgestaltung im Kontext schulischer Inklusion

Die Anforderungen an eine individuelle und heterogenitätsorientierte Übergangsgestaltung sind eng mit den Anforderungen zur Umsetzung von Inklusion an Schule verbunden. Dazu sei an dieser Stelle der Index für Inklusion von Booth und Ainscow (2000) und die deutschsprachige Adaption von Boban und Hinz (2003) erwähnt. Der Index bietet eine geeignete Orientierung und ein umfangreiches Instrumentarium, das Schulentwicklung im Prozess Richtung Inklusion voranbringen kann (Boban/Hinz 2013). Aus den Erfahrungen der Schulen, die mit dem Index für Inklusion arbeiten, wird deutlich, dass der Abbau von Barrieren für Lernen und Teilhabe und der Aufbau entsprechender Strukturen zur Unterstützung von Vielfalt erreicht werden kann, auch wenn das Spannungsfeld standardisierter Erwartungen und inklusiver Schulstrukturen nicht gänzlich aufgelöst werden kann (Booth 2008). Für die Gestaltung von Übergängen bedeutet das, dass der Widerspruch zwischen dem separierenden Schulsystem und die Herausforderung des gemeinsamen Unterrichts von Schülerinnen und Schülern mit und ohne Behinderung die Entwicklung eines inklusiven Schulsystems erschwert. Die Betonung der prozessualen Dimension und die mit dem Index für Inklusion gegebene Zielrichtung sind ein guter Ausgangspunkt für die Entwicklung inklusiver Schulkonzepte, wobei jede Schule entsprechend ihrer Möglichkeitsräume und Ressourcen ihren eigenen Weg finden muss und damit auch einer Standardisierung Grenzen setzen kann (Boban/Hinz 2013). Eine individuelle Übergangsgestaltung ist Teil eines inklusiven Schulkonzeptes. Wenn Wohlbefinden für alle Schülerinnen und Schüler sowie schulische Leistungsbereitschaft und -fähigkeit das Ziel sind, dann braucht es eine Schule, die sich mit individuellen Unterstützungsangeboten den Fähigkeiten und Lernbedürfnissen der Schülerinnen und Schüler anpasst (Wocken 2018). Mit dieser Perspektive und der Betrachtung von Übergangssituationen als besondere Lernsituationen, liegt es im Aufgabenbereich der Schule, den Unterstützungsbedarf von Schülerinnen und Schülern am Übergang zu identifizieren und abhängig von den individuellen Ressourcen unterschiedliche Unterstützungsangebote vorzuhalten, um eine erfolgreiche Übergangsbewältigung für jeden Schüler und jede Schülerin zu ermöglichen. Von inklusiver Qualität wird dann gesprochen, „wenn auf den Ebenen Förderung, Unterricht, Team, Schulkonzept und externe Vernetzung alle Beteiligten teilhaben und etwas beitragen können" (Heimlich 2003, S. 172). Dieses veränderte Verständnis von Inklusion an Übergängen zeigt sich bereits in der aktuellen Fachdebatte. Die Erwartung der Anpassung des Kindes an die schulische Situation wird abgelöst durch einen professionellen, curricularen und institutionellen Umgang mit Heterogenität (Arndt et al. 2015). Dass der Heterogenitätsdiskurs eng mit dem der Inklusion verbunden ist, zeigt sich deutlich, wenn man das erweiterte Inklusionsverständnis mit dem Grundsatz gleichberechtigter Bildungs- und Gesellschaftsteilhabe aller zugrunde legt (Makarova 2017). Neben dem Aspekt der Behinderung kommen weitere hinzu wie besondere Begabungen, geschlechtsspezifische Aspekte, sozioökonomischer Hintergrund der Familien, nationale bzw. kulturelle Unterschiede, sprachliche Voraussetzungen und religiöse Besonderheiten.

Während im Elementarbereich die gesellschaftliche Heterogenität bereits eine hohe Aufmerksamkeit erfährt, geht die Entwicklung inklusiver und heterogenitätsorientierter Konzepte in den weiterführenden Bildungseinrichtungen eher langsam voran. Ebenso verhält es sich mit den Entwicklungen hin zu einer inklusiven Übergangsgestaltung (Kron 2013). In der Praxis finden die allgemeinen Herausforderungen schulischer Übergänge in verschiedenen jahrgangsorientierten Angeboten (z. B. Schnuppertage, Hospitationen, Elternabende) Beachtung. Ansätze, die den individuellen Lern- und Entwicklungsstand eines Kindes mit einem sonderpädagogischen Förderbedarf berücksichtigen, sind eher selten. Im Kontext schulischer Inklusion ist es zwingend notwendig, sich auf eine individuelle Übergangsgestaltung und eine intensive Kooperation mit allen am Übergang beteiligten Akteuren einzustellen. Nur so kann die Bewältigung des Übergangs für Kinder mit sonderpädagogischem Förderbedarf erleichtert, Brüche verhindert, Wohlbefinden erhöht und Teilhabechancen in der Gesellschaft verbessert werden (Hasselhorn et al. 2015; Griebel/Niesel 2004).

6.2 Individuelle Diagnostik

Wenn eine individuelle Übergangsgestaltung gefordert wird, geht es nicht ausschließlich darum, den Weg zu ebnen oder die Schwierigkeiten zu beseitigen. Es geht im Kern darum, genau die notwendige Unterstützung zu leisten, damit die Herausforderungen für den Einzelnen zu bewältigen sind (Tillmann 2013). In dem dafür notwendigen diagnostischen Prozess ist es die Aufgabe, die individuellen Voraussetzungen und den Entwicklungsstand des Kindes den Anforderungen der Übergangssituation gegenüberzustellen, „Behinderungen" in den Umfeldern des Kindes zu identifizieren, alle Möglichkeiten der sozialen und materiellen Kompensation zu erarbeiten und entsprechende pädagogische Handlungen zu planen (vgl. Hildeschmidt/Sander 2009). Im Verständnis des ökosystemischen Ansatzes sind das Kind und die zu bewältigende Aufgabe im Zusammenhang mit den Bezugssystemen zu verstehen. So ist die Betrachtungseinheit nicht das einzelne Kind, sondern die zu bewältigende Aufgabe im Kind-Umfeld-System. Für den Schuleintritt zum Beispiel ist das Kind mit seiner Behinderung im Schnittpunkt der Systeme Elternhaus und Schule zu betrachten, für die Erfassung der individuellen Bedürfnisse sind dieser Hintergrund und die damit verbundenen Handlungsräume und -möglichkeiten mit einzubeziehen. Die zentrale Frage ist: Wie kann das Schulumfeld so gestaltet werden, dass ein Kind oder Jugendlicher mit Behinderung weniger behindert, mehr integriert und bestmöglich gefördert wird? Dabei sind die Unterrichtsebene und die soziale Position des Kindes in der Klasse ebenso zu berücksichtigen wie die Haltung der Lehrkräfte und die materielle Ausstattung der Schule. Der diagnostische Prozess ist als gleichberechtigter und explorativer Entscheidungsprozess eines multiprofessionellen Teams und der Eltern zu verstehen (Neuenschwander 2017). Es geht darum, die Lernprozesse der Kinder zu verstehen, herauszufinden, wie sie die Wirklichkeit konstruieren und Situationen interpretieren. Dazu ist es notwendig, dass sich alle am diagnostischen Prozess Beteiligten auf das Kind einlassen und um einen verstehenden und einfühlenden Zugang bemüht sind (ebd.). Das Wissen um die Prozessstruktur von Übergängen, die für die jeweiligen Bildungsübergänge wichtigen Kompetenzbereiche und den Einfluss auf alle mit dem Kind in Verbindung stehenden Lebensbereiche kann eingesetzt werden, um auf individueller Ebene pädagogisch zu betreuen und auf institutioneller Ebene zu steuern. Während die individuelle Diagnostik im Vorfeld eines Schulwechsels bedeutsam für die Abschätzung der Herausforderungen und die Gestaltung der Unterstützungsmöglichkeiten ist, hilft sie in der neuen Einrichtung die Frage zu beantworten, inwieweit der Unterricht und die Lernangebote den individuellen Lernvoraussetzungen der Schülerinnen und Schüler mit sonderpädagogischem Förderbedarf entsprechen. Schülerinnen und Schüler entwickeln sich dann optimal, wenn die Bildungsangebote auf ihre entwicklungsspezifischen Bedürfnisse, ihre Interessen und ihr Vorwissen abgestimmt sind (Eccles et al. 1993). Die Passung hat dabei dynamischen Charakter, da sowohl der Kontext als auch die Kinder in einem ständigen wechselseitigen Veränderungsprozess stehen. Aufgabe der Lehrkraft ist es, Passung herzustellen, wenn sie als Bereitstellung eines entsprechenden Angebots verstanden wird. Im Falle von Kindern und Jugendlichen mit einem sonderpädagogischen Förderbedarf bedeutet dies Einzelfallarbeit. Findet diese nicht statt, kann es zur Überforderung des Kindes oder des Jugendlichen kommen und die Risiken für Probleme in Bezug auf Lernerfolg, Selbstkonzept und weitere Aspekte der psychosozialen Anpassung steigen (ebd.). Passung ist auch eine Leistung der Schülerinnen und Schüler und als diese im Übergangsprozess zu beachten (Neuenschwander 2017). Hinzu kommt, dass weniger eine höchstmögliche Passung zwischen Person und Kontext nach objektiven Kriterien entscheidend ist, als vielmehr die im subjektiven Erleben antizipierten wahrgenommenen Entwicklungschancen (Eccles et al. 1993). Die fachliche Kompetenz einer Lehrkraft zeigt sich darin, dass sie in ihrer Unterrichtsplanung die Umstellungssituation der Kinder und die Heterogenität im Umgang mit Veränderungen berücksichtigt und genau beobachtet, wie sich die Kinder in Bezug auf die neuen Anforderungen verhalten (Kron 2013). Nur so kann zusätzliche Unterstützung individuell und bedarfsgerecht angeboten werden, um fehlende Kompetenzen oder Fähigkeiten zu entwickeln.

6.3 Selbstbestimmung und Empowerment als Handlungsziele

Besonders bei älteren Schülerinnen und Schülern mit einer Behinderung gewinnt im Zusammenhang mit einem stärkeren Autonomiebedürfnis das Handlungsziel der Selbstbestimmung an Bedeutung (Harnack 1997). Bei jüngeren Kindern wird die Selbstbestimmung in den verschiedenen Lebensbereichen durch Eltern, Lehrkräfte usw. eingeschränkt. Die Fähigkeit Entscheidungen zu treffen und Konsequenzen abzuschätzen muss im Sinne eines Erwachsenwerdens erst schrittweise gelernt werden (Döling 2014). Wenn ein Kind mit einer geistigen Behinderung in anforderungsreichen Situationen wie Übergangsprozessen keine Chance auf diesen Lernprozess erhält, kann nicht ermessen werden, welcher Grad an Selbstbestimmtheit erreicht werden könnte, auch als Voraussetzung für spätere Übergangssituationen. Besonders bei Menschen mit geistiger Behinderung besteht die Gefahr, dass durch die von Familie und Betreuungspersonen vorgenommene Infantilisierung die Selbstbestimmung und damit eine Entwicklung von Entscheidungskompetenz verhindert wird.

Aufgabe im pädagogischen Kontext ist eine Verlaufsdiagnostik für Kinder mit Behinderung, die Schaffung zahlreicher Möglichkeiten für Entscheidungsprozesse und ein ständiges Hinterfragen der eigenen Rolle als Lehrkraft, Betreuer etc. Selbstbestimmung als Handlung kann nicht initiiert werden, lernförderliche Situationen können dagegen schon gestaltet werden. „Selbstbestimmung ermöglichen, setzt die Bereitschaft voraus, sich auf einen Dialog einzulassen, in dem wir über die Bedürfnisse und Intentionen unseres Gegenübers etwas erfahren" (Hahn 1996, S. 26). Damit verbunden ist eine grundlegende Änderung in der Beziehungsgestaltung: Wertschätzung und Achtung der betreffenden Personen, Aufgeben von Machthaltungen. An dieser Stelle setzt das Empowerment-Konzept an. Empowerment kann mit Ermächtigung oder Befähigung übersetzt werden und hat sowohl eine reflexive als auch eine transitive Dimension. Zum Teil geht es parallel darum, als Kind mit Behinderung sich selbst zu befähigen und als Pädagogin oder Pädagoge jemandem zu helfen, selbstbestimmt zu handeln (Cloerkes 2001). Empowerment bedeutet eine Neubestimmung des professionellen Handelns in sozialen Arbeitsfeldern. Zum einen kann es als revolutionär bezeichnet werden, da es mit dem alten Paradigma administrativ bevormundender Fürsorglichkeit bricht. Zum anderen ist es auch provokativ, die Expertenposition ist nicht mehr den helfenden Sozialberufen zugeordnet, sondern dem Adressaten (Theunissen/Plaute 1995). Im schulischen Kontext bedeutet das, dass Lernsituationen für Kinder mit einer Behinderung in besonderem Maße daran gemessen werden müssen, ob Fähigkeiten zur Selbstbestimmung entwickelt werden können. Ein Maß für die notwendige Unterstützung in Lernprozessen ist es, ob die Kinder die Situationen als Herausforderung, Unteroder Überforderung erleben (Spieß 2004; Knoll et al. 2011).

6.4 Qualifikation der Akteure

Im Zusammenhang mit der Notwendigkeit einer individuellen Diagnostik ist die Bedeutung des Wissens aus der Pädagogischen Psychologie bereits angeklungen (siehe Abschnitt 6.1). So sind zum Beispiel die Zusammenhänge zwischen Leistungsrückmeldung, motivationsförderndem Unterricht, Selbstkonzeptgenese und Leistungsentwicklung Grundlage für die Planung und Umsetzung eines Unterrichts nach inklusiven Standards. Das Wissen um diagnostische Verfahren und Fördermaßnahmen sind wichtig für die Umsetzung eines differenzierten Unterrichts mit dem Ziel, positive Lernerfahrungen bei möglichst allen Schülerinnen und Schülern zu ermöglichen.

Neben dem damit angesprochenen Professionswissen ist auch eine positive Haltung der Lehrkräfte gegenüber Inklusion von entscheidender Bedeutung. Das fand unter anderem Sze (2009) in einer Metaanalyse zur Einstellung von Lehrerinnen und Lehrern bezüglich der Integration von Kindern mit Behinderungen heraus. „This study has revealed that one of the most important predictors of successful integrating students with disabilities in the regular classroom is the attitudes of general education teachers" (Sze 2009, S. 55). Die positive Einstellung von Lehrkräften gegenüber Inklusion hat Auswirkungen auf die Selbstwirksamkeitserwartungen, wie Dumke und Eberl (2002) in einer Untersuchung zur Bereitschaft von Lehrkräften zur Realisierung von Gemeinsamem Unterricht zeigten. Lehrerinnen und Lehrer, die bereit für den Gemeinsamen Unterricht waren, schätzten ihre Kompetenzen höher ein, erwarteten weniger Belastungen und hatten höhere Erfolgserwartungen auch bei Kindern mit schweren Behinderungen, als solche, die nicht dazu bereit waren. Die umfassende Vorbereitung auf die Herausforderungen im Gemeinsamen Unterricht kann als ein weiterer Prädiktor für eine erfolgreiche Umsetzung gesehen werden. Die Unsicherheit der Lehrkräfte in Bezug auf die Herausforderungen steht im Zusammenhang mit der als ungenügend wahrgenommen Ausbildung zu diagnostischen Fragen und behinderungsspezifischer Förderung. Studien zeigten, dass die Auseinandersetzung mit inklusionsspezifischen Themen im Lehramtsstudium einen positiven Einfluss auf die Einstellung der angehenden Lehrer und Lehrerinnen zum gemeinsamen Unterricht hatte (Demmer-Dieckmann 2007). Auch Lehrkräfte, die über Erfahrungen im Bereich schulischer Integration und Inklusion verfügen, fühlen sich überwiegend kompetent im Umgang mit Heterogenität, sehen Lernwege als Individualisierungsprozesse, gestalten ihren Unterricht mit differenzierenden Unterrichtsmethoden und setzen diagnostische Strategien ein (Liebers et al. 2018).

Schulische Inklusion kann dann erfolgreich sein, wenn Heterogenität als Bereicherung gesehen wird und die mit der Umsetzung verbundenen Aufgaben für Lehrkräfte in ihrem Rollenverständnis verankert sind (Kracke 2014). Das bedeutet für die Lehrkräfte, dass neben den fachlichen Kompetenzen ebenso die kooperativen und reflexiven Kompetenzen für eine inklusive Übergangsgestaltung bedeutsam sind (Kron 2013). Langfristig braucht es eine Schulleitung, die sich für Veränderungsprozesse in Richtung Kooperation sowohl innerschulisch als auch mit den Eltern und externen Partnern stark macht (Kracke et al. 2019b).

6.5   Kooperation mit den Eltern

Nach dem ökosystemischen Ansatz von Bronfenbrenner (1981) steht die Bewältigung eines Übergangs im Zusammenhang mit der Beziehung des Kindes zu den Bezugspersonen in der Familie, aber auch mit der Kooperation der Bezugssysteme untereinander (Tillmann 2013). Die Eltern und Geschwister begleiten Übergänge als bedeutsame Bezugspersonen, sind aber selbst nicht direkt involviert. Zahlreiche Studien belegen den starken Einfluss der Eltern auf die Übertrittsentscheidung in die Sekundarstufe und auf die Berufswahlentscheidung (Neuenschwander et al. 2005). Eine besondere Rolle spielt die Kooperation zwischen Elternhaus und Schule für Schülerinnen und Schüler mit Förderbedarf. Tauschen sich Lehrkräfte mit Eltern über die individuellen Besonderheiten offen aus und formulieren gemeinsame Ziele, steigt unter anderem deren Schulmotivation und Lernbereitschaft (Spinelli 1998). In Bezug auf den Übergang von der Schule in den Beruf für Jugendliche mit besonderem Förderbedarf ist bislang wenig über die Nützlichkeit der Kooperation zwischen Schule und Elternhaus bekannt. Für Jugendliche ohne Förderbedarf konnte jedoch Mayhack (2011) zeigen, dass der von Lehrkräften initiierte Einbezug von Eltern in die schulische Berufsorientierung dazu führte, dass Jugendliche, Lehrkräfte und Eltern zufriedener mit dem Berufswahlprozess waren und sich die Jugendlichen stärker engagierten. Analog kann auch für Jugendliche mit einem Förderbedarf ein positiver Einfluss der Kooperation zwischen Elternhaus und Schule vermutet werden, jedoch ergeben sich zusätzliche Herausforderungen. Es ist eine größere Zahl von Akteuren zu berücksichtigen oder gar einzubinden, als es in der Wechselsituation bei Gleichaltrigen ohne Behinderung der Fall ist und es gelten spezifische gesetzliche Regelungen. Mit dem Verlassen des Schulsystems fallen gewohnte Strukturen weg und neue müssen erschlossen werden.

6.6   Kooperation zwischen abgebender
und aufnehmender Schule

Im Zusammenhang mit dem diagnostischen Prozess wurde die Bedeutung der Kooperation in multiprofessionellen Teams bereits angesprochen. Es geht innerhalb des Bildungssystems um die Zusammenarbeit von Lehrkräften, Förderpädagoginnen und Förderpädagogen, Schulbegleiterinnen und Schulbegleitern, Sozialpädagoginnen und Sozialpädagogen sowie der Schulleitung. Befunde zur Kooperation in Bildungsinstitutionen zeigen, dass durch eine gemeinsame Zielorientierung sowie offene und wertschätzende Kommunikation das Wohlbefinden aller Beteiligten gesteigert werden kann (Berkemeyer et al. 2011). In der Übergangssituation setzt sich der Unterstützerkreis aus Vertreterinnen und Vertretern der abgebenden und der aufnehmenden Einrichtung zusammen.

Ein Informationsaustausch zum Kind oder Jugendlichen und die Planung einer individuellen Unterstützung beim Übergang ist besonders hilfreich, wenn ein Treffen, eine Übergangskonferenz (Kracke et al. 2019a), aller am Übergang beteiligten Akteure bereits vor dem Schulwechsel stattfindet. Aus ökosystemischer Perspektive erscheint es notwendig, die Besonderheiten des Übergangs zu analysieren sowie die strukturellen und prozessualen Lernbedingungen der beiden Anschlussinstitutionen (Größe, Wohnortbezug, Fachlehrersystem, Lehrereinstellungen usw.) miteinander zu vergleichen (Neuenschwander 2017). Im Ergebnis eines Zusammentreffens der Akteure (zur Übergangskonferenz siehe den Beitrag von Kracke et al. in diesem Band) kann an den Übergängen Kita–Grundschule und Grundschule–weiterführende Schule die aufnehmende Schule sich auf die individuellen Besonderheiten der Schülerinnen und Schüler einstellen und notwendige Lernvoraussetzungen schaffen. Im Übergang Schule–Beruf dient das Zusammentreffen der am Übergang beteiligten Personen primär der Unterstützung des Jugendlichen und seiner Eltern bei der Suche nach einer passenden Ausbildung oder einem Arbeitsplatz, der den Interessen und Fähigkeiten des Jugendlichen entspricht (Kracke et al. 2019a).

6.7 Regionale Übergangsstrukturen

Aus diesen Zielstellungen heraus wird deutlich, dass die Umsetzung einer individuellen und inklusiven Übergangsgestaltung nicht nur auf die Bildungseinrichtungen beschränkt betrachtet werden darf. Eine große Bedeutung im Hinblick auf eine an den individuellen Bedürfnissen des Einzelnen orientierte Unterstützung an Übergängen hat das Zusammenwirken der verschiedenen Einrichtungen, Institutionen und Ämter im Sinne regionaler Übergangsstrukturen (Hebborn 2019). Die Entwicklungsaufgabe der Schulen besteht darin, sich mehr als bisher sozialräumlich zu öffnen und Kooperationen mit anderen Bildungsanbietern, sozialen Diensten und vor allem lokal ansässigen Betrieben aufzubauen (Truschkat 2016). Dabei geht es nicht nur um einen Informationsaustausch zu Angeboten und Unterstützungsmöglichkeiten. Es geht um die gemeinsame Gestaltung regionaler Bildungs- und Übergangsstrukturen als eine wichtige Möglichkeit der Partizipation. Die „Inclusiveness", die hier den regionalen Strukturen zugesprochen wird, meint

„die Fähigkeit der regionalen Bildungs- und Übergangsstrukturen, den hier leben-den Jugendlichen Teilhabe und Teilhabeperspektiven mittels Bildung und Arbeit weitgehend gleichberechtigt zu eröffnen, möglichst ohne sie mit stigmatisierenden Kategorien für entsprechende Zugangsberechtigungen zu versehen, und sie auch an den entsprechenden Gestaltungsprozessen zu beteiligen" (Oehme 2017, S. 20).

Für die Praxis heißt das, dass in allen Einrichtungen und Institutionen ein in-klusiver Umgang mit Heterogenität gefunden werden muss, Ausschlüsse sowie Barrieren thematisiert und bearbeitet werden müssen. Den Kommunen kommt damit eine hohe Verantwortung zur Vernetzung und Koordinierung der ver-schiedenen an den Übergängen beteiligten Akteuren zu. Am Übergang Kita–Grundschule und Grundschule–weiterführende Schule geht es vorrangig um die Kooperation und Vernetzung der Kommune mit den Vertretern und Ver-treterinnen der Fachdienste Bildung und des Integrationsdienstes (Sozialamt und Jugendamt) und der schulischen Akteure. Für den Übergang Schule–Beruf kommen alle mit Berufsberatung und Berufsorientierung im Zusammenhang stehenden Akteure, Wirtschaftsbetriebe, Ausbildungseinrichtungen und behin-derungsspezifische Beratungs- und Unterstützungsangebote hinzu. Der An-spruch, für jede Schülerin und jeden Schüler mit einer Behinderung einen Aus-bildungs- oder Arbeitsplatz zu finden, ist entsprechend der Forderung nach einer umfänglichen sozialen Teilhabe nicht ausreichend. Die Interessen, Wün-sche und Vorstellungen der Menschen mit Behinderung selbst sind eine ebenso wichtige Orientierung bei der Suche nach einem geeigneten Ausbildungs- oder Arbeitsplatz wie die Realisierung eines selbstbestimmten Lebens und gesell-schaftlicher Teilhabe. Die Umsetzung dieses inklusiven Anspruchs erfordert die Wahrnehmung des Übergangs von der Schule in den Beruf als bedeutendes kommunalpolitisches Handlungsfeld (Oehme 2017). Der Aufbau regionaler Übergangsstrukturen, die im Sinne der „Inclusiveness" gestaltbar sein müssen, von den Kommunen verantwortet und von den Schulen durch Kooperations-bereitschaft unterstützt werden, erfordert das Engagement aller Beteiligten und das Einlassen auf einen langandauernden Veränderungsprozess. Mit dem damit angestrebten Ziel der verbesserten sozialen Teilhabechancen benachteiligter Schülerinnen und Schüler an Bildungsübergängen, erscheint dieser Weg ein loh-nenswerter Ansatz im Hinblick auf die umfängliche Umsetzung der UN-BRK.

7 Zusammenfassung und Fazit

Wenn man sich mit Bildungsübergängen für Kinder und Jugendliche mit ei-nem sonderpädagogischen Förderbedarf beschäftigt, befindet man sich mitten in der Diskussion um Inklusion und die Umsetzung in Schule. Im menschen-rechtsbasierten Grundverständnis der UN-BRK umschließt der Begriff Inklusion eine Prozessdimension (Wansing 2015), ein ethisches Grundprinzip sowie eine normative Zielvorgabe (Makarova 2017). Im Sinne des engen Begriffsverständnisses sind alle Menschen mit Behinderung als Zielgruppe angesprochen. Im weiten Begriffsverständnis geht es darum, keine Kategorisierung mehr zugrunde zu legen und auf einen individuellen Zugang zu jedem Einzelnen zu fokussieren. Eine für die Pädagogik und alle angrenzenden Fachrichtungen einheitliche Begriffsbestimmung existiert bisher nicht, würde aber die Entwicklung inklusiver Schulkonzepte und die Ableitungen für pädagogisches Handeln erleichtern (Grosche 2015). Im schulischen Kontext wird der Begriff des sonderpädagogischen Förderbedarfs verwendet. Mit seiner Einführung durch die KMK sollte der Behinderungsbegriff abgelöst werden, dieser ist als dahinterliegende Bezugsgröße dennoch erhalten geblieben. Ein weiterer Kritikpunkt ist die starke Personenbezogenheit bei der Feststellung des Förderbedarfs. Im Verständnis der WHO wird Behinderung als Partizipationsstörung betrachtet. Unterstützungsbedarfe werden aus den Wechselwirkungen zwischen dem Leistungsvermögen der Person, den Anforderungen und dem Kontext analysiert. Dieser Zugang birgt Potenzial für die Förderung von Kindern und Jugendlichen im schulischen Kontext. Eine besondere Bedeutung kommt der Unterstützung von Kindern und Jugendlichen mit einer Behinderung an den Bildungsübergängen zu. Der segregierende Charakter der Übergänge nach der Grundschule steht in einem Spannungsverhältnis mit dem Anspruch an inklusive Bildung im Sinne einer „Bildung für alle". Nach dem ökosystemischen Ansatz (Bronfenbrenner 1981) sind Übergangsprozesse und die damit verbundenen Anpassungs- und Entwicklungsaufgaben des Kindes oder Jugendlichen in Wechselwirkung aller Bezugssysteme zu begreifen. In diesem Verständnis kommt der Kooperation aller am Übergang beteiligten Akteure eine besondere Bedeutung zu. Informationen sind von der abgebenden Einrichtung und den Eltern an die aufnehmende Einrichtung weiterzugeben. Gegenseitige Erwartungen sind abzugleichen, Ressourcen müssen ermittelt und in einem kooperativen Prozess individuelle Unterstützungsmöglichkeiten erarbeitet und realisiert werden. Ein methodischer Ansatz dafür ist die Durchführung von Übergangskonferenzen (Kracke et al. 2019a). Die notwendigen Voraussetzungen für eine erfolgreiche individuelle Übergangsgestaltung sind eng verbunden mit den Gelingensbedingungen schulischer Inklusion. Es ist eine offene und inklusionsbefürwortende Haltung der Akteure notwendig, Wissen zu sonderpädagogischen Inhalten und Diagnostik sowie die Bereitschaft, sowohl innerhalb der Schule als auch mit außerschulischen Partnern zu kooperieren. Einige Schulen setzen hier bereits vielversprechende Konzepte um, an anderen bleibt es eine Herausforderung, individuelle Angebote zur Unterstützung von Übergängen für Kinder und Jugendliche mit einer Behinderung zu etablieren. Besonders am Übergang Schule–Beruf benötigen Jugendliche mit Behinderung zusätzliche Unterstützung, da von den Jugendlichen und ihren Eltern durch zum Teil schwerwiegende Barrieren höhere Bewältigungsleistungen abverlangt werden. Die dafür notwendige Vernetzung mit regionalen Einrichtungen und Institutionen und der Aufbau tragfähiger Kooperationsbeziehungen kann langfristig für alle Beteiligten Entlastung, Sicherheit und Erfolgserleben ermöglichen. An dieser Stelle müssen die Kommunen stärker in Aktion treten und regionale Übergangsstrukturen im Sinne einer inklusiven Bildungslandschaft aufbauen. Orientierung könnten dabei integrierte Gesamtkonzepte zur Kooperation von Jugend-, Sozial- und Gesundheitsamt sowie Schulamt und Stadtplanung geben, die mit einheitlichen Strategien und stabilen Vernetzungen Gesundheit und Teilhabe fördern wollen (Kassel et al. 2017). Um Übergänge zwischen Institutionen und in die Berufswelt hinein entwicklungsförderlich zu gestalten, bedarf es neben der Vernetzung auch Veränderungen in der Arbeitswelt. Mehr integrative Ansätze, multiprofessionelle Zusammenarbeit, längerfristige Begleitung von Jugendlichen mit einer Behinderung sowie Weiterbildungsmöglichkeiten für Menschen mit Personalverantwortung im Sinne eines „Diversity Management" sind notwendig (Schellenberg et al. 2016). Macht man sich den Prozesscharakter inklusiver Entwicklung auf allen Ebenen bewusst, so können die positiven Ansätze in Wissenschaft und Praxis als hoffnungsvolle Wegweiser für eine inklusive Gestaltung des Schulsystems gesehen werden. Die Beseitigung bestehender Barrieren an Übergängen für Menschen mit Behinderung ist ein wichtiger Meilenstein auf dem Weg dahin.

Literaturverzeichnis

Arndt, Ann-Kathrin/Rothe, Antje/Urban, Michael/Werning, Rolf (2015): Im Spannungsverhältnis von Kontinuität und Diskontinuität – Perspektiven von ErzieherInnen und Lehrkräften in der Transition. In: Urban, Michael/Schulz, Marc/Meser, Kapriel/Thoms, Sören (Hrsg.): Inklusion und Übergang. Perspektiven der Vernetzung von Kindertageseinrichtungen und Grundschulen. Bad Heilbrunn: Klinkhardt, S. 120–134.

Beelmann, Wolfgang (2013): Normative Übergänge im Kindesalter. Anpassungsprozesse beim Eintritt in den Kindergarten, in die Grundschule und in die weiterführende Schule. Hamburg: Kovac.

Berkemeyer, Nils/Järvinen, Hanna/Otto, Johanna/Bos, Wilfried (2011): Kooperation und Reflexion als Strategien der Professionalisierung in schulischen Netzwerken. In: Zeitschrift für Pädagogik 57, H. 1, S. 225–247.

Bertelsmann Stiftung/Beauftragter der Bundesregierung für die Belange behinderter Menschen/Deutsche UNESCO-Kommission/Sinn-Stiftung (Hrsg.) (2011): Gemeinsam lernen – Auf dem Weg zu einer inklusiven Schule. Gütersloh: Verlag Bertelsmann Stiftung.

Biewer, Gottfried (2011): Inklusive Pädagogik als Umgestaltungsprozess des Lehrens und Lernens. In: Brandt, Sandra T. (Hrsg.): Lehren und Lernen im Unterricht. Baltmannsweiler: Schneider Verlag, S. 149–163.

Bleidick, Ulrich (1972): Pädagogik der Behinderten: Grundzüge einer Theorie der Erziehung behinderter Kinder und Jugendlicher. Berlin-Charlottenburg: Marhold.

Bleidick, Ulrich (1977): Einführung in die Behindertenpädagogik. Stuttgart: Kohlhammer.

Bleidick, Ulrich (2006): Behinderung. In: Antor, Georg/Bleidick, Ulrich (Hrsg.): Handlexikon der Behindertenpädagogik. Schlüsselbegriffe aus Theorie und Praxis. Stuttgart: Kohlhammer, S. 79–81.

Boban, Ines/Hinz, Andreas (2003): Index für Inklusion. Lernen und Teilhabe in Schulen der Vielfalt entwickeln. Halle: Martin-Luther-Universität.

Boban, Ines/Hinz, Andreas (2013): Auf dem Weg zur inklusiven Schule – mit Hilfe des Index für Inklusion. In: Moser, Vera (Hrsg.): Die inklusive Schule. Stuttgart: Kohlhammer, S. 73–79.

Booth, Tony/Ainscow, Mel (2000): Index for Inclusion. Developing Learning and Participation in Schools. London: Centre for Studies on Inclusive Education.

Booth, Tony (2008): Ein internationaler Blick auf inklusive Bildung: Werte für alle? In: Hinz, Andreas/Körner, Ingrid/Niehoff, Ulrich (Hrsg.): Integrationspädagogik im Diskurs. Auf dem Weg zur inklusiven Pädagogik. Bad Heilbrunn: Klinkhardt, S. 106–109.

Bronfenbrenner, Urie (1981): Die Ökologie der menschlichen Entwicklung. Natürliche und geplante Experimente. Stuttgart: Ernst Klett.

Cloerkes, Günther (2001): Soziologie der Behinderten. Eine Einführung. Heidelberg: Universitätsverlag Winter.

Cramer, Colin/Harant, Martin (2014): Inklusion – Interdisziplinäre Kritik und Perspektiven von Begriff und Gegenstand. In: Zeitschrift für Erziehungswissenschaft 17, H. 4, S. 639–659.

Dederich, Markus (2009): Behinderung als sozial- und kulturwissenschaftliche Theorie. In: Dederich, Markus/Jantzen Wolfgang (Hrsg.): Behinderung und Anerkennung. Stuttgart: Kohlhammer, S. 15–40.

Dederich, Markus (2017): Inklusion und Exklusion. In: Budde, Jürgen/Dlugosch, Andrea/Sturm, Tanja (Hrsg.): (Re-)Konstruktive Inklusionsforschung. Opladen: Budrich, S. 69–82.

Degener, Theresia (2009): Menschenrechte und Behinderung. In: Dederich, Markus/Jantzen Wolfgang (Hrsg.): Behinderung und Anerkennung. Stuttgart: Kohlhammer, S. 160–169.

Degener, Theresia (2015). Die UN-Behindertenrechtskonvention – ein neues Verständnis von Behinderung. In: Degener, Theresia/Diehl, Elke (Hrsg.): Handbuch Behindertenrechtskonvention. Bonn: Bundeszentrale für politische Bildung, S. 55–74.

Demmer-Dieckmann, Irene (2007): Aus Zwang wurde Interesse. Eine Studie zur Wirksamkeit von Seminaren zum Gemeinsamen Unterricht in Berlin. In: Demmer-Dieckmann, Irene/Textor, Annette (Hrsg.): Integrationsforschung und Bildungspolitik im Dialog. Bad Heilbrunn: Klinkhardt, S. 153–162.

Deutsches Institut für Medizinische Dokumentation und Information (2005): ICF – Internationale Klassifikation der Funktionsfähigkeit, Behinderung und Gesundheit. Genf: World Health Organisation.

Döling, Katja (2014): Inklusion beim Übergang von der Schule in den Beruf. Personenbezogene Planung und Selbstbestimmung. Hamburg: disserta.

Dumke, Dieter/Eberl, Doris (2002): Bereitschaft von Grundschullehrern zum gemeinsamen Unterricht von behinderten und nichtbehinderten Schülern. In: Psychologie in Erziehung und Unterricht 49, H. 1, S. 71–83.

Eberwein, Hans/Knauer, Sabine (Hrsg.) (2002): Integrationspädagogik. 6. Auflage. Basel: Weinheim.

Eccles, Jacquelynne Sue/Midgley, Carol/Wigfield, Allan/Buchanan, Christy/Reuman, David, Flanagan, Constance/MacIver, Douglas (1993): Development during adolescence: The impact of stage-environment fit on young adolescents' experiences in schools and families. In: American Psychologist 48, H. 2, S. 90–101.

Eckert, Manfred (2013): Gelingende Übergänge ermöglichen – individuelle Bildungswege begleiten. In: Bellenberg, Gabriele/Forell, Matthias (Hrsg.): Bildungsübergänge gestalten. Münster: Waxmann, S. 239–244.

Epstein, Joyce L. (1992): School and Familiy Partnerships. In: Alin, Marvin C. (Hrsg.): Encyclopedia of Educational Research. New York: Macmillan Publishing Company, S. 1139–1151.

Fillip, Sigrun-Heide/Aymanns, Peter (2010): Kritische Lebensereignisse und Lebenskrisen. Vom Umgang mit den Schattenseiten des Lebens. Stuttgart: Kohlhammer.

Friedrich, Jochen (2006): Wie bewältigen Menschen mit geistiger Behinderung ihre Entscheidung zum Übergang auf den allgemeinen Arbeitsmarkt? In: Impulse 38, H. 3, S. 26–30.

Gaupp, Nora/Lex, Tilly/Reißig, Birgit/Braun, Frank (2008): „Von der Hauptschule in Ausbildung und Erwerbsarbeit: Ergebnisse des DJI-Übergangspanels". Bonn: BMBF. www.dji.de/fileadmin/user_upload/bibs/276_9896_Von_der_HS_in_Ausbildung_und_Erwerbsarbeit.pdf (Abfrage: 30.06.2019).

Goffman, Erving (1975): Stigma. Über Techniken der Bewältigung beschädigter Identität. Frankfurt/Main: Suhrkamp.

Griebel, Wilfried/Niesel, Renate (2004): Transitionen. Fähigkeit von Kindern in Tageseinrichtungen fördern, Veränderungen erfolgreich zu bewältigen. Weinheim Basel: Beltz.

Griebel, Wilfried/Niesel, Renate (2011): Übergänge verstehen und begleiten. Transitionen in der Bildungslaufbahn von Kindern. Berlin: Cornelsen Scriptor.

Grosche, Michael (2015): Was ist Inklusion? In Kuhl, Poldi/Stanat, Petra/Lütje-Klose, Birgit/Gresch, Cornelia/Pant, Hans/Prenzel, Manfred (Hrsg.): Inklusion von Schülerinnen und Schülern mit sonderpädagogischem Förderbedarf in Schulleistungserhebungen. Wiesbaden: Springer VS.

Hahn, Martin (1996): Helfen zu graben den Brunnen des Lebens .... In: Bundesvereinigung Lebenshilfe für geistig Behinderte e. V. (Hrsg.): Selbstbestimmung: Kongressbeiträge. Dokumentation des Kongresses „Ich weiß doch selbst, was ich will!". Marburg: Lebenshilfe Verlag.

Harnack, Maike (1996): Lebenslang fremdbestimmt – (k)eine Zukunftsperspektive für Menschen mit geistiger Behinderung? In: Bundesvereinigung Lebenshilfe für geistig Behinderte e. V. (Hrsg.): Selbstbestimmung: Kongressbeiträge. Dokumentation des Kongresses „Ich weiß doch selbst, was ich will!". Marburg: Lebenshilfe Verlag.

Hasselhorn, Marcus/Ehm, Jan-Henning/Wagner, Hanna/Schneider Wolfgang/Schöler, Hermann (2015): Zusatzförderung von Risikokindern. Handreichung für pädagogische Fachkräfte im Übergang vom Elementar- zum Primarbereich. Göttingen: Hogrefe

Hebborn, Klaus (2019): Inklusion in der Kommune aus bundesdeutscher Perspektive. Herausforderungen und Chancen – Relevanz aus Sicht des Deutschen Städtetags. In: Sasse, Ada/Kracke, Bärbel/Czempiel, Stefanie/Sommer, Sabine (Hrsg.): Schulische Inklusion in der Kommune. Münster: Waxmann, S. 65–76.

Heimlich, Ulrich (2003): Integrative Pädagogik. Eine Einführung. Stuttgart: Kohlhammer.

Hildeschmidt, Anne/Sander, Alfred (2009): Der ökosystemische Ansatz als Grundlage für Einzelintegration. In: Eberwein, Hans/Knauer, Sabine (Hrsg.): Handbuch Integrationspädagogik. Weinheim und Basel: Beltz, S. 304–312.

Hinz, Andreas (2002): Von der Integration zur Inklusion – terminologisches Spiel oder konzeptionelle Weiterentwicklung? In: Zeitschrift für Heilpädagogik 53, S. 354–361.

Hollenweger, Judith (2004): Internationale Perspektiven einer Pädagogik für Alle. In: Schweizerische Zeitschrift für Heilpädagogik 1, S. 6–12.

Institut für Demoskopie Allensbach (2011): „Gesellschaftliche Teilhabe von Menschen mit Behinderung in Deutschland". www.ifdallensbach.de/uploads/tx_studies/7634_Gesellschaftliche_Teilhabe.pdf (Abfrage: 30.06.2019).

Kassel, Laura/Rauh, Katharina/Fröhlich-Gildhoff, Klaus (2017): Partizipative Bedarfsanalyse kommunaler Akteure. Grundlage einer kommunalen Gesamtstrategie zur Gesundheitsförderung. In: Prävention und Gesundheitsförderung 12, H. 3, S. 174–180.

Kastl, Jörg Michael (2017): Einführung in die Soziologie der Behinderung. Wiesbaden: Springer.

Klemm, Klaus (2009): Sonderweg Förderschulen: Hoher Einsatz, wenig Perspektiven. Eine Studie zu den Ausgaben und zur Wirksamkeit von Förderschulen in Deutschland. Gütersloh: Verlag Bertelsmann Stiftung.

Klemm, Klaus (2015): Inklusion in Deutschland. Daten und Fakten. Gütersloh: Verlag Bertelsmann Stiftung.

KMK (1994): „Empfehlungen zur sonderpädagogischen Förderung in den Schulen in der Bundesrepublik Deutschland". www.kmk.org/fileadmin/veroeffentlichungen_beschluesse/ 1994/1994_05_06-Empfehlung-sonderpaed-Foerderung.pdf (Abfrage: 28.06.2019).

KMK (2011): „Inklusive Bildung von Kindern und Jugendlichen mit Behinderungen in Schulen. Beschluss der Kultusministerkonferenz vom 20.10.2011". www.kmk.org/fileadmin/ veroeffentlichungen_beschluesse/2011/2011_10_20-Inklusive-Bildung.pdf (Abfrage: 03.07. 2019).

Knoll, Nina/Scholz, Urte/Rieckmann, Nina (2011): Einführung in die Gesundheitspsychologie. München: Ernst Reinhardt Verlag.

Kracke, Bärbel (2014): Schulische Inklusion – Herausforderungen und Chancen. In: Psychologische Rundschau 65, H. 4, S. 237–240.

Kracke, Bärbel/Mayhack, Kerstin/Noack, Peter/Weber-Liel, Dorit (2019a): Übergangskonferenzen – Eine Praxishilfe zur individuellen Übergangsgestaltung in Kindergarten und Schule. Weinheim und Basel: Beltz.

Kracke, Bärbel/Sasse, Ada/Czempiel, Stefanie, Sommer, Sabine (2019b): Die Qualität schulischer Inklusion – exemplarisch erklärt. In: Sasse, Ada/Kracke, Bärbel/Czempiel, Stefanie, Sommer, Sabine (Hrsg.): Schulische Inklusion in der Kommune. Münster: Waxmann, S. 117–156.

Kron, Maria (2013): Barrierefreie Passagen in inklusiver Erziehung und Bildung. Der Übergang von der Kindertageseinrichtung zur Schule. In: Moser, Vera (Hrsg.): Die inklusive Schule. Stuttgart: Kohlhammer, S. 103–115.

Lemke, Wolfgang/Schuck, Karl Dieter (2002): Bezugspunkte der Sonderpädagogischen Förderung in schuladministrativer Sicht. Die KMK-Empfehlungen zwischen Entwicklungs- und Defizitorientierung. In: Die neue Sonderschule 47, S. 85–102.

Liebers, Katrin/Kolke, Stefan/Schmidt, Christin (2018): „Der Schulversuch ERINA (2012– 2017) – Befunde aus den wissenschaftlichen Begleitstudien zur Erprobung von Ansätzen inklusiver Beschulung im Freistaat Sachsen." www.nbn-resolving.org/urn:nbn:de:bsz:15-qucosa2-210747 (Abfrage: 03.07.2019).

Lindmeier, Bettina/Lindmeier, Christian (2012): Pädagogik bei Behinderung und Benachteiligung. Band I Grundlagen. Stuttgart: Kohlhammer.

Lindmeier, Christian/Lütje-Klose, Birgit (2015): Inklusion als Querschnittsaufgabe in der Erziehungswissenschaft. In: Erziehungswissenschaft 26, H. 51, S. 7–16.

Makarova, Elena (2017): Inklusion, Bildung und Übergang. In: Fasching, Helga/Geppert, Corinna/Makarova, Elena (Hrsg.): Inklusive Übergänge. Bad Heilbrunn: Klinkhardt, S. 41–49.

Mayhack, Kerstin (2011): „Gemeinsam auf dem Weg zum Beruf. Intervention zur Förderung berufsrelevanter Kompetenzen von Schülern durch den Elterneinbezug in die Schule." www.d-nb.info/1017972362/34 (Abfrage: 30.06.209).

Moser, Vera/Sasse, Ada (2008): Theorien der Behindertenpädagogik. München: Ernst Reinhardt.

Neuenschwander, Markus/Balmer, Thomas/Gasser-Dutoit, Annette/Goltz, Stefanie/Hirt, Uueli/Ryser, Hans/Wartenweiler, Hermann (2005): Schule und Familie: Was sie zum Schulerfolg beitragen. Bern: Haupt.

Neuenschwander, Markus (2017): Schultransitionen – Ein Arbeitsmodell. In: Neuenschwander, Markus/Nägele, Christof (Hrsg.): Bildungsverläufe von der Einschulung bis in den ersten Arbeitsmarkt. Wiesbaden: Springer VS.

Neumann, Phillip/Lütje-Klose, Birgit/Wild, Elke/Gorges, Julia (2017): Die Bielefelder Längsschnittstudie zum Lernen in inklusiven und exklusiven Förderarrangements (BiLieF). In: Link, Pierre-Carl/Stein, Roland (Hrsg.): Schulische Inklusion und Übergänge. Berlin: Frank & Timme, S. 39–48.

Niesel, Renate/Griebel, Wilfried (2015): Übergänge ressourcenorientiert gestalten: Von der Familie in die Kindertagesbetreuung. Stuttgart: Kohlhammer.

Oehme, Andreas (2017): Inclusiveness als regionale Strukturqualität – Eine empirische Untersuchung zu Übergängen zwischen Schule, Ausbildung und Arbeitswelt in Regionen. In: Diskurs Kindheits- und Jugendforschung 12, H. 1, S. 19–34.

Piaget, Jean (1972): Psychologie der Intelligenz. Olten, Freiburg (im Breisgau): Walter.

Piezunka, Anne/Schaffus, Tina/Grosche, Michael (2017): Vier Definitionen von Inklusion und ihr schulischer Kern. Ergebnisse von Experteninterviews und Inklusionsforschenden. In: Unterrichtswissenschaft 45, S. 207–222.

Pluhar, Christine (2003): Sonderpädagogischer Förderbedarf aus Sicht eines Mitglieds der KMK-Arbeitsgruppe. In: Ricken, Gabi/Fritz, Annemarie/Hofmann, Christiane (Hrsg.): Diagnose sonderpädagogischer Förderbedarf. Lengerich: Pabst Science Publishers, S. 68–82.

Porter, Gordon/Richler, Diane (1991): Changing Canadian schools: Perspectives on disability and inclusion. North York, Ontario: The Roeher Institute.

Sander, Alfred (2002): Von der integrativen zur inklusiven Bildung. Internationaler Stand und Konsequenzen für die sonderpädagogische Förderung in Deutschland. In: Hausotter, Annette/Boppel, Werner/Meschenmoser, Helmut (Hrsg.): Perspektiven Sonderpädagogischer Förderung in Deutschland. Dokumentation der Nationalen Fachtagung vom 14.–16. November 2001 in Schwerin. Middelfart (DK): European Agency for Development in Special Needs, S. 143–164.

Schellenberg, Claudia/Studer, Michaela/Hofmann, Claudia (2016): Transition Übergang Schule–Beruf. In: Hedderich, Inge/Biewer, Gottfried/Hollenweger, Judith/Markowetz, Reinhard (Hrsg.): Handbuch Inklusion und Sonderpädagogik. Bad Heilbrunn: Klinkhardt, S. 485–490.

Schmuhl, Hans-Walter (2010): Exklusion und Inklusion durch Sprache – Zur Geschichte des Begriffs Behinderung. Berlin: IMEW Expertise 11.

Sommer, Viola (2013): Berufsorientierung im Rahmen der Initiative „Inklusion" – Gelingensbedingungen für Übergänge von der Schule in das Arbeitsleben. In: Jantowski, Andreas (Hrsg.): Gemeinsam leben. Miteinander lernen (S. 123–130). Weimar: Gutenberg.

Speck, Otto (2003): System Heilpädagogik. Eine ökologisch reflexive Grundlegung. 5. Auflage. München: Ernst Reinhardt.

Spieß, Erika (2004): Kooperation und Konflikt. In: Schuler, Heinz (Hrsg.): Enzyklopädie der Psychologie, Band Organisationspsychologie – Gruppe und Organisation. Göttingen: Hogrefe, S. 193–250.

Spinelli, Cathleen G. (1998): „Improving Communication between Parents and Teachers: Promoting Effective Intervention for Students with Disabilities". files.eric.ed.gov/fulltext/ED417547.pdf (Abfrage: 20.01.2019)

Sternberg, Robert/Grigorenko, Elena (1997): Are cognitive styles still in style? In: American Psychologist 52, H. 7, S. 700–712.

Stadt Jena (2018): „Allgemeinbildende Schulen und Freizeitlernen junger Menschen in Jena. Erster Bildungsbericht der Stadt Jena 2018". www.jena.de/fm/1727/Erster%20Bildungsbericht%20der%20Stadt%20Jena%202018_webvwebver.pdf (Abfrage: 20.01.2019)

Sze, Susan (2009): A Literature Review: Pre-Service Teachers' Attitudes toward Students with Disabilities. In: Education 130, H. 1, S. 53–56.

Tent, Lothar/Witt, Matthias/Zschoche-Lieberum, Christiane/Bürger, Wolfgang (1991): Ist die Schule für Lernbehinderte überholt? In: Heilpädagogische Forschung 17, H. 1, S. 3–13.

Textor, Annette (2015): Einführung in die Inklusionspädagogik. Bad Heilbrunn: Klinkhardt.

Theunissen, Georg/Plaute, Wolfgang (1995): Empowerment und Heilpädagogik: ein Lehrbuch. Freiburg im Breisgau: Lambertus.

Tillmann, Klaus-Jürgen (2013): Die Bewältigung von Übergängen im Lebenslauf – eine biografische Perspektive. In: Bellenberg, Gabriele/Forell, Matthias (Hrsg.): Bildungsübergänge gestalten. Münster: Waxmann, S. 15–32.

UNESCO (2005): Education for All. Global Monitoring Report 2005.

Wansing, Gudrun (2015): Was bedeutet Inklusion? Annäherungen an einen vielschichtigen Begriff. In Degener, Theresia/Diehl, Elke (Hrsg.): Handbuch Behindertenrechtskonvention. Bonn: Bundeszentrale für politische Bildung, S. 43–54.

Welti, Felix (2006): Rehabilitation und Teilhabe behinderter Menschen (SGB IX – Teil 1) in Gesetzgebung, Rechtsprechung und Literatur. In: Jahrbuch des Sozialrechts (JbSozR) 27, S. 479–493.

Werning, Rolf (2010): Inklusion – Herausforderungen, Widersprüche und Perspektiven. In: Lernchancen 13, H. 78, S. 4–9.

Wocken, Hans (2005): „Andere Länder, andere Schüler? Vergleichende Untersuchungen von Förderschülern in den Bundesländern Brandenburg, Hamburg und Niedersachsen (Forschungsbericht)". bidok.uibk.ac.at/download/wocken-forschungsbericht.pdf (Abfrage: 30.06.2019).

Wocken, Hans (2014): Zum Haus der inklusiven Schule. Ansichten – Zugänge – Wege. 2. Auflage. Hamburg: Feldhaus.

Wocken, Hans (2018): CONTRA Inklusionskritik. Eine Apologie der Inklusion. Hamburg: Feldhaus.

Ziemen, Kerstin (2016): Lexikon Inklusion. Göttingen: Vandenhoeck + Ruprecht.

Netzwerke für Bildungsübergänge

Bärbel Kracke, Peter Noack, Dorit Weber-Liel &
Kerstin Mayhack

1   Ziel des Projektes

Das Projekt „Netzwerke für Bildungsübergänge" war ein Teilprojekt im Verbundprojekt „VorteilJena", das vom BMBF gefördert und unter Beteiligung der
drei Jenaer Lehr- und Forschungseinrichtungen Friedrich-Schiller-Universität
(FSU), Universitätsklinikum (UKJ) und Ernst-Abbe-Hochschule (EAH) umgesetzt wurde. Es zielte darauf ab, durch eine Verbesserung der Übergänge in den
Bildungsbiografien die Teilhabechancen für Kinder und Jugendliche mit sonderpädagogischem Förderbedarf in der Gesellschaft zu erhöhen und damit mittelbar zu einer positiven Entwicklung der psychischen und physischen Gesundheit beizutragen (vgl. Abb. 1).

Abb. 1: Zusammenhang von sozialer Teilhabe und Gesundheitsförderung in
Teilprojekt 2 „Netzwerke für Bildungsübergänge" (Quelle: eigene Darstellung)

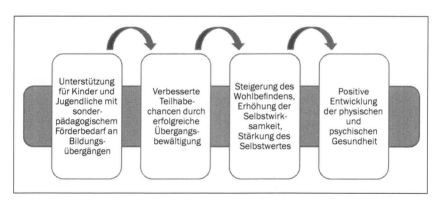

Diese Übergänge finden zwischen Kindergarten, Grundschule, weiterführender
Schule und Ausbildungseinrichtungen bzw. Arbeitgebern statt. Im Projekt
„Netzwerke für Bildungsübergänge" wurde der Frage nachgegangen, wie genau
eine erfolgreiche Bewältigung der Übergänge von einer Bildungseinrichtung in
die weiterführende Institution für Kinder und Jugendliche mit sonderpädagogischem Förderbedarf gelingen kann. Das Vorhaben soll allen am Bildungsprozess beteiligten Personen eine Plattform zur Kooperation bieten und die Frage

beantworten, welche Bedingungen für einen erfolgreichen Übergang der Kinder und Jugendlichen von einer zur nächsten Bildungseinrichtung notwendig sind. Ausgehend von den Erfahrungen der Akteure im Bereich inklusiver Bildungsarbeit in der Region wurden sogenannte Runde Tische oder Übergangskonferenzen als geeignetes Mittel zur Erreichung dieser Ziele identifiziert und es sollte ein entsprechendes Instrument konzipiert und an Modellschulen evaluiert werden. Im Ergebnis des Projektes sollte eine ausführliche Praxishilfe zur Implementierung des Instruments *Übergangskonferenz* in Kindergärten und Schulen zur Verfügung gestellt werden. Die Praxishilfe sollte ein Konzept mit einem thematischen Leitfaden für *Übergangskonferenzen* und ausführliche Informationen zur Umsetzung sowie erforderliche Materialien enthalten.

2   Theoretischer Hintergrund

Im Laufe ihrer Bildungsbiografie haben Kinder und Jugendliche verschiedene Übergänge zu bewältigen, die als sensible Phasen mit besonderen Herausforderungen und Entwicklungsaufgaben verbunden sind (Bellenberg/Forell 2013). Die Herausforderungen, die mit Übergängen verbunden sind, werden in der Literatur sehr unterschiedlich diskutiert. Während in einigen Ansätzen das mit Verlusten und Verunsicherungen verbundene Risiko betont wird (Beelmann 2013), werden Übergänge an anderer Stelle aber auch als Chancen für positive Veränderungen gesehen (Griebel/Niesel 2004). Weitgehende Einigkeit besteht darüber, dass an einem Übergang vielfältige Anpassungsleistungen von Heranwachsenden und allen am Übergang Beteiligten notwendig sind. Um nicht nur die vielfältigen Anpassungsleistungen zu erfassen, sondern auch der Frage nach geeigneten Unterstützungsmöglichkeiten für eine erfolgreiche Bewältigung nachgehen zu können, ist der sozial-ökologische Ansatz nach Bronfenbrenner hilfreich (Bronfenbrenner 1981). Die Wechsel zwischen Bildungsinstitutionen werden hier als ökologische Übergänge betrachtet.

> „Die Ökologie der menschlichen Entwicklung befasst sich mit der fortschreitenden gegenseitigen Anpassung zwischen dem aktiven, sich entwickelnden Menschen und den wechselnden Eigenschaften seiner unmittelbaren Lebensbereiche. Dieser Prozess wird fortlaufend von den Beziehungen dieser Lebensbereiche untereinander und von den größeren Kontexten beeinflusst, in die sie eingebettet sind" (Bronfenbrenner 1981, S. 37).

Entwicklung findet demnach nicht losgelöst von den jeweiligen Bezugssystemen des Individuums statt, sondern wird als Produkt ständiger Auseinandersetzung mit ihren Kontexten und zwischen diesen verstanden.

Mit der fehlenden Passung von individuellem Entwicklungsstand und Kontextbedingungen in und nach einer Übergangssituation steigen die Risiken für Probleme in Bezug auf Lernerfolg, Selbstkonzept und weitere Aspekte der psychosozialen Anpassung (Eccles et al. 1993). Entscheidend für eine erfolgreiche Übergangsbewältigung ist zum einen, ein möglichst hohes Maß an Passung von Person und Kontextbedingungen zu realisieren. Zum anderen hängt der erfolgreiche Übergang unter bewältigungstheoretischer Perspektive von der Wahrnehmung der Herausforderungen durch die Beteiligten, der Abschätzung von möglichen Barrieren und Ressourcen und dem Gefühl, Kontrolle über den Prozess zu haben, ab (Knoll et al. 2011). Familien unterscheiden sich darin, wie herausfordernd Übergänge wahrgenommen werden. Berufliche Belastungen der Eltern oder Entwicklungsschwierigkeiten der Kinder können je nach Ressourcenlage der Familie Übergänge als besondere Belastungen erscheinen lassen.

Entsprechend ist zu erwarten, dass in der Entwicklung von Kindern und Jugendlichen ihr Potenzial vor allem dann am stärksten gefördert werden dürfte, wenn relevante Bezugspersonen miteinander kooperieren (Bronfenbrenner 1981; Epstein 1992). Mit Bronfenbrenner (1981) ließe sich dies als Initiierung, Stärkung bzw. Aktivierung des Mesosystems (Familie-Schule) verstehen. Befunde zur Kooperation in Bildungsinstitutionen zeigen, dass durch eine gemeinsame Zielorientierung sowie offene und wertschätzende Kommunikation das Wohlbefinden aller Beteiligten gesteigert werden kann (Berkemeyer et al. 2011).

In der Bildungskarriere von Kindern und Jugendlichen mit einem sonderpädagogischen Förderbedarf stellen bisher Übergänge häufig Brüche in der Biografie dar, vor allem beim Übergang in die Berufsausbildung (Bertelsmann Stiftung 2011). In der Literatur zeigt sich bereits ein verändertes Verständnis von Inklusion an Übergängen. Die Erwartung der Anpassung des Kindes an die schulische Situation wird abgelöst durch einen professionellen, curricularen und institutionellen Umgang mit Heterogenität (Arndt et al. 2015). Befunde zeigen eine bessere Intelligenz- und Leistungsentwicklung bei Schülern und Schülerinnen mit einer Behinderung im Gemeinsamen Unterricht (Tent et al. 1991, Wocken 2005; Neumann et al. 2017). Ebenso erreichen sie häufiger einen qualifizierten Schulabschluss als Schüler und Schülerinnen aus Förderschulen (Klemm 2009). Dem stehen jedoch zahlreiche Herausforderungen gegenüber, etwa die einer fehlenden sozialen Integration in die Gruppe. Durch reine Zusammenführung der Schüler und Schülerinnen ohne geeignete Begleitmaßnahmen würde das Ziel einer inklusiven Beschulung verfehlt.

In der Praxis finden die allgemeinen Herausforderungen an Übergängen in zahlreichen Maßnahmen der Betreuungs- und Bildungseinrichtungen bereits in gewissem Umfang Berücksichtigung. Zur Unterstützung des Übergangs vom Kindergarten in die Grundschule werden Maßnahmen wie Schnuppertage, Informationsabende, Schuljahresanfangsprojekte angeboten sowie Kooperationen zwischen den Einrichtungen eingeführt (z. B. TransKiGS 2009). Um Jugendliche bei einer erfolgreichen Bewältigung des Übergangs von der Schule in den

Beruf zu unterstützen, werden an den Schulen Maßnahmen zur Berufsorientierung umgesetzt (z. B. Praktika zur Berufsfelderkundung und -erprobung). Der auf dem Thüringer Schulportal (www.schulportal-thueringen.de/berufsorientierung) bereitgestellte Berufswahlpass wird genutzt, mit externen Partnern wie der Agentur für Arbeit und Anbietern von Berufsorientierungsprojekten wird zusammengearbeitet.

Für Kinder und Jugendliche mit einer Behinderung sind diese allgemeinen Maßnahmen oft nicht ausreichend, da in das Übergangsgeschehen häufig mehr Akteure eingebunden sind und mehr gesetzliche Regelungen berücksichtigt werden müssen als bei Heranwachsenden ohne Behinderung. Obwohl Jugendliche mit Unterstützungsbedarf auch die Herausforderungen und Risiken eines Übergangs in eine inklusive Ausbildungssituation sehen, streben sie doch eher den Weg in die „normale" Arbeitswelt an (Sommer 2013), als den in die Werkstätten für behinderte Menschen mit geringerer Vergütung, niedrigerem Status sowie fehlenden Herausforderungen (Friedrich 2006).

Vor diesem Hintergrund war das wesentliche Anliegen des eigenen Projekts, für Schulen ein Instrument zu entwickeln, das zum einen die bestehenden regionalen Strukturen einbindet und zum anderen auf eine Gestaltung der jeweiligen Bildungsübergänge abzielt, bei der die Bedürfnisse des einzelnen Kindes oder Jugendlichen im Vordergrund stehen. Die übergreifenden Besonderheiten der verschiedenen Übergänge wie auch die Variationen zwischen Kindern und Jugendlichen mit unterschiedlichen Förderbedarfen machen eine individuelle Übergangsgestaltung als wichtigen Teil schulischer Inklusion dringend erforderlich. Ein zentrales Element dafür ist die Vernetzung und Kooperation aller am Übergang beteiligten Akteure. Übergangskonferenzen stellen einen erfolgversprechenden Weg dar, die Bewältigung des Übergangs für Kinder mit sonderpädagogischem Förderbedarf zu erleichtern, Brüche zu verhindern und Teilhabechancen in der Gesellschaft zu verbessern (Griebel/Niesel 2004; Hasselhorn et al. 2015).

3 Exkurs: Der schulische Kontext für inklusionssensible Übergänge

Um den Kontext für das Entwicklungsvorhaben „Übergangskonferenzen" besser einschätzen zu können, wurde eine Fragebogenstudie an den sieben regionalen Partnerschulen des Projektes durchgeführt. Die Schulen zeichneten sich generell dadurch aus, dass sie Erfahrungen mit schulischer Inklusion hatten und diesem Thema offen gegenüber eingestellt waren. Es wurden Erfahrungen, Einstellungen und Überzeugungen des pädagogischen Personals in Bezug auf den gemeinsamen Unterricht von Schülerinnen und Schülern mit und ohne sonderpädagogischen Förderbedarf angesprochen. Die Stichprobe bestand aus

113 Lehrkräften, Schulbegleiterinnen und Schulbegleitern sowie Sonderpäd-agoginnen und Sonderpädagogen. Die verwendeten Skalen sind in Tabelle 1 zusammengefasst. Sie adressieren Erfahrungen mit Inklusion, Haltung zu In-klusion, Kooperation mit Eltern, sowie Selbstwirksamkeit in Bezug auf Hetero-genität und Übergangsbegleitung am Übergang Schule–Beruf.

Tabelle 1: In der quantitativen Fragebogenstudie verwendete Skalen

Skala	Anzahl Items	Beispielitem	Quelle	Alpha
Selbstwirksamkeit Inklusion	6	„Ich bin mir sicher, dass ich auch bei größten Leistungsunterschieden für jedes Kind ein angemessenes Lern-angebot bereithalten kann."	Kopp 2009	.81
Selbstwirksamkeit Übergang Schule–Beruf	4	„Ich unterstütze meine Schüler dabei, ihren beruflichen Weg nach der Schule zu finden."	Eigenentwicklung	.84
Kooperation Eltern-Lehrkräfte Schule-Beruf	7	„Ich habe die Eltern angeregt, gemein-sam mit ihrem Kind über die Berufswahl nachzudenken."	adaptiert nach Pekrun et al. 2005	.92
Erfahrungen Gemein-samer Unterricht	1	„Ich habe bereits praktische Erfahrun-gen im Bereich des Gemeinsamen Unterrichts sammeln können."	Eigenentwicklung	
Positive Einstellung zu Inklusion	11	„Schüler mit besonderem Unterstüt-zungsbedarf haben das Recht, im sel-ben Klassenzimmer wie alle anderen unterrichtet zu werden."	Paulus 2013	.88
Inklusive Überzeugungen	3	„Unterricht kann grundsätzlich so ge-staltet werden, dass er allen Kindern gerecht wird."	Kopp 2009	.85
Selbstwirksamkeit Schule-Beruf bei Förderbedarf	4	„Ich fühle mich in der Lage, mit meinen Schülern, die einen Förderbedarf haben, individuell über ihre Zukunft nach der Schule zu sprechen."	Eigenentwicklung	.77
Inklusive Überzeugungen Berufsorientierung	3	„Ein gemeinsamer Berufswahlunterricht kann durch entsprechende Methoden allen Kindern gerecht werden."	adaptiert nach Kopp 2009	.88

Die Items waren in geschlossenen Antwortformaten einzuschätzen. Skalen, die auf dieser Basis gebildet wurden, ergaben gute bis sehr gute interne Konsisten-zen (Cronbachs alpha: >.75). Für eine bessere Anschaulichkeit werden im Fol-genden die Ergebnisse an den Medianen der Variablen dichotomisiert nach zustimmenden („eher ja") und ablehnenden Antworten („eher nein") berichtet.

Übergreifend ergab sich, wie zu erwarten, ein eher positives Bild der Situa-tion unter den Verantwortlichen an den Partnerschulen, vor allem mit Blick auf die berichteten Einstellungen. Die Verteilungen werden in Abbildung 2 geord-net nach allgemeinen sowie inklusionsbezogenen Einschätzungen gezeigt.

Abb. 2: Zustimmungs-/Ablehnungsraten bei Verantwortlichen an Partnerschulen
(Quelle: eigene Darstellung)

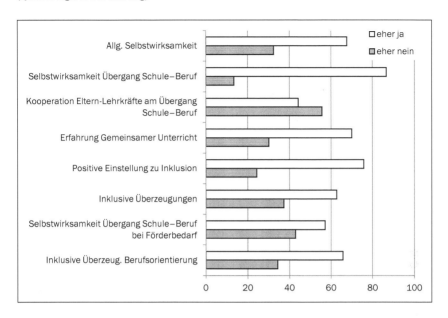

Während gut zwei Drittel der Befragten sich allgemein als eher selbstwirksam charakterisierten, sahen sich über 85 Prozent in der Lage, in ihrem Arbeitsalltag bei der Begleitung von Schülerinnen und Schülern allgemein hin zum Beruf gesteckte Ziele zu erreichen und Probleme zu lösen. Wenn es jedoch spezifisch um Kinder und Jugendliche mit Förderbedarf ging, galt dies nur noch für etwas über die Hälfte.

Ebenfalls etwas über zwei Drittel der Befragten hatten schon selbst Erfahrungen mit Gemeinsamem Unterricht gemacht. Ein noch größerer Teil der Befragten bekundete positive Einstellungen zu Inklusion. Hinsichtlich der Überzeugung, den eigenen Unterricht unter inklusionsorientierten Merkmalen strukturieren und durchführen zu können, sahen sich zwei Drittel der Befragten als selbstwirksam.

Nur in einem Fall, der Einschätzung der Zusammenarbeit von Lehrkräften und Eltern am Übergang von der Schule in den Beruf, überwogen negative Antworten. Auch an den Partnerschulen bestätigten sich damit Probleme, die vielfach aus deutschen Schulen berichtet werden, in einem Bereich, den die Betroffenen jedoch zumeist als wichtig betrachten. Diese Schwierigkeiten wurden auch in den qualitativen Interviews mit den unterschiedlichen Partnern im Prozess der Entwicklung der „Praxishilfe Übergangskonferenz" deutlich.

4 Von der Idee zur Übergangskonferenz – Entwicklung der Praxishilfe

Abb. 3: Projektablauf Teilprojekt 2 „Netzwerke für Bildungsübergänge"
(Quelle: eigene Darstellung)

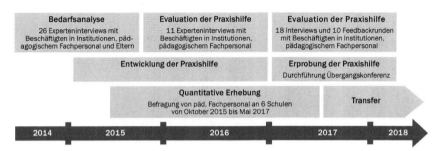

Die Praxishilfe wurde vor dem Hintergrund einer umfassenden qualitativen Bedarfsanalyse mit Akteuren und Institutionen in der Stadt Jena und im Bundesland Thüringen sowie pädagogischem Personal der Kooperationsschulen entwickelt. Es galt zunächst herauszufinden, was aus Sicht der an Übergängen beteiligten Akteure zur Gestaltung erfolgreicher Übergänge speziell für Kinder mit Behinderung benötigt wird. Angesichts der Orientierung des Verbundprojekts „Vorteil Jena" auf die Region war zuerst zu klären, welche Konzepte, Strukturen, Initiativen und Projekte zur Übergangsgestaltung für Kinder mit sonderpädagogischem Förderbedarf es im Schulamtsbereich Jena bereits gab. Welche Erfahrungen existierten bei Eltern, Lehrpersonen, Sonderpädagoginnen und Sonderpädagogen, Schulbegleitenden und Mitarbeiterinnen und Mitarbeiter aus Ämtern, Vereinen und der Stadtverwaltung? Wo wurden die Herausforderungen gesehen? Nach welchen Kriterien sollte eine Übergangskonferenz strukturiert sein und welche Unterstützung ist für eine selbständige und erfolgreiche Durchführung notwendig?

4.1 Bedarfsanalyse

4.1.1 Studiendesign und Methoden

An der Bedarfsanalyse, die zwischen Januar 2015 und Februar 2016 durchgeführt wurde, nahmen Mitarbeiter und Mitarbeiterinnen von Institutionen teil, die mit Fragen von Bildungsübergängen bei Schülerinnen und Schülern mit Förderbedarf befasst waren, sowie pädagogisches Fachpersonal und Eltern. Die Stichprobe bestand aus insgesamt n = 26 Personen: zehn Pädagoginnen und Pädagogen aus Jenaer Schulen, drei Eltern von Kindern mit einem sonderpädagogischen Förderbedarf sowie 13 Mitarbeitern und Mitarbeiterinnen aus dem Schulamt Ostthüringen, der Stadtverwaltung Jena, dem Jugendamt, der Frühförderstelle, der Agentur für Arbeit, der IHK, dem Verein für selbstbestimmtes Leben und der Jugendberufshilfe. Mit ihnen wurden mittels teilstandardisierter Leitfäden Interviews von im Mittel 60 Minuten Dauer durchgeführt, auf Tonträger aufgezeichnet und in Anlehnung an die Leitfäden ausgewertet.

In den Experteninterviews wurden folgende Fragen exploriert:

1. Welche Konzepte, Strukturen, Initiativen und Projekte zur Übergangsgestaltung für Kinder mit sonderpädagogischem Förderbedarf sind im Schulamtsbereich Jena vorhanden?
2. Welche Erfahrungen in Bezug auf Bildungsübergänge existieren bei Eltern, Lehrkräften, Sonderpädagoginnen und -pädagogen, Schulbegleiterinnen und Schulbegleitern sowie Mitarbeitenden aus Ämtern, Vereinen und der Stadtverwaltung?
3. Welche besonderen Herausforderungen sind für Kinder und Jugendliche mit einem sonderpädagogischen Förderbedarf an Übergängen zu bewältigen?
4. Welche Unterstützung und Entlastung wünschen sich die an Übergängen beteiligten Akteure?
5. Wie müssen Übergangskonferenzen organisiert sein, um Kinder oder Jugendliche zu unterstützen und alle am Übergang Beteiligten zu entlasten?

4.1.2 Ergebnisse der Bedarfsanalyse

In Bezug auf die *Ausgangssituation* zur Gestaltung von Bildungsübergängen in Jena konnten aus den Interviews mit den 26 schulischen und außerschulischen Akteuren der Gestaltung von Bildungsübergängen für Kinder und Jugendliche mit sonderpädagogischem Förderbedarf folgende Ergebnisse festgehalten werden:

- Die Interviewpartnerinnen und Interviewpartner sahen das Thema Inklusion als zentral für ihre Arbeit, nahmen aber auch Grenzen ihrer eigenen Handlungsmöglichkeiten wahr. Fehlendes Wissen und mangelnde Erfahrung im Umgang mit unterschiedlichen Arten und Graden der Beeinträchtigung der Heranwachsenden und die Gesamtbelastung der Lehrkräfte wurden als Hauptschwierigkeiten genannt.
- Es existierten im Schulamtsbereich Jena vielfältige Unterstützungsmöglichkeiten für Bildungsübergänge. Das Angebot war aus Sicht von Eltern und Lehrkräften allerdings unsystematisch und intransparent.
- Am Übergang Kita–Grundschule gab es an einzelnen Einrichtungen Kooperationen, deren Ziel die Verbesserung der Übergangsgestaltung war. Beim

Finden einer geeigneten Einrichtung für ein Kind mit einer manifesten Behinderung formulierten Eltern Unterstützungsbedarf.

- In Jena existierten bereits Übergangsstrukturen auf kommunaler Ebene. Am Übergang von der Grundschule in die weiterführende Schule arbeiteten die Netzwerkleitung Gemeinsamer Unterricht (GU) und die Schulen sehr eng zusammen, um für möglichst alle Schüler und Schülerinnen mit einem sonderpädagogischen Förderbedarf eine passende Schule zu finden.
- Der größte Unterstützungsbedarf war am Übergang Schule–Beruf festzustellen. Die Umsetzung der Berufsorientierung erfolgte in der Mehrzahl der Fälle mit externen Anbietern. Die Organisation der Maßnahmen in Projekten stand durch ihre zeitliche Begrenztheit einem kontinuierlichen Ausbau von qualitativen Standards und verlässlichen Strukturen entgegen. Für die zusätzlichen Anforderungen durch schulische Inklusion wurden noch keine schulübergreifenden Strukturen geschaffen. Jede Schule bemühte sich um den Aufbau schuleigener Netzwerke und das Zusammentragen aller für den Übergang relevanten Informationen und Angebote.

Hinsichtlich der *Gelingensbedingungen für eine erfolgreiche Bewältigung des Übergangs* konnten aus den Interviews sechs Faktoren herausgearbeitet werden: Es wurden vor allem (1) eine schulübergreifende Strukturierung der Übergangsprozesse, (2) eine Systematisierung der Unterstützungsmöglichkeiten innerhalb und außerhalb der Schulen sowie (3) eine klare personelle Verantwortung für die Organisation des Übergangs als Desiderate gesehen. Vor allem für die Unterstützung von Schülern im Übergang Schule–Beruf wurde gefordert, (4) kontinuierliche Kooperationen mit festen Ansprechpartnern in der lokalen Wirtschaft im Sinn eines Netzwerkes zu etablieren. Für alle Bildungsübergänge gilt jedoch, dass (5) ohne die Bereitstellung von Ressourcen seitens der Schule und Schulverwaltung ein erfolgreiches Übergangsmanagement kaum möglich wäre. Als Faktor für eine erfolgreiche Gestaltung von Übergängen wurde (6) aber auch die Haltung der Praktikerinnen und Praktiker im Feld herausgestellt. Sie müssen bereit und in der Lage sein, die Stärken betroffener Kinder und Jugendlicher zu identifizieren sowie vor diesem Hintergrund individuelle Lösungen für deren erfolgreiche Bildungsbiografie zu entwickeln.

Auf der Basis der Ergebnisse der Bedarfsanalyse wurden folgende Aspekte herausgearbeitet, die bei der Gestaltung von Übergangskonferenzen berücksichtigt werden sollten:

- Entwicklung eines Instruments zur systematischen Begleitung der Heranwachsenden über mehrere Jahre/gesamte Schulkarriere,
- Erarbeitung einer modulartig aufgebauten Praxishilfe zur Durchführung von Übergangskonferenzen, um schulspezifische Entwicklungsstände zu berücksichtigen,

- Klärung der Frage, wer die Verantwortung für Leitung, Organisation und Durchführung der Übergangskonferenzen übernimmt,
- Aufbau von Kooperationen besonders für den Übergang Schule–Beruf.

Diese Aspekte wurden in einer ersten Version unserer Praxishilfe mit dem Titel *Übergangshilfe – Kinder mit Förderbedarf an Bildungsübergängen* berücksichtigt.

4.2 Erprobung der Praxishilfe

4.2.1 Studiendesign und Methoden

Ziel der nächsten Phase war die Erprobung der ersten Version der Praxishilfe zur individuellen Übergangsgestaltung für Kinder und Jugendliche mit sonderpädagogischem Förderbedarf. Ein Pilotdurchlauf einer Übergangskonferenz unter Einsatz der erarbeiteten Praxishilfe konnte an einer Ganztagsschule durchgeführt werden. Für einen Schüler der 7. Klasse mit einem sonderpädagogischen Gutachten im Förderbereich emotional-soziale Entwicklung wurde hier der Übergang Schule–Beruf begleitet. Die Einschätzung der Teilnehmenden zum Ablauf der Übergangskonferenz wurde mittels Kurzfragebögen ermittelt. Die Sonderpädagogin an der Schule gab zusätzlich in einer Befragung Auskunft, wie hilfreich das Material bei der Vorbereitung und Durchführung der Übergangskonferenz war.

Die Durchführung weiterer Übergangskonferenzen an anderen Modellschulen gestaltete sich schwierig. Es bedarf neben der Bereitschaft der Schule, am Gesamtprojekt und damit auch an der quantitativen Fragebogenerhebung mitzuarbeiten, ganz konkret eines Schülers oder einer Schülerin mit sonderpädagogischem Förderbedarf an einem Bildungsübergang sowie auch einer engagierten Lehrkraft, die die Leitung des Übergangsprozesses übernehmen und sich in die Moderation einer Übergangskonferenz einarbeiten lassen möchte. Diese Voraussetzungen waren an den anderen Kooperationsschulen von VorteilJena nicht gegeben. Entweder konnte keine Schülerin und kein Schüler mit sonderpädagogischem Förderbedarf an einem bevorstehenden Übergang erreicht werden oder es gab aufgrund bereits existierender Aktivitäten zur Übergangsgestaltung an den Modellschulen keine Bereitschaft, eine Übergangskonferenz als ein neues Instrument zu testen.

Dementsprechend wurde für die Erprobung der Praxishilfe die Strategie verändert: Um die Einsetzbarkeit und den Mehrwert für die individuelle Übergangsgestaltung von Kindern und Jugendlichen mit sonderpädagogischem Förderbedarf zu ermitteln, wurden Reflexionsrunden und Interviews zur Erprobung der ersten Version der Praxishilfe „Übergangskonferenzen" durchgeführt.

Mit Lehrkräften und pädagogischem Fachpersonal der Kooperationsschulen wurde in fünf Feedbackrunden herausgearbeitet, ob, wann und unter welchen Bedingungen die Praxishilfe im schulischen Kontext nützlich sein könnte. Weiterhin wurde die Praxishilfe elf Mitarbeiterinnen und Mitarbeitern von Institutionen sowie pädagogischem Fachpersonal präsentiert. In Leitfadeninterviews wurden sie befragt, wie sie aus ihrem Arbeitskontext heraus die Arbeitsversion der Praxishilfe beurteilen, alle genannten Änderungswünsche wurden erfasst.

4.2.2 Ergebnisse der Erprobung der Praxishilfe

Im Ergebnis der ersten Befragung von pädagogischem Fachpersonal und außerschulischen Akteuren im Bereich Übergangsgestaltung zeigte sich ein grundsätzlich positives Bild mit konkreten Optimierungshinweisen für die Weiterentwicklung des Materials.

• Die befragten Personen schätzten das vorgelegte Material überwiegend als sehr hilfreich ein und sahen relevante Aspekte von Übergängen als umfassend aufgearbeitet.
• Die Mehrheit der Befragten bewertete insbesondere die für die Region Jena aufgearbeiteten Zeitabläufe der einzelnen Übergänge sowie die Auflistung von Ansprechpartnern und Ansprechpartnerinnen als besonders wertvoll.
• Alle Befragten wünschten sich, dass ein besonderer Schwerpunkt auf den Übergang von der Schule in die Berufswelt gelegt werden sollte. Wenn eine Schülerin oder ein Schüler mit sonderpädagogischem Förderbedarf vor dem Schulabschluss steht, muss Kontakt zu verschiedenen schulexternen Partnern aufgenommen werden. Hier wünschten sich die Befragten einen Überblick über die Maßnahmen und Möglichkeiten für Jugendliche mit sonderpädagogischem Förderbedarf nach der Schule, um die Jugendlichen und deren Eltern besser beraten und gezielter und zeitsparender im Findungsprozess unterstützen zu können.
• Zudem wünschten sich die Befragten, dass Übergangskonferenzen möglichst selbstständig ohne Expertenhilfe von außen und ohne großen Vorbereitungsaufwand durchgeführt werden können.

Die Durchführung einer Übergangskonferenz an einer Freien integrativen Ganztagsschule erbrachte weitere Rückmeldungen zum Material. Die Ergebnisse der Befragung der Teilnehmenden der Übergangskonferenz lassen sich in drei Punkten zusammenfassen:

• Das Material wurde insgesamt als sehr übersichtlich, grafisch ansprechend und inhaltlich sehr informativ und umfassend eingeschätzt.

- In der Anwendung in den teilnehmenden Schulen zeigte sich, dass die Praxishilfe die Durchführung von Übergangskonferenzen systematisiert und dass sich die Pädagogen und Pädagoginnen während der Durchführung sicher im Ablauf und in der Gesprächsführung gefühlt haben.
- Alle Beteiligten (Eltern, Pädagoginnen und Pädagogen und externe Partner) beurteilten die Zusammenarbeit während der Übergangskonferenz als lösungsorientiert und kooperativ.

Auf Basis der Interviews und Feedbackrunden wurde die erste Version der Praxishilfe überarbeitet. Nach inhaltlichen Erweiterungen, einer Verbesserung der konkreten Anleitung zur Durchführung von Übergangskonferenzen und der Ergänzung von Zeitabläufen, Arbeitsblättern und Checklisten als Kopiervorlagen lag eine qualitativ weiterentwickelte Anwendungsversion der Praxishilfe vor.

4.3 Evaluation der Praxishilfe mit Praxispartnern

4.3.1 Studiendesign und Methoden

Die überarbeitete Praxishilfe wurde in weiteren Feedbackrunden mit Fachpraktikerinnen und -praktikern sowie in Übergangskonferenzen erprobt. In zehn Feedbackrunden sowie 18 Interviews mit Teilnehmenden aus schulischen und schulnahen Einrichtungen wurden Inhalt, Gestaltung und praktische Anwendbarkeit der *Anwendungsversion* der Praxishilfe thematisiert. Am Ende der Evaluation gab es neben den grundsätzlich positiven Rückmeldungen Optimierungshinweise vor allem mit Blick auf eine noch breitere Behandlung des Übergangs Schule–Beruf. Entsprechend der Zielstellung des Projektes, die Praxishilfe perspektivisch auch überregional zu verbreiten, war es zudem notwendig, die regionalen Bezüge in den Hintergrund zu stellen und den Umfang des Materials zu reduzieren.

Zwei wichtige Herausforderungen für die individuelle Übergangsgestaltung kristallisierten sich heraus. Erstens die Frage der Verantwortlichkeit, Schulen arbeiten zum Teil mit mehreren externen Partnern zusammen. Dabei erschweren die fehlende Koordination der Projekte untereinander und die geringe Transparenz ihrer Arbeit im Raum Schule sowohl den Jugendlichen und deren Eltern als auch den Lehrkräften an der Schule selber den Überblick. Die zweite Herausforderung betrifft die Frage des Datenschutzes. Das Führen eines Entwicklungstagebuchs für Kinder mit sonderpädagogischem Förderbedarf über die gesamte Schulzeit hinweg wurde von befragten Lehrkräften gewünscht. Dafür wäre aber die Weitergabe von schülerbezogenen Daten von der abgebenden an die aufnehmende Schule extrem wichtig und notwendig. Eltern verhalten sich jedoch überwiegend skeptisch, wenn es um die Schweigepflichtentbindung geht. Bei der Schulanmeldung werden Informationen zum Entwicklungsstand des Kindes zum Teil zurückgehalten, um den Kindern als „unbeschriebenes Blatt" eine neue Chance zu ermöglichen. Die daraus resultierenden Schwierigkeiten in der neuen Einrichtung können von Eltern nicht abgeschätzt werden. Hier zeigt sich die enorme Bedeutung einer konstruktiven und vertrauensvollen Zusammenarbeit zwischen Schule und Elternhaus.

4.3.2 Schulen als Praxispartner

In der Akquise von Schulen für die Erprobung von Übergangskonferenzen war eine Zurückhaltung bzw. Ablehnung des Unterstützungsangebotes durch VorteilJena bei den schulischen Partnern zu beobachten. Von den 24 angefragten Schulen zeigten 14 kein Interesse an einer Kooperation mit dem Projekt „Netzwerke für Bildungsübergänge". Die von den Vertretern und Vertreterinnen der Schulen genannten Gründe gegen eine Kooperation lassen sich drei Punkten zuordnen: (1) Es gibt bereits eine gute Übergangsgestaltung an der Schule. (2) Es gibt keine Schülerinnen und Schüler mit Unterstützungsbedarf oder (3) die Schule ist mit anderen Herausforderungen überlastet. Den Argumenten der Schulvertreter und -vertreterinnen gegen die Durchführung von Übergangskonferenzen stehen allerdings die kritischen Einschätzungen von Schulamt, Schulpsychologinnen und -psychologen und Eltern zu den bestehenden Angeboten individueller Übergangsgestaltung für Kinder mit sonderpädagogischem Förderbedarf gegenüber. Es wird deutlich, dass aus der Perspektive außerschulischer Partner eine Verbesserung der individuellen Übergangsgestaltung notwendig ist, viele Schulvertreter aber eine Verbesserung nicht für notwendig halten oder nicht realisieren können.

Hier stellten sich zwei Fragen: (a) Wie kann man Schulen bei der Analyse der eigenen Bemühungen zur Übergangsgestaltung unterstützen? (b) Wie kann das Potenzial von Übergangskonferenzen im Hinblick auf die Entlastung von Lehrkräften als Teil eines inklusiven Übergangskonzeptes verdeutlicht werden?

4.3.3 Produkt: Die Praxishilfe in der endgültigen Form

Auf der Grundlage der vielfältigen Rückmeldungen aus unterschiedlichen Akteursperspektiven wurde die endgültige Version der Praxishilfe „Übergangskonferenzen – Eine Praxishilfe zur individuellen Übergangsgestaltung in Kindergarten und Schule" (Kracke et al. 2019) erstellt. Es enthält ein Modell zu den Gelingensbedingungen erfolgreicher Übergänge für Kinder und Jugendliche mit einem Förderbedarf, das folgende Fragen verknüpft:

- In welcher Phase des Übergangs sind welche Unterstützungsangebote für wen sinnvoll?
- Wer ist am Übergang beteiligt und kann unterstützen?
- Welche Arbeitsweise ist für die Zusammenarbeit hilfreich?
- Welche Ziele können erreicht werden?

Eine ausführliche Beschreibung findet sich im Kapitel IV „Soziale Teilhabe in Schulen – Materialien für die Praxis".

4.4   Kooperationspartner im Prozess der Entwicklung der Praxishilfe

Eine wichtige Basis für Akzeptanz und den möglichen Transfer war die intensive Kooperation mit allen an der Übergangsgestaltung beteiligten Akteuren von Projektbeginn an. Neben den Modellschulen wurde mit folgenden Partnern in den verschiedenen Phasen des Projektes zusammengearbeitet:

- Stadtverwaltung Jena (Behindertenbeauftragter, Mitarbeiterinnen des Fachdienstes Jugend & Bildung, des Fachdienstes Allgemeiner Sozialer Dienst, Mitarbeiterinnen des Jugendamtes und des Integrationsdienstes, Sozialplanerin)
- Staatliches Schulamt Ostthüringen
- Schulpsychologischer Dienst
- Netzwerkleitung „Gemeinsamer Unterricht"
- Thüringer Ministerium für Bildung, Jugend und Sport (TMBJS)
- Thüringer Institut für Lehrerfortbildung, Lehrplanentwicklung und Medien (Thillm)
- Landesvereinigung für Gesundheitsförderung Thüringen e.V. (AGETHUR)
- Saale-Betreuungswerk der Lebenshilfe Jena gGmbH
- ÜAG Jena
- Jugendberufshilfe Thüringen e.V.
- Verein für selbstbestimmtes Leben e.V.
- QuerWege e.V.
- Frühförderstelle
- IHK Erfurt
- Arbeitsagentur Jena (Abteilung Berufsberatung, Reha-Beratung)
- Jenaer Wirtschaftsförderung

4.5 Transfer

Anhand der Erfahrungen zum Projektverlauf und zur Auswertung der Ergebnisse der Evaluation wurde ein Transferkonzept entwickelt mit dem Ziel der Implementation des Materials in die schulische Praxis. Eine wesentliche Aufgabe war dabei, die Jenaer Schulen über das Projekt „Netzwerke für Bildungsübergänge" und die dort erarbeitete Praxishilfe zu informieren. Die 13 Schulen aus Jena und Umgebung, die zu unterschiedlichen Zeitpunkten in das Projekt „Netzwerke für Bildungsübergänge" eingebunden waren, bekamen Rückmeldung zum Projektstand und den Ergebnissen. Um darüber hinaus weitere Schulen zu erreichen, wurden das Projekt und die Praxishilfe in Jenaer Schulleiterkonferenzen (Grundschule und Gemeinschaftsschule) sowie in der Jenaer Lenkungsgruppe „Integration von Kindern mit besonderem Förderbedarf", die jeweils zum kommenden Schuljahr die Schule für Kinder mit besonderem Förderbedarf bestimmen, vorgestellt.

Für eine thüringenweite Bekanntmachung der Praxishilfe „Übergangskonferenzen" wurde das Thüringer Ministerium für Bildung, Jugend und Sport (TMBJS) kontaktiert. Die Resonanz auf das Material war sehr positiv. Mit dem Thüringer Institut für Lehrerfortbildung, Lehrplanentwicklung und Medien (ThILLM) wurde die Durchführung von Workshops an Schulen in Thüringen verabredet.

Weiterhin findet an der FSU Jena das Thema „Übergangsgestaltung" Eingang in die Lehrkräfteausbildung. Im Rahmen eines Begleitseminars zum Praxissemester beschäftigen sich die Lehramtsstudierenden mit individueller Übergangsgestaltung im Zusammenhang mit schulischer Inklusion und lernen die Methode Übergangskonferenz anhand des Materials kennen.

Schließlich konnte in Kooperation mit dem Staatlichen Studienseminar für Lehrerausbildung Gera (Lehramt für Förderpädagogik) erreicht werden, dass die Praxishilfe „Übergangskonferenzen" und eine damit verbundene Aufgabenstellung als wahlobligatorische Aufgabe in die Ausbildung der Lehrkräfte für Förderpädagogik integriert wurde.

5 Diskussion

Ziel aller Teilprojekte von VorteilJena war die umfassende Gesundheitsförderung der Bevölkerung in der Region Jena durch Steigerung der sozialen Teilhabe. Die mit dem Teilprojekt „Netzwerke für Bildungsübergänge" angesprochene Zielgruppe sind Kinder und Jugendliche mit sonderpädagogischem Förderbedarf an Bildungsübergängen. Für sie ist im Kontext schulischer Inklusion ein Übergang eine besondere Herausforderung, da sie es seltener schaffen, sich ohne besondere Unterstützung im neuen Setting eine befriedigende soziale Position zu erarbeiten, die eine wichtige Basis für Wohlbefinden sowie schulische Leistungsbereitschaft und -fähigkeit darstellt (Schwab et al. 2015). Für einige Schüler und Schülerinnen ist das allgemeine Unterstützungs- und Beratungsangebot, das Schulen ohnehin für den Übergang vorhalten, nicht ausreichend. Kinder und Jugendliche mit sonderpädagogischem Förderbedarf benötigen entsprechend ihres Lern- und Entwicklungsstandes zusätzliche Unterstützung, um erfolgreich in einer neuen Schule anzukommen oder einen für sie passenden Platz in der Berufswelt zu finden.

Mit dieser Aufgabe konfrontiert sind im schulischen Umfeld vor allem Lehrer und Lehrerinnen, Erzieher und Erzieherinnen, Förderpädagogen und -pädagoginnen, Schulbegleiter und -begleiterinnen usw. Es war das Anliegen des Projektes, Lehrkräfte und pädagogisches Personal bei einer strukturierten Gestaltung von Übergängen für Kinder und Jugendliche mit einem Förderbedarf zu unterstützen. Es wurde daher ein Instrument entwickelt, das zum einen die bestehenden regionalen Strukturen berücksichtigt, die Akteure einbindet und zum anderen auf eine Gestaltung der jeweiligen Bildungsübergänge abzielt. Auf die verschiedenen Phasen eines Übergangs wird ebenso eingegangen wie auf die unterschiedlichen Zielstellungen für Übergangskonferenzen. Die Bedürfnisse des einzelnen Kindes oder Jugendlichen stehen im Vordergrund und sind Ausgangspunkt für die Schaffung der entsprechenden Lernbedingungen. Die übergreifenden Besonderheiten der verschiedenen Übergänge wie auch die Variationen zwischen Kindern und Jugendlichen mit unterschiedlichen Förderbedarfen machen eine individuelle Übergangsgestaltung als wichtigen Teil schulischer Inklusion dringend erforderlich. Ein zentrales Element dafür ist die Vernetzung und Kooperation aller am Übergang beteiligten Akteure durch Übergangskonferenzen. Durch Unterstützung der Lehrkräfte bei der Netzwerkarbeit wird die Bewältigung des Übergangs für Kinder mit sonderpädagogischem Förderbedarf erleichtert und werden Eltern und andere am Übergang beteiligte Akteure stärker einbezogen. Mittelbar werden Brüche verhindert und Teilhabechancen in der Gesellschaft verbessert.

Es bleibt eine Herausforderung, Schulen dazu zu bewegen, Übergangskonferenzen innerhalb der Schule zu etablieren, um langfristig für alle Beteiligten Entlastung, Sicherheit und Erfolgserleben zu ermöglichen. Um Übergangsstrukturen im Sinne einer inklusiven Bildungslandschaft aufzubauen, müssen Kommunen mit Blick auf Kinder und Jugendliche mit besonderem Unterstützungsbedarf langfristig Bildungsinstitutionen so unterstützen, dass Übergänge entwicklungsförderlich gestaltet werden. Hierfür braucht es eine stabile Zusammenarbeit aller mit Bildung und Ausbildung in Verbindung stehenden Akteure in der Region (Kassel et al 2017). Orientierung könnten dabei integrierte Gesamtkonzepte zur Kooperation von Jugendamt, Sozialamt und Gesundheitsamt sowie Schulamt und Stadtplanung geben, die mit einheitlichen Strategien und stabilen Vernetzungen Gesundheit und Teilhabe fördern wollen.

Literaturverzeichnis

Arndt, Ann-Kathrin/Rothe, Antje/Urban, Michael/Werning, Rolf (2015): Im Spannungsverhältnis von Kontinuität und Diskontinuität – Perspektiven von ErzieherInnen und Lehrkräften in der Transition. In: Urban, Michael/Schulz, Marc/Meser, Kapriel/Thoms, Sören (Hrsg.): Inklusion und Übergang. Perspektiven der Vernetzung von Kindertageseinrichtungen und Grundschulen. Bad Heilbrunn: Klinkhardt, S. 120–134.

Beelmann, Wolfgang (2013): Normative Übergänge im Kindesalter. Anpassungsprozesse beim Eintritt in den Kindergarten, in die Grundschule und in die weiterführende Schule. Hamburg: Kovac.

Bellenberg, Gabriele/Forell, Matthias (2013): Bildungsübergänge gestalten. Ein Dialog zwischen Wissenschaft und Praxis. Münster: Waxmann.

Berkemeyer, Nils/Järvinen, Hanna/Otto, Johanna/Bos, Wilfried (2011): Kooperation und Reflexion als Strategien der Professionalisierung in schulischen Netzwerken. In: Zeitschrift für Pädagogik 57, H. 1, S. 225–247.

Bertelsmann Stiftung/Beauftragter der Bundesregierung für die Belange behinderter Menschen/Deutsche UNESCO-Kommission/Sinn-Stiftung (Hrsg.) (2011): Gemeinsam lernen – Auf dem Weg zu einer inklusiven Schule. Gütersloh: Verlag Bertelsmann Stiftung.

Bronfenbrenner, Urie (1981): Die Ökologie der menschlichen Entwicklung. Natürliche und geplante Experimente. Stuttgart: Ernst Klett.

Eccles, Jacquelynne Sue/Midgley, Carol/Wigfield, Allan/Buchanan, Christy/Reuman, David, Flanagan, Constance/MacIver, Douglas (1993): Development during adolescence: The impact of stage-environment fit on young adolescents' experiences in schools and families. In: American Psychologist 48, H. 2, S. 90–101.

Epstein, Joyce L. (1992): School and Familiy Partnerships. In: Alin, Marvin C. (Hrsg.): Encyclopedia of Educational Research. New York: Macmillan Publishing Company, S. 1139–1151.

Friedrich, Jochen (2006): Wie bewältigen Menschen mit geistiger Behinderung ihre Entscheidung zum Übergang auf den allgemeinen Arbeitsmarkt? In: Impulse 38, H. 3, S. 26–30.

Griebel, Wilfried/Niesel, Renate (2004): Transitionen. Fähigkeit von Kindern in Tageseinrichtungen fördern, Veränderungen erfolgreich zu bewältigen. Weinheim Basel: Beltz.

Hasselhorn, Marcus/Ehm, Jan-Henning/Wagner, Hanna/Schneider Wolfgang/Schöler, Hermann (2015): Zusatzförderung von Risikokindern. Handreichung für pädagogische Fachkräfte im Übergang vom Elementar- zum Primarbereich. Göttingen: Hogrefe.

Kassel, Laura/Rauh, Katharina/Fröhlich-Gildhoff, Klaus (2017): Partizipative Bedarfsanalyse kommunaler Akteure. Grundlage einer kommunalen Gesamtstrategie zur Gesundheitsförderung. In: Prävention und Gesundheitsförderung 12, H. 3, S. 174–180.

Klemm, Klaus (2009): Sonderweg Förderschulen: Hoher Einsatz, wenig Perspektiven. Eine Studie zu den Ausgaben und zur Wirksamkeit von Förderschulen in Deutschland. Gütersloh: Verlag Bertelsmann Stiftung.

Knoll, Nina/Scholz, Urte/Rieckmann, Nina (2011): Einführung in die Gesundheitspsychologie. München: Ernst Reinhardt Verlag.

Kopp, Bärbel (2009). Inklusive Überzeugung und Selbstwirksamkeit im Umgang mit Heterogenität – Wie denken Studierende des Lehramts für Grundschulen? Nürnberg: Institut für Grundschulforschung.

Kracke, Bärbel/Mayhack, Kerstin/Noack, Peter/Weber-Liel, Dorit (2019): Übergangskonferenzen – Eine Praxishilfe zur individuellen Übergangsgestaltung in Kindergarten und Schule. Weinheim und Basel: Beltz.

Neumann, Phillip/Lütje-Klose, Birgit/Wild, Elke/Gorges, Julia (2017): Die Bielefelder Längs-schnittstudie zum Lernen in inklusiven und exklusiven Förderarrangements (BiLieF). In: Link, Pierre-Carl/Stein, Roland (Hrsg.): Schulische Inklusion und Übergänge. Berlin: Frank & Timme, S. 39–48.

Paulus, Christoph (2013): Einstellungen zu Inklusion: Die deutsche Fassung des MTAI. Saar-brücken: Universität des Saarlandes.

Pekrun, Reinhard/Jullien, Simone/Lichtenfeld, Stephanie/Frenzel, Anne/Götz, Thomas/vom Hofe, Rudolf/Blum, Werner (2005): Skalenhandbuch PALMA4. Messzeitpunkt (8. Klas-senstufe). München: Universität München, Institut für Pädagogische Psychologie.

Schwab, Susanne/Gebhardt, Markus/Krammer, Mathias/Gasteiger-Klicpera, Barbara (2015): Linking self-rated social inclusion to social behaviour. An empirical study of students with and without special education in secondary schools. In: European Journal of Special Needs Education 30, H. 1, S. 1–14.

Sommer, Viola (2013): Berufsorientierung im Rahmen der Initiative „Inklusion" – Gelin-gensbedingungen für Übergänge von der Schule in das Arbeitsleben. In: Jantowski, An-dreas (Hrsg.): Gemeinsam leben. Miteinander lernen (S. 123–130). Weimar: Gutenberg.

Tent, Lothar/Witt, Matthias/Zschoche-Lieberum, Christiane/Bürger, Wolfgang (1991): Über die pädagogische Wirksamkeit der Schule für Lernbehinderte. In: Heilpädagogische For-schung 17, H. 42, S. 289–320.

TransKIGS Lenkungsgruppe et al. (Hrsg.) (2009): Übergang Kita–Schule. Zwischen Kontinui-tät und Herausforderung. Weimar/Berlin: Verlag das Netz.

Wocken, Hans (2005): „Andere Länder, andere Schüler? Vergleichende Untersuchungen von Förderschülern in den Bundesländern Brandenburg, Hamburg und Niedersachsen (For-schungsbericht)". bidok.uibk.ac.at/download/wocken-forschungsbericht.pdf (Abfrage: 30.06.2019).

Netzwerke als Gesundheitsressource im Schulkontext?

Ina Semper

1 Einleitung

Netzwerke im Schulkontext gelten als Antwort auf aktuelle Herausforderungen, die an das Bildungssystem gestellt werden. Diese Herausforderungen lassen sich in drei Kategorien systematisieren: Die Differenzierung und Spezialisierung pädagogischer Leistungen, die Sicherung der Legitimität bzw. der Ressourcen für den Aufbau von Institutionen des Bildungswesens sowie die Ausbildung und Professionalisierung des Personals (Berkemeyer et al. 2010a, S. 14). Während in sozialen Netzwerken der Fokus auf die Beziehungen zwischen Menschen gerichtet ist, stehen bei Netzwerken als Reformstrategie Innovationen im Zentrum. So genannte Innovationsnetzwerke, wie sie in der vergangenen Dekade im Rahmen der Zusammenarbeit von Bildungsministerien, Stiftungen, Kommunen und Wissenschaft mehrfach initiiert wurden, sollen zur Verbreitung von Neuerungen und Reformideen im Bildungswesen beitragen. Sie stellen dafür schulübergreifend den Raum, in dem Lehrkräfte sich mit dem zu bearbeitenden Aspekt kooperativ beschäftigen und sich im Umgang mit Herausforderungen professionalisieren. Dass schulübergreifende Netzwerke neben ihren Wirkungen für die Schulentwicklung, Professionalisierung und Kooperationsfähigkeit auch Entlastungspotenzial für die beteiligten Lehrkräfte mit sich bringen und als gesundheitliche Ressource wirken können, soll in diesem Beitrag unter Rückgriff auf die Befunde der Netzwerkforschung im Schulkontext und der Lehrkräftegesundheitsforschung plausibilisiert werden.

2 Schulische Netzwerke im Spiegel der Forschung

2.1 Was sind Netzwerke?

Der Netzwerkbegriff hat nach wie vor in gesellschaftspolitischen Kontexten Konjunktur. Wie Brommes und Tacke (2011 S. 25f.) schreiben, kann offenbar jeder beliebige soziale Zusammenhang mit dem Netzwerkbegriff belegt werden. Was also sind Netzwerke? Die Basis sozialer Netzwerke sind regelmäßige Interaktionsbeziehungen zwischen Akteuren. Im Mittelpunkt des Netzwerkkonzepts steht also eine relationale Perspektive auf Interaktionen zwischen Einzelnen, Gruppen oder Organisationen.

Es existieren zwei verschiedene soziologische Strategien, um Netzwerke näher zu bestimmen (Weyer 2000). Eine dieser Perspektiven sieht demnach Netzwerke in einem formalen Sinne als Beziehungsgeflechte, deren Akteure und Strukturen mit den quantitativen Methoden der formalen Netzwerkanalyse erfassbar sind. Aus dieser Sicht sind Netzwerke durch Knoten, Kanten und strukturelle Löcher gekennzeichnet, die sich beschreiben lassen. Die andere Perspektive dagegen fasst Netzwerke als planvolle Konstrukte strategisch handelnder Akteure, die sich Vorteile durch die Koordination ihrer Handlungen erwarten. Netzwerkforschung rekonstruiert über diese Zugangsweise von Interaktionen ausgehende Vernetzungsprozesse und erklärt die Funktionsweise von Netzwerken (ebd., S. 16).

Bezogen auf die Handlungskoordination von Akteuren können Netzwerke zunächst analytisch von anderen Arten der Handlungskoordination wie „Markt" oder „Hierarchie" bzw. „Organisation" unterschieden werden (Powell 1990). Denn anders als Märkte (Geld) und Hierarchien (Macht) werden Netzwerke durch Wissen bestimmt (Willke 2014, S. 112).

Innerhalb von Netzwerken können persönliche bzw. private Netzwerke von Netzwerken zwischen Organisationen unterschieden werden. Im Gegensatz zu persönlichen Netzwerken sind Netzwerke zwischen Organisationen immer bezogen auf bestimmte Zielstellungen geplant und initiiert. Aber wie persönliche Netzwerke werden auch Netzwerke zwischen Organisationen über soziale Beziehungen zwischen Personen realisiert.

Das Netzwerkkonzept als Koordinationsmechanismus definieren Tippelt et al. (2006, S. 280) als „[...] eigenständige Formen der Koordination von Interaktion, deren Kern die vertrauensvolle Kooperation autonomer, aber interdependenter Akteure ist, die für einen begrenzten Zeitraum zusammenarbeiten". Damit sind wesentliche Merkmale umrissen, die Netzwerke von anderen Formen der Handlungskoordination abgrenzen: Die Zusammenarbeit basiert auf Vertrauen, die Akteure sind zwar autonom, stehen aber in interdependenten Verhältnissen und die Kooperation ist zeitlich, meist durch den Netzwerkzweck, definiert.

2.2 Netzwerke im Bildungswesen

Inzwischen hat der Netzwerkbegriff auch in der Erziehungswissenschaft Fuß gefasst. Hier verbreitete er sich zögerlicher als in anderen Disziplinen, weil Gruppenbeziehungen und deren Bedeutung aus pädagogischer Perspektive lange Zeit zugunsten der dyadischen Beziehung zwischen Erzieher und Zögling im Hintergrund blieben (Clemens 2016). Berkemeyer und Bos (2010) sehen drei erziehungswissenschaftliche Verwendungsweisen des Netzwerkbegriffs verbreitet: Soziale Netzwerke, Netzwerke als Koordinationsmechanismus und Netzwerke als Reformstrategie, wobei die Unterscheidung analytischer Natur ist.

Berkemeyer, Manitius und Müthing (2010b) legen, bezogen auf die Foki Handlungskoordination und Reformstrategie, eine erziehungswissenschaftliche Definition vor, nach der als Netzwerk ein Zusammenschluss verschiedener Organisationen/Akteure zu einem Handlungskollektiv bezeichnet werden kann, in dem gemeinsam, eher kooperativ denn kompetitiv daran gearbeitet wird, innovative Problemlösungen anzugehen, um sich auf diese Weise weiterzuentwickeln und einen Wettbewerbsvorteil zu verschaffen, wobei sich der Netzwerkzusammenhalt vor allem durch gemeinsame Ziele, Interessen, Normen und Werte ergibt. Diese so gefasste, absichtsvolle Form der Handlungskoordination mit Blick auf die Verbreitung von Innovationen und das Lösen von Problemen liegt vielen der im schulischen Kontext bildungspolitisch initiierten Netzwerken zwischen Schulen zugrunde, geht aber auch mit der zunehmenden Vernetzung von Schulen und weiteren Akteuren im Rahmen von Bildungslandschaften einher.

Systematisierungen können auch über die Zielstellungen und Akteure von Netzwerken im Schulkontext vorgenommen werden. Ausgehend davon differenzieren Smith und Wohlstetter (2001) vier Netzwerktypen: *professional networks, policy issue networks, external partner networks* und *affiliation networks*. An *professional networks* nehmen einzelne Lehrkräfte unterschiedlicher Schulen freiwillig teil, um sich weiterzubilden, Kontakte zu knüpfen oder um gemeinsame Überzeugungen zu teilen, während es in *policy issue networks* verschiedene Organisationsvertreterinnen und -vertreter sind, deren Organisationen Einfluss auf politische Entscheidungen nehmen (wollen) (ebd., S. 501). In *external partner networks* kooperieren Schulen dagegen mit externen Partnern. In *affiliation networks* arbeiten Vertreterinnen und Vertreter organisationsübergreifend an Problemen, die die einzelne Organisation nicht allein lösen kann. Im Gegensatz zu *professional networks* steht hier aber nicht die persönliche Weiterentwicklung der Teilnehmenden im Fokus, sondern die interorganisationale Zusammenarbeit (ebd.). Netzwerke im schulischen Kontext entsprechen häufig den Typen *professional* und/oder *affiliation networks*.

Unter dem Aspekt der Verbreitung von Neuerungen wird von Innovationsnetzwerken gesprochen. Innerhalb dieses Netzwerktyps soll durch systematische Kooperation der Teilnehmenden praxisnah neues Wissen generiert werden und dieses Wissen in den Schulen, die am Netzwerk beteiligt sind, verbreitet werden. Schulische Innovationsnetzwerke können daher bezogen auf ihre Zielstellungen zur Schulentwicklung (Organisationsentwicklung) und Professionalisierung der Lehrkräfte gleichermaßen beitragen und sind daher auch als eine Mischform von *professional* und *affiliation networks* verstehbar. Czerwanski (2003b, S. 9) bezeichnet solche schulischen Netzwerke als „Praxis- und Lerngemeinschaften". Aus governancetheoretischer Sicht stellen sie ein Medium zur systemübergreifenden Bearbeitung von komplexen Herausforderungen in der funktional differenzierten Gesellschaft dar, womit Netzwerke im Bildungskontext als Koordinationsmechanismus und Reformstrategie angesprochen werden, die flexibel zur Lösung spezifischer Probleme beitragen können.

2.3 Wissensgenerierung in Netzwerken

Netzwerke basieren auf sozialen Austauschprozessen. Dabei wird Wissen als Koordinationsmechanismus genutzt. Wie aber entsteht Wissen in Netzwerken? Durch die Zusammenarbeit im Netzwerk, so die Hoffnung, müssen Überzeugungen, Routinen und Handlungsmuster expliziert werden und können so der Reflexion zugänglich werden (Fussangel/Gräsel 2010, S. 117). Der so initiierte Erwerb von Wissen kann, wie Berkemeyer et al. (2008) vorschlagen, mit Hilfe der Wissensspirale („Spiral of Knowledge") von Nonaka (1994) theoretisch beschrieben werden. Hinter Nonakas Überlegungen steht die Unterscheidung von implizitem Wissen (schwer zu artikulierendes Wissen wie Handlungsschemata, Überzeugungen, Fertigkeiten und Fähigkeiten) und explizitem Wissen (leicht verbalisierbares Wissen). Wissen wird nach Nonaka in vier verschiedenen Prozessen generiert: *Sozialisation, Externalisierung, Kombination* und *Internalisierung,* die im Prozess des organisationalen Wissenserwerbs spiralförmig miteinander wechselwirken.

Abb. 1: Prozesse der Wissensgenerierung in Netzwerken nach Nonaka (1994)

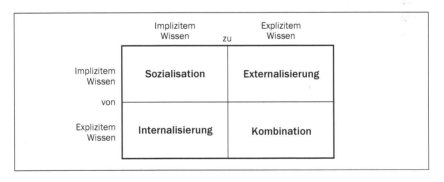

Lernen im Modus der Sozialisation geschieht durch gemeinsam gemachte Erfahrungen, Beobachtung und Imitation. Müssen dabei implizite Wissensbestände expliziert werden, etwa weil sich der Kreis der Teilnehmenden über die gemeinsam gemachten Erfahrungen austauscht, werden neue, explizite Wissensbestände generiert (Externalisierung). Diese können von den Teilnehmenden in bereits vorhandene, explizite Wissensstrukturen integriert werden (Kombination). Werden dadurch neue Praxen oder Handlungstheorien wiederholt angewendet, sinken sie nach und nach zu implizitem Wissen herab und werden verinnerlicht (Internalisierung). Diese Spirale aus Reflexion und neuen Erfahrungen wiederholt sich kontinuierlich und bildet die Basis für organisationales Lernen, weil auf diese Weise organisationale Routinen entstehen und weiterentwickelt werden. Effektives organisationales Lernen wird umso wahrscheinlicher, je häufiger Organisationen Praxisgemeinschaften in Netzwerken oder andere Formate der Kooperation ausbilden und die Akteure ein gemeinsames Interesse haben, Probleme zu bearbeiten und Lösungen zu finden (Muijs et al. 2010, S. 9).

Berkemeyer et al. (2008) betten die Perspektive des organisationalen Lernens in ein theoretisches Rahmenmodell zur Analyse schulischer Innovationsnetzwerke hinsichtlich deren Problemlösekapazitäten ein und stellen Vertrauen, Tauscherleben und Kooperation als den Ablauf der Wissensspirale beeinflussende Elemente zentral, die jedoch in spannungsreichen Wechselwirkungen stehen. Für das Potenzial dieser Lerngemeinschaften, funktionierende Problemlösungen zu finden, müssen die Vorteile einer großen Nähe von Wissensbeständen und Handlungsorientierungen für das Vertrauen in der Gruppe mit den Nachteilen der dadurch geringeren Perspektiverweiterungsmöglichkeiten ausbalanciert werden.

Es kann zusammenfassend festgehalten werden, dass sich Lernprozesse in Innovationsnetzwerken auf der Basis von Austausch- und Kooperationsprozessen vollziehen, die von einer fruchtbaren Balance zwischen Nähe und Distanz der vorhandenen Wissensbestände leben. Neues Wissen sollte demnach wahrscheinlicher entstehen und verbreitet werden können, wenn in vertrauensvoller Atmosphäre gemeinsame Ziele verfolgt werden und die Teilnehmenden einen subjektiven Nutzen aus der Kooperation im Netzwerk ziehen (Tauscherleben).

2.4 Wirkungen schulischer Netzwerkarbeit

Wirkungen schulischer Innovationsnetzwerkarbeit werden auf verschiedenen Ebenen erwartet: auf der Ebene des Netzwerkes selbst, auf der Ebene der Schule und auf der Ebene des Unterrichts bzw. der Schülerinnen und Schüler. Zieldimensionen der Netzwerkarbeit sind also einerseits die Wirkungen auf die Lehrkräfte, die unmittelbar am Netzwerk partizipieren, andererseits die mittelbaren Wirkungen in den Einzelschulen auf Lehrkräfte sowie Schülerinnen und Schüler. Berkemeyer et al. (2009) resümieren den nationalen und internationalen Forschungsstand zum Thema schulische Innovationsnetzwerke und kommen zu dem Schluss, dass Schulnetzwerke als geeignetes *Schulentwicklungsinstrument* gelten können, weil durch den Einblick in andere Schulrealitäten

Impulse zur Schul- und Unterrichtsentwicklung ausgehen können und sich dadurch Möglichkeiten ergeben, die eigene Arbeit zu verbessern. Czerwanski (2003a, S. 218) konnte im qualitativen Teil ihrer Evaluation der Netzwerkarbeit „Netzwerk innovativer Schulen in Deutschland" zeigen, dass Netzwerkarbeit vor allem dann erfolgreich zur Schulentwicklung beiträgt, wenn sie konkrete Anregungen zur Arbeit gibt sowie Austausch, gemeinsame Lernprozesse und gegenseitige Unterstützung fördert und den „Blick über den Tellerrand" ermöglicht. Als größtes Problemfeld netzwerkbezogener Schulentwicklungsarbeit wird dagegen mangelnde Zeit genannt (ebd.). Dedering (2007) kommt nach der Evaluation des Internationalen Netzwerkes Innovativer Schulsysteme (INIS) zu dem Schluss, dass Schulnetzwerken die Funktion eines „Motors für die Entwicklungsarbeit" (ebd., S. 276) zukommt, weil durch sie Kommunikations- und Verständigungsprozesse hinsichtlich eines gemeinsamen Schulentwicklungsverständnisses intensiviert werden. Das Netzwerk ist Impulsgeber und Reflexionshilfe, es trägt zur Qualitätsentwicklung bei (ebd., S. 281). *Positive Wirkungen aufseiten der Lehrkräfte* konnten bezogen auf das eigene Lernen sowie auf die Erweiterung fachlicher und überfachlicher Kompetenzen festgestellt werden, die etwa durch erhaltene Anregungen für die eigene Arbeit, einer gesteigerten Reflexionsfähigkeit, einer erhöhten Innovationsbereitschaft und einer Vergrößerung des Handlungsrepertoires befördert wurden (Berkemeyer et al. 2009, S. 674 f.). Die Forschungsarbeiten zum schulischen Netzwerk „Schulen im Team" zeigen, dass das Netzwerk den Raum bieten konnte, wechselseitig Anerkennung zu erfahren, effektiv zu kooperieren und sich auf Augenhöhe auszutauschen (Järvinen et al. 2015, S. 62 f.). Killus und Gottmann (2012) zeigen am Beispiel des Schulnetzwerkes „Reformzeit", dass die Teilnahme an schulübergreifender Netzwerkarbeit auch zu vermehrter (fachübergreifender) Kooperation innerhalb der teilnehmenden Schulen führt. Dies gilt allerdings nur für die Lehrkräfte, die am Netzwerk teilnahmen. Gräsel und Fussangel (2006) konnten eine vermehrte Kooperation auf dem Niveau der Ko-Konstruktion nach der Teilnahme an schulübergreifenden Weiterbildungen bei Lehrkräften des Faches Chemie zeigen, wobei Sie feststellten, dass viele Lehrkräfte unter Kooperation vor allem fachbezogenen Austausch verstehen.

Die vorliegenden Forschungsarbeiten zu schulischen Netzwerken basieren häufig auf Interviewdaten, selten sind Studien, die Zusammenhänge zwischen Variablen messen oder ein Kontrollgruppendesign verwenden (Berkemeyer et al. 2009). Studien, die *Wirkungen auf die Leistungen der Schülerinnen und Schüler* nachweisen, sind entsprechend rar (Berkemeyer et al. 2015; van Holt et al. 2015). Van Holt, Berkemeyer und Bos (2015) resümieren die Wirkungen der Netzwerkarbeit im Schulnetzwerk „Schulen im Team" auf die Einstellungen und Leistungen der Schülerinnen und Schüler sowie die methodischen Schwierigkeiten der Erfassung. In fünf Untersuchungsgruppen wurden je nach Netzwerkschwerpunkt unterschiedliche Leistungsdomänen erhoben und um verschiedene Aspekte von Schülereinstellungen zum Lernen und zum Unterricht ergänzt. Die Effekte der Netzwerkarbeit auf die Leistungen der Schülerinnen und Schüler waren überwiegend positiv, zudem konnten konstant hohe Ausprägungen des Selbstkonzepts und der Motivation festgestellt werden (van Holt et al. 2015, S. 145 ff.).

Netzwerke im schulischen Bereich verfolgen ganz unterschiedliche Ziele und unterscheiden sich entsprechend hinsichtlich Größe, Arbeitsintensität und Organisationsgrad. Dennoch können einige übergreifende Gelingensbedingungen schulischer Netzwerkarbeit als bedeutsam für die Wirksamkeit und den Transfer in die teilnehmenden Schulen gelten (bspw. Czerwanski 2003a; Killus 2008; Katz/Earl 2010):

- eine klare Zieldefinition,
- der Rückhalt durch die Schulleitung,
- das Vorhandensein von Koordinatorinnen und Koordinatoren sowie Ansprechpartnerinnen und Ansprechpartner,
- die Verbindlichkeit der Absprachen, Kooperation, Freiwilligkeit und
- Vertrauen sowie gemeinsame Fortbildungsveranstaltungen mit den Kollegien.

Insgesamt kann konstatiert werden, dass schulische Innovationsnetzwerke ihre Funktionen hinsichtlich der Professionalisierung von teilnehmenden Lehrkräften sowie Schul- bzw. Unterrichtsentwicklung offenbar prinzipiell erfüllen können. Schulische Innovationsnetzwerke unterstützen das Erreichen von Zielen, die mit anderen Organisationsformen weniger gut erreicht werden können, weil sie einen hierarchiefreien Austauschraum, basierend auf Vertrauen, Tauscherleben und Kooperation, bieten, in dessen Rahmen Ziele gemeinsam definiert werden können und ein Einblick in andere Handlungspraxen, professionelle Selbstverständnisse und schulische Kulturen gewährt werden kann. Dadurch bieten sie eine ganz spezifische Lern-, Reflexions- und Professionalisierungsgelegenheit für Lehrkräfte. Vor dem Hintergrund dieser Überlegungen stellt sich die Frage, ob sich Innovationsnetzwerke neben ihrer Eignung als Professionalisierungs- und Schul- bzw. Unterrichtsentwicklungsinstrument auch als Gesundheitsressource von Lehrkräften beschreiben lassen und deren dahingehende Potenziale umrissen werden können. Hierzu wird der Blick zunächst auf das Thema gesundheitliche Prävention im Schulkontext, insbesondere bezogen auf die Lehrkräfte, geworfen. Anschließend werden die Potenziale schulischer Netzwerkarbeit als gesundheitliche Ressource diskutiert.

3 Gesundheitliche Prävention im Rahmen von Schule

3.1 Die gesundheitliche Situation von Lehrkräften

Die Arbeits- und Gesundheitssituation von Lehrkräften ist ein seit den 1990er Jahren sowohl in der Öffentlichkeit als auch in der Forschung zum Lehrkräfteberuf breit und kontrovers diskutiertes Thema. Insbesondere vor dem Hintergrund der zentralen Bildungs-, Qualifikations- und Erziehungsaufgaben, mit denen Lehrkräfte zum Fortbestand und zur Weiterentwicklung von Gesellschaften beitragen, stellt die Förderung der Lehrkräftegesundheit ein bedeutendes Thema dar. Dass die Gesundheit von Lehrkräften mit der Unterrichtsqualität und damit letztlich mit der Leistungsfähigkeit und dem Lernerfolg der Schülerinnen und Schüler in Zusammenhang stehen, zeigen aktuelle Studien (Klusmann et al. 2006; Klusmann/Richter 2014; Wesselborg et al. 2014).

Die Lehrergesundheitsforschung versucht, die Zusammenhänge zwischen beruflichen Beanspruchungen, Stress und Depression bzw. dem nicht unumstrittenen Burnout-Syndrom (siehe hierzu Sosnowsky-Waschek 2013; Koch et al. 2015) zu erhellen. Trotz der Vielzahl an vorhandenen Studien wird der Erkenntnisfortschritt als unbefriedigend bewertet (Guglielmi/Tatrow 1998; Krause/Dorsemagen 2014; Lehr 2014). Unbestritten ist, dass die Arbeit für Lehrkräfte in Schulen mit besonderen Herausforderungen verbunden ist, die sich zum einen aus den Charakteristika des Lehrkräfteberufs und den spezifischen Anforderungen des Arbeitsplatzes Schule ergeben, zum anderen aber auch aus dem gesellschaftlichen und bildungspolitischen Strukturwandel resultieren (Rothland 2009, 2013a; Nieskens 2016). Gleichzeitig ist die Tätigkeit von Lehrkräften geeignet, zentrale menschliche Bedürfnisse, wie soziale Kontakte, Sinnstiftung, das Erleben von Anerkennung oder auch die Förderung des Selbstvertrauens und des Selbstwertgefühls zu befriedigen (Gehrmann 2013; Lehr 2014). Der derzeitige Forschungsstand zeigt, dass der Gesundheitszustand von Lehrkräften vor allem durch psychische und psychosomatische Erkrankungen beeinträchtigt wird (Lehr 2014; Scheuch et al. 2015). Insbesondere depressive Symptome und Störungen sind im Vergleich zum Bevölkerungsdurchschnitt in dieser Berufsgruppe stärker ausgeprägt (Scheuch et al. 2015). Trotz der vielfältigen Herausforderungen und Belastungen weisen viele Lehrkräfte dennoch eine hohe Arbeitszufriedenheit auf, die vor allem in der Möglichkeit der eigenen professionellen Weiterentwicklung, aber auch der weitgehend autonomen Arbeitsgestaltung begründet liegt.

Zentrale Bedeutung für die Erforschung der Gesundheit von Lehrkräften erlangte die „Potsdamer Lehrerstudie" (Schaarschmidt 2005; Schaarschmidt/ Kieschke 2013), in der der Beitrag von Persönlichkeitsfaktoren und Bewältigungsstrategien zu einem gesundheitsförderlichen Umgang mit beruflichen Herausforderungen erhellt wird. Vor dem Hintergrund der transaktionalen

Stresstheorie entwickelten Schaarschmidt et al. einen persönlichkeitsdiagnostischen Fragebogen zur Erfassung arbeitsbezogener Verhaltens- und Erlebensmuster (AVEM). Erhoben wurden insgesamt elf Merkmale, die sich zu drei Merkmalsbereichen zusammenfassen lassen:

- Arbeitsengagement: Bedeutsamkeit der Arbeit, beruflicher Ehrgeiz, Verausgabungsbereitschaft, Perfektionsstreben, Distanzierungsfähigkeit;
- Widerstandskraft gegenüber Belastungen: Distanzierungsfähigkeit, Resignationstendenz bei Misserfolg, offensive Problembewältigung, innere Ruhe und Ausgeglichenheit;
- Emotionen, mit denen eine Person Arbeits- und Berufsanforderungen gegenübertritt: Erfolgserleben im Beruf, Lebenszufriedenheit, Erleben sozialer Unterstützung (ebd., S. 83).

Der AVEM-Fragebogen ermöglicht die Zuordnung einer berufstätigen Person zu einem von vier Idealtypen bezogen auf die Beanspruchungsbewältigung. Gesunde Lehrkräfte zeichnen sich demnach durch einen hohen Stellenwert der Arbeit im Leben, ein starkes Streben nach beruflichem Aufstieg, eher hohe Qualitätsansprüche an die eigene Arbeit, eine eher hohe Distanzierungsfähigkeit bei zugleich niedriger Resignationstendenz nach beruflichen Misserfolgen, eine stark ausgeprägte innere Ruhe und Ausgeglichenheit und optimistische Haltung bei Problemen, ein hohes Erfolgserleben sowie Erleben sozialer Unterstützung und durch eine insgesamt hohe Lebenszufriedenheit aus (Krause/Dorsemagen 2011, S. 564).

Empirische Untersuchungen an Lehrkräften ergeben hierzu, so Schaarschmidt und Kieschke (2013, S. 81), ein insgesamt problematisches Bild. Lehrkräfte haben im Vergleich zu anderen Berufsgruppen den höchsten Anteil an risikobehafteten und den geringsten Anteil an gesundheitsförderlichen Bewältigungsmustern. Es gibt nur geringe Unterschiede in den Musterverteilungen zwischen den Bundesländern und Schulformen. Bedeutsam ist zudem, dass sich bereits vor Berufsbeginn sowohl bei Referendarinnen und Referendaren als auch bei Lehramtsstudierenden ungünstige Musterkonstellationen zeigen.

Die Ergebnisse der Potsdamer Lehrerstudie reihen sich ein in personenzentrierte Ansätze der Lehrkräftegesundheitsforschung, die die Entstehung von berufsbedingtem Stress vor allem auf der personalen Ebene des Individuums verorten, wohingegen die berufsspezifischen Anforderungen und die Besonderheiten des Arbeitsplatzes Schule ebenso wie die soziale Dimension vieler Stresserfahrungen unterbelichtet bleiben (Rothland 2009). Die Bedeutung von Rahmenbedingungen der schulischen Arbeit lässt sich ebenfalls mit Ergebnissen der Potsdamer Lehrerstudie zeigen: Die Faktoren, die von Lehrkräften über alle Schularten und Regionen hinweg als besonders belastend angesehen werden, sind destruktives Schülerverhalten, die Klassengröße und die Stundenanzahl

(Schaarschmidt/Kieschke 2013, S. 93). Die Rahmenbedingungen der Tätigkeit, so die Autoren, sollten demnach im Ganzen auf Entlastungspotenziale geprüft werden, da die Faktoren sich gegenseitig verstärken. Krause und Dorsemagen (2014, S. 992) systematisieren Belastungsfaktoren auf der Ebene des Berufs (bspw. fehlende Aufgabenklarheit, Rollenkonflikte, widersprüchliche Erwartungen und Ziele, Überforderung am Berufsbeginn), auf der Ebene der Arbeitsorganisation (bspw. Arbeitspensum und Zeitdruck, räumliche Ausstattung, fehlende Arbeitsplätze), der Ebene der Arbeitsbeziehungen (bspw. Konflikte mit Kolleginnen und Kollegen, Schulleitung, Eltern) sowie auf der schulsystemischen Ebene (bspw. Reformen und Veränderungen des Berufsbildes).

Als Ressourcen werden vor dem Hintergrund der salutogenetischen Sicht auf Gesundheit (Antonovsky 1997) sowie der Konstruktion von Stress als transaktionalem Geschehen zwischen Mensch und Umwelt (Lazarus/Folkman 1996) diejenigen Kräfte und Kompetenzen verstanden, die für die Bewältigung von Anforderungen zur Verfügung stehen. Unterschieden wird zwischen inneren und äußeren Ressourcen: Äußere Ressourcen sind Gegebenheiten außerhalb der Psyche von belasteten Personen, welche negative Wirkungen der Stressfaktoren bzw. des Stresserlebens abmildern können, innere Ressourcen dagegen Fähigkeiten und Einstellungen innerhalb der Psyche der belasteten Person (Krause/ Dorsemagen 2014, S. 991).

Auf die Frage, was Lehrkräfte vor Beanspruchungen schützt, zeichnet sich ein Aspekt als besonders bedeutsam ab: Die Qualität sozialer Beziehungen auf der Ebene des Kollegiums, zur Schulleitung und auf Ebene der gesamten Schule (vgl. zur Übersicht Krause und Dorsemagen 2014, S. 991). Soziale Beziehungen können als Schutz- und Entlastungsfaktor die negativen Wirkungen von Stressoren abfedern, sich aber auch unmittelbar positiv auf das Wohlbefinden und die psychische Gesundheit von Lehrkräften auswirken (Rothland 2013b). Im beruflichen Alltag von Lehrkräften zählt daher die soziale Unterstützung durch die Schulleitung und im Kollegium zu einer der bedeutsamsten gesundheitsrelevanten Faktoren (ebd.). Günstigere Beanspruchungsverhältnisse gingen auch in der Potsdamer Lehrerstudie in fast allen Fällen mit einem guten sozialen Klima an den Schulen einher, gekennzeichnet durch Offenheit, Interesse und gegenseitige Unterstützung sowie durch ein hohes Maß an Gemeinsamkeit bei der Durchsetzung schulischer Normen und Ziele (Schaarschmidt/Kieschke 2013, S. 93). Was folgt aus dem Wissen um Beanspruchungen und Ressourcen für die gesundheitliche Prävention am Arbeitsplatz Schule?

3.2 Gesundheitliche Prävention im Kontext Schule

Prävention erfolgt grundsätzlich nach zwei Ansätzen: Maßnahmen der Verhaltensprävention, die direkt am einzelnen Menschen und seinem Verhalten ansetzen und Maßnahmen der Verhältnisprävention, die die Umwelt-, Lebens- und Arbeitsbedingungen, also die „Verhältnisse", in denen Menschen leben und arbeiten, in den Blick nehmen. Eine erfolgreiche Prävention vereint im Idealfall verhaltens- und verhältnisbezogene Ansätze.

Die Verknüpfung von präventiven Maßnahmen auf mehreren Ebenen fordern etwa Weiß und Kiel (2013, S. 354). Sie plädieren dafür, dass eine nachhaltige Gesundheitsförderung von Lehrkräften sowohl die personale Ebene als auch die Ebene der Arbeits- und Lebensumwelt einbeziehen müsse: auf Klassenebene, Schulebene und in der gesamten Lebenswelt. Von Präventionsmaßnahmen zu aktivierende Ressourcen, um Handlungsräume bei der Bewältigung von Anforderungen zu schaffen, ordnen sie entsprechend den Ebenen Unterricht, Schule und Lebenswelt zu (vgl. Abb. 2).

Abb. 2: Belastungen und Ressourcen im Lehrkräfteberuf (Quelle: Weiß/Kiel 2013, S. 355)

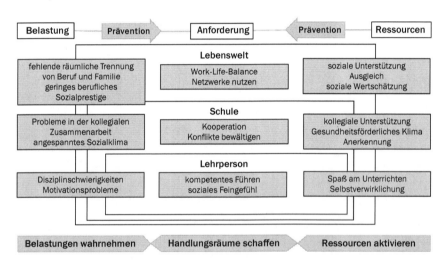

Präventionsangebote für Lehrkräfte und Schulen zielen, analog zum dominanten Fokus der Lehrkräftegesundheitsforschung, überwiegend auf das Verhalten der einzelnen Lehrkräfte. So befindet sich eine Vielzahl an Ratgebern und Handreichungen auf dem Markt, die zur Stressreduktion und Verbesserung der sog. Work-Life-Balance in Eigenanwendung konzipiert sind. Sie setzen meist auf eine Stärkung innerer Ressourcen und Kompetenzen, also auf die Einstellungen und Bewertungsmuster im Umgang mit Anforderungen, und geben konkrete Anregungen für den (schulischen) Alltag (vgl. bspw. Kretschmann 2012; Lehrhaupt/Meibert 2013; Deister 2015; Kaluza 2018a, b).

Auf Ebene der Schulen gibt es Weiterbildungs- und Interventionsmöglichkeiten, um den professionellen Umgang von Lehrkräften mit typischen Belastungen zu stärken. So gilt bspw. inzwischen als gesichert, dass eine effektive Klassenführung bzw. ein gutes classroom management das Stresserleben reduzieren kann und mit einem geringeren Burnout-Risiko einhergeht (Brouwers/ Tomic 2000; Wesselborg et al. 2014; Dicke et al. 2015). Schulpsychologische Dienste und Schulsozialarbeit geben Unterstützung beim Bewältigen von Konflikten und unterstützen Maßnahmen zur Gewaltprävention.

Moderne Präventionsstrategien nehmen verstärkt das Setting bzw. den Kontext, in dem die Betroffenen arbeiten und leben, als Ausgangspunkt der Präventionsarbeit und beziehen es aktiv mit ein. Diese Angebote richten sich an Lehrkräfte, Kollegien, Schulleitungen bzw. die gesamte Schule und wollen Schulentwicklungsprozesse anstoßen bzw. begleiten (vgl. bspw. „AGIL" von Hillert et al. 2016, „Denkanstöße" von Schaarschmidt und Fischer 2013, „Handbuch Lehrergesundheit" der DAK Gesundheit und Unfallkasse Nordrhein-Westfalen 2012, „Anschub.de" von Paulus 2009). In vielen Bundesländern werden Landesprogramme im Kontext „Gute gesunde Schulen" in Kooperation mit den Kultusministerien und Akteuren des Gesundheitswesens angeboten.

Belastungen und Ressourcen lassen sich verschiedenen Ebenen zuordnen und können entsprechend auch auf verschiedenen Ebenen bearbeitet werden: Präventionsangebote sollten vor diesem Hintergrund in der Lage sein, die Wahrnehmung von Belastungen und das Aktivieren von Ressourcen auf den Ebenen Lehrperson, Schule und Lebenswelt zu unterstützen und Handlungsräume zu schaffen.

4 Diskussion: Schulische Netzwerke als gesundheitliche Präventionsstrategie?

Denkt man die Potenziale von schulübergreifender Netzwerkarbeit und gesundheitlicher Präventionsstrategien zusammen, stellt sich die Frage, ob Netzwerkarbeit im Schulkontext eine geeignete Präventionsstrategie darstellen kann, um gesundheitliche Belastungen bei Lehrkräften zu senken, Handlungsräume zu eröffnen und Ressourcen zu stärken.

Zunächst sei an dieser Stelle nochmals auf die bedeutende Rolle sozialer Unterstützung als einem der wichtigsten gesundheitsrelevanten Faktoren für Lehrkräfte hingewiesen. Vor diesem Hintergrund erwarten wir eine gesundheitspräventive Wirkung der Arbeit in schulischen Netzwerken vermittelt über die sozialen Prozesse, die dabei ablaufen:

• das Erleben sozialer bzw. kollegialer Unterstützung,
• die Erfahrung kooperativer Problemlösungen,
• das Eingebunden-Sein in Prozesse wechselseitiger Anerkennung.

Im Unterschied zu schulinternen Formen der Zusammenarbeit bieten schulübergreifende Netzwerke einen Austauschraum, in dem sich eine (Lern-)Gemeinschaft vorrangig auf Basis eines gemeinsamen professionellen Hintergrundes, nicht auf Basis einer gemeinsamen Organisationszugehörigkeit entwickeln kann und soll. Die Motivation zur freiwilligen Teilnahme entsteht aus Interesse und Innovationsbereitschaft der Netzwerkpartner.

Der „Blick über den Tellerrand" der eigenen Schule bietet viele Reflexionsanlässe hinsichtlich des professionellen Umgangs mit beruflichen Anforderungen. Denn die teilnehmenden Lehrkräfte kommen aus Schulen, die sich sowohl hinsichtlich bestimmter kultureller Phänomene wie Praktiken, Regeln, Rituale und Symbole als auch bezogen auf den Habitus der Lehrkräfte, Schülerinnen und Schüler sowie Eltern und ihres Schulethos unterscheiden (Helsper 2008; Göhlich 2013). Damit verbunden gelten in ihnen unterschiedliche Normen des Sag- bzw. Adressierbaren (Butler 2010; Foucault 2012). Eine große Vielfalt an Perspektiven in der Netzwerkgruppe wirkt sich positiv auf die Qualität impliziten Wissens aus, welches im Rahmen der gemeinsamen thematischen Auseinandersetzung expliziert werden muss. Erwartet werden dadurch auch positive Effekte auf die Problemlösekapazität der Netzwerke.

Ob die mit der Netzwerkarbeit verbundenen Erfahrungs- und Lernprozesse tatsächlich angeregt werden, hängt laut der forschungsseitig gefundenen Gelingensbedingungen davon ab, ob gemeinsame, als sinnvoll bzw. nützlich erachtete Ziele der Netzwerkarbeit definiert werden können, ob sich eine vertrauliche Atmosphäre entwickeln kann, die Teilnehmerinnen und Teilnehmer in Prozesse des wechselseitigen Gebens und Nehmens eingebunden sind und die Arbeit im Netzwerk zur Kooperation anregt (vgl. Berkemeyer et al. 2008). Hierfür kommt der Organisation bzw. Koordination des Netzwerkes und den damit verbundenen Kommunikationsprozessen eine wichtige Bedeutung zu.

Bezogen auf die Ziele schulischer Gesundheitsprävention sollte schulübergreifende Netzwerkarbeit gezielt für die Wahrnehmung von Belastungen sensibilisieren, Ressourcen von Lehrkräften aktivieren helfen und konkrete Handlungsräume schaffen, in denen, vermittelt über soziale Prozesse, berufliche Anforderungen bearbeitet werden können. Innovationsnetzwerke sind ihren Zielstellungen nach darauf ausgelegt, dass Akteure im gemeinsamen Handeln vor dem Hintergrund vielfältiger Erfahrungen Problemlösungen finden. Sie bieten also einen Handlungsraum neben dem eigenen Unterricht und der eigenen Schule, in dem Lernprozesse angestoßen und Erfahrungen der Selbstwirksamkeit gemacht werden können (vgl. auch Beitrag von Semper/Meißner in diesem Band). Damit stellen sie eine innovative Strategie der Gesundheitsförderung dar, die über die Personenzentrierung vieler Angebote zur Stressreduktion und zum Umgang mit Belastungen hinausgeht. Mit schulübergreifenden Netzwerken wird eine neue Struktur geschaffen, in deren Rahmen durch personale und organisationale Faktoren beeinflusste Belastungen bearbeitbar werden. Hinsichtlich der Unterscheidung von Verhaltens- und Verhältnisprävention stehen sie gleichwohl an der Schnittstelle zwischen diesen beiden Ebenen: Die Lern- und Erfahrungsprozesse in der Netzwerkarbeit zielen auf Verhaltensänderungen, die neugeschaffenen Strukturen und Rahmenbedingungen der Netzwerkarbeit lassen sich auf Ebene der Verhältnisse verorten.

Die für die Entwicklung neuer Perspektiven und Lösungen günstigen Voraussetzungen bringen aber auch einige Schwierigkeiten mit sich: Im Netzwerk generiertes Wissen und Problemlösungen finden ihren Weg nicht von allein zurück auf die Ebene der Einzelschule. Berkemeyer (2008) reflektiert unter Rückgriff auf Jäger (2004) organisationale Bedingungen für einen nachhaltigen Transfer von Problemlösungen: Die Personen aus den beiden Kontexten (etwa Netzwerk und Schule) müssen dazu motiviert sein. Dies spiegelt sich in ihren Kooperationsformen. Sie müssen aber auch dazu fähig sein, was durch eine zielgerichtete Führung in Schule und Netzwerk unterstützt wird. Zu einem erfolgreichen Transfer trägt zudem eine klare Zielorientierung und geeignete Steuerungsstruktur innerhalb des Projektes bei. Der inhaltliche Nutzen bzw. die Relevanz muss also von Akteuren in beiden Kontexten erkannt worden sein und der Prozess zielgerichtet unterstützt werden. Innerhalb von Schulen erlangen Schulleitungen, schulische Steuergruppen und insbesondere professionelle Lerngemeinschaften (PLGs) für erfolgreiche Transferprozesse Bedeutung.

Als besonders belastend wahrgenommene berufliche Handlungsprobleme können auch inhaltlicher Gegenstand der kooperativen Bearbeitung in schulübergreifenden Netzwerken sein und damit die Zielstellung der Netzwerkarbeit ganz konkret stärker auf die Entlastungsfunktion hin zugeschnitten werden. Helsing (2007) arbeitet etwa negative und positive Strategien des Umgangs mit den für den Lehrerberuf charakteristischen Unsicherheiten und Dilemmata heraus und kommt zu dem Schluss, dass die eigene Unsicherheit zunächst als solche anerkannt und eine Beziehung dazu hergestellt werden sollte, etwa, indem sie zum Reflexionsanlass oder zur Grundlage für eine Zusammenarbeit mit anderen wird. Netzwerke können den beteiligten Lehrkräften eine Perspektivvielfalt bieten, die für die Bearbeitung und Bewältigung komplexer Problemlagen nötig ist (Berkemeyer et al. 2011), wie sie sich aus den Charakteristika des Berufes ergeben und bieten zugleich einen Rahmen, in dem eine Thematisierung sensibler Themen wie Unsicherheiten oder Handlungsprobleme in einem geschützten, hierarchiefreien Raum ermöglicht werden soll.

Die Aspekte Initiierung, Koordination und Nachhaltigkeit entsprechender Netzwerkstrukturen bleibt jedoch meist prekär: Es braucht geeignete Akteure, die über ausreichende Ressourcen verfügen, schulübergreifende Netzwerkarbeit durchzuführen, sowie die Bereitschaft von Schulen und Lehrkräften, sich freiwillig solchen Formen der Professionalisierung anzuschließen.

5 Fazit

Für die Entwicklung von Interventionen mit dem expliziten Ziel der professionellen Weiterentwicklung im Umgang mit Belastungen bietet die Strategie des Innovationsnetzwerks einige interessante Anknüpfungspunkte. Insbesondere im Vergleich zu individuellen Unterstützungsangeboten und Weiterbildungen und schulinternen Formen des kooperativen Lernens sind schulübergreifende Netzwerke durch die Vielfalt an Erfahrungen und Perspektiven und Erfahrungen und geschützter Raum für die Thematisierung von Problemen charakterisierbar und bieten dadurch spezifische Entlastungspotentiale. Es bleibt aber festzuhalten, dass schulische Netzwerkarbeit diese Potentiale erst voll ausschöpfen kann, wenn die Ergebnisse den Weg zurück in die Schule und damit an den Ort des alltäglichen Handelns der Lehrkräfte finden. Transferprozesse müssen daher begleitet und unterstützt werden, wozu es geeigneter Rahmenbedingungen und Strukturen in den beiden Kontexten Netzwerk und Schule bedarf.

Forschungsseitig sind die Potentiale schulübergreifender (Innovations-) Netzwerke als Ressource für die Gesundheit von Lehrkräften bisher nicht systematisch erforscht bzw. evaluiert worden, da Entlastungseffekte den Netzwerkzielen wie Verbreitung von Innovationen, Beförderung von Kooperation oder Professionalisierung im Umgang mit Herausforderungen im Kontext von Schulqualität meist neben- oder nachgeordnet sind. Vor dem Hintergrund der Relevanz von Gesundheit und Wohlbefinden von Lehrkräften auf die Qualität von Schule und Unterricht ist es jedoch wünschenswert, das die gesundheitsbezogenen Prozesse und Wirkungen von koordinierten und strukturierten Formen sozialer Unterstützung wie schulübergreifender Netzwerkarbeit stärker Gegenstand von Forschung und Entwicklung werden.

Literaturverzeichnis

Antonovsky, Aaron (1997): Forum für Verhaltenstherapie und Psychosoziale Praxis. Band 36: Salutogenese. Zur Entmystifizierung der Gesundheit. Tübingen: Dgvt-Verlag.

Berkemeyer, Nils (2008): Transfer von Innovationen – eine organisationstheoretische Reflexion. In: Berkemeyer, Nils (Hrsg.): Netzwerke im Bildungsbereich. Bd. 1: Unterrichtsentwicklung in Netzwerken. Konzeptionen, Befunde, Perspektiven. Münster: Waxmann, S. 271–281.

Berkemeyer, Nils/Manitius, Veronika/Müthing, Kathrin/Bos, Wilfried (2008): Innovation durch Netzwerkarbeit? Entwurf eines theoretischen Rahmenmodells zur Analyse von schulischen Innovationsnetzwerken. In: Zeitschrift für Soziologie der Erziehung und Sozialisation 28, H. 4, S. 411–428.

Berkemeyer, Nils/Manitius, Veronika/Müthing, Kathrin/Bos, Wilfried. (2009): Ergebnisse nationaler und internationaler Forschung zu schulischen Innovationsnetzwerken. In: Zeitschrift für Erziehungswissenschaft 12, H. 4, S. 667–689.

Berkemeyer, Nils/Bos, Wilfried (2010): Netzwerke als Gegenstand erziehungswissenschaftlicher Forschung. In: Stegbauer, Christian/Häußling, Roger (Hrsg.): Handbuch Netzwerkforschung. 1. Auflage. Wiesbaden: VS Verlag für Sozialwissenschaften, S. 755–770.

Berkemeyer, Nils/Bos, Wilfried/Kuper, Harm (2010a): Netzwerke im Bildungssystem. In: Berkemeyer, Nils/Bos, Wilfried/Kuper, Harm (Hrsg.): Netzwerke im Bildungsbereich. Bd. 3: Schulreform durch Vernetzung. Interdisziplinäre Betrachtungen. Münster: Waxmann, S. 11–19.

Berkemeyer, Nils/Manitius, Veronika/Müthing, Kathrin (2010b): Netzwerke als Gegenstand erziehungswissenschaftlicher Forschung. In: Enzyklopädie Erziehungswissenschaft Online. Beltz Juventa, S. 1–47.

Berkemeyer, Nils/Järvinen, Hanna/Otto, Johanna/Bos, Wilfried (2011): Kooperation und Reflexion als Strategien der Professionalisierung in schulischen Netzwerken. In: Helsper, Werner/Tippelt, Rudolf (Hrsg.): Pädagogische Professionalität. Weinheim: Beltz Juventa, S. 225–247.

Berkemeyer, Nils/Bos, Wilfried/Järvinen, Hanna/Manitius, Veronika/van Holt, Nils (Hrsg.) (2015): Netzwerkbasierte Unterrichtsentwicklung. Münster, New York: Waxmann Verlag.

Bommes, Michael/Tacke, Veronika (2011): Das Allgemeine und das Besondere des Netzwerkes. In: Bommes, Michael/Tacke, Veronika (Hrsg.): Netzwerke in der funktional differenzierten Gesellschaft. 1. Auflage. Wiesbaden: VS Verlag für Sozialwissenschaften, S. 25–50.

Brouwers, André/Tomic, Welko (2000): A longitudinal study of teacher burnout and perceived self-efficacy in classroom management. In: Teaching and Teacher Education 16, H. 2, S. 239–253.

Butler, Judith (2010): Sozialwissenschaften 2010: Raster des Krieges. Warum wir nicht jedes Leid beklagen. 1. Auflage. Frankfurt am Main: Campus Verlag GmbH.

Clemens, Iris (2016): Grundlagentexte Pädagogik: Netzwerktheorie und Erziehungswissenschaft. Eine Einführung. 1. Auflage. Weinheim, Basel: Beltz Juventa.

Czerwanski, Annette (2003a): Ergebnisse einer Evaluation: Der Nutzen der Lernnetzwerke aus Teilnehmersicht. In: Czerwanski, Annette (Hrsg.): Schulentwicklung durch Netzwerkarbeit. Erfahrungen aus den Lernnetzwerken im „Netzwerk innovativer Schulen in Deutschland". Gütersloh: Verl. Bertelsmann-Stiftung, S. 203–237.

Czerwanski, Annette (2003b): Netzwerke als Praxisgemeinschaften. In: Czerwanski, Annette (Hrsg.): Schulentwicklung durch Netzwerkarbeit. Erfahrungen aus den Lernnetzwerken im „Netzwerk innovativer Schulen in Deutschland". Gütersloh: Verl. Bertelsmann-Stiftung, S. 9–18.

DAK Gesundheit, & Unfallkasse Nordrhein-Westfalen (Hrsg.) (2012): Handbuch Lehrergesundheit. Impulse für die Entwicklung guter gesunder Schulen. 2. Auflage. Köln: Carl Link.

Dedering, Kathrin (2007): Schule und Gesellschaft: Schulische Qualitätsentwicklung durch Netzwerke: das Internationale Netzwerk Innovativer Schulsysteme (INIS) der Bertelsmann Stiftung als Beispiel. 1. Auflage. Wiesbaden: VS, Verlag für Sozialwissenschaften.

Deister, Winfried (2015): Grundkurs Schulmanagement: Zeit- und Selbstmanagement im schulischen Alltag. Kronach: Link.

Dicke, Theresa/Parker, Philip D./Holzberger, Doris/Kunina-Habenicht, Olga/Kunter, Mareike/Leutner, Detlev (2015): Beginning teachers' efficacy and emotional exhaustion: Latent changes, reciprocity, and the influence of professional knowledge. In: Contemporary Educational Psychology 41, S. 62–72.

Foucault, Michel (2012): Die Ordnung des Diskurses. 12. Auflage. Frankfurt am Main: Fischer Taschenbuch.

Fussangel, Kathrin/Gräsel, Cornelia (2010): Die Rolle von Netzwerken bei der Verbreitung von Innovationen. In: Berkemeyer, Nils/Bos, Wilfried/Kuper, Harm (Hrsg.): Netzwerke im Bildungsbereich. Bd. 3: Schulreform durch Vernetzung. Interdisziplinäre Betrachtungen. Münster: Waxmann, S. 117–129.

Gehrmann, Axel (2013): Zufriedenheit trotz beruflicher Beanspruchungen? Anmerkungen zu den Befunden der Lehrerbelastungsforschung. In: Rothland, Martin: (Hrsg.): Belastung und Beanspruchung im Lehrerberuf. Modelle, Befunde, Interventionen. 2., vollständig überarbeitete Auflage. Wiesbaden: Springer VS, S. 175–192.

Göhlich, Michael (2013): Schulkultur. In: Haag, Ludwig/Rahm, Sibylle/Apel, Hans Jürgen/Sacher, Werner (Hrsg.): Studienbuch Schulpädagogik. 5., vollständig überarbeitete Auflage. Bad Heilbrunn, Stuttgart: Klinkhardt, S. 52–71.

Gräsel, Cornelia/Fußangel, Kathrin/Pröbstel, Christian (2006): Lehrkräfte zur Kooperation anregen – eine Aufgabe für Sisyphos? In: Zeitschrift für Pädagogik 52, H. 2, S. 205–219.

Guglielmi, R. Sergio/Tatrow, Kristin (1998): Occupational Stress, Burnout, and Health in Teachers. A Methodological and Theoretical Analysis. In: Review of Educational Research 68, H. 1, S. 61–99.

Helsper, Werner (2008): Schulkulturen – die Schule als symbolische Sinnordnung. In: Zeitschrift für Pädagogik 54, H. 1, S. 63–80.

Hillert, Andreas/Lehr, Dirk/Koch, Stefan/Bracht, Maren/Ueing, Stefan/Sosnowsky-Waschek, Nadia/Lüdtke, Kristina (2016): Lehrergesundheit. AGIL – das Präventionsprogramm für Arbeit und Gesundheit im Lehrerberuf. 2., überarbeitete Auflage. Stuttgart: Schattauer.

Jäger, Michael (2004): Transfer in Schulentwicklungsprojekten. Wiesbaden: VS Verlag für Sozialwissenschaften.

Järvinen, Hanna/Müthing, Kathrin/Berkemeyer, Nils (2015): Arbeiten in interschulischen Netzwerken. In: Berkemeyer, Nils/Bos, Wilfried/Järvinen, Hanna/Manitius, Veronika/van Holt, Nils (Hrsg.): Netzwerkbasierte Unterrichtsentwicklung. Münster, New York: Waxmann Verlag, S. 37–67.

Kaluza, Gert (2018a): Gelassen und sicher im Stress. Das Stresskompetenz-Buch: Stress erkennen, verstehen, bewältigen. 7. Auflage. Berlin, Heidelberg: Springer.

Kaluza, Gert (2018b): Psychotherapie: Stressbewältigung. Trainingsmanual zur psychologischen Gesundheitsförderung. 4., korrigierte Auflage. Berlin, Heidelberg: Springer.

Katz, Steven/Earl, Lorna (2010): Learning about networked learning communities. In: School Effectiveness and School Improvement 21, H. 1, S. 27–51.

Killus, Dagmar (2008): Soziale Integration in Schulnetzwerken. Empirische Ergebnisse und Konsequenzen für die Praxis. In: Berkemeyer, Nils (Hrsg.): Netzwerke im Bildungsbereich. Bd. 1: Unterrichtsentwicklung in Netzwerken. Konzeptionen, Befunde, Perspektiven. Münster: Waxmann, S. 315–328.

Killus, Dagmar/Gottmann, Corinna (2012): Schulübergreifende und schulinterne Kooperation in Schulnetzwerken. In: Baum, Elisabeth/Idel, Till-Sebastian/Ullrich, Heiner (Hrsg.): Kollegialität und Kooperation in der Schule. Wiesbaden: VS Verlag für Sozialwissenschaften, S. 149–165.

Klusmann, Uta/Kunter, Mareike/Trautwein, Ulrich/Baumert, Jürgen (2006): Lehrerbelastung und Unterrichtsqualität aus der Perspektive von Lehrenden und Lernenden. In: Zeitschrift für Pädagogische Psychologie 20, H. 3, S. 161–173.

Klusmann, Uta/Richter, Dirk (2014): Beanspruchungserleben von Lehrkräften und Schülerleistung. Eine Analyse des IQB-Ländervergleichs in der Primarstufe. In: Zeitschrift für Pädagogik 60, H. 2, S. 202–224.

Koch, Stefan/Lehr, Dirk/Hillert, Andreas (2015): Fortschritte der Psychotherapie. Bd. 60: Burnout und chronischer beruflicher Stress. 1. Auflage. Göttingen: Hogrefe.

Krause, Andreas/Dorsemagen, Cosima (2011): Gesundheitsförderung für Lehrerinnen und Lehrer. In: Bamberg, Eva/Ducki, Antje/Metz, Anna-Marie (Hrsg.): Innovatives Management: Gesundheitsförderung und Gesundheitsmanagement in der Arbeitswelt. Ein Handbuch. Göttingen: Hogrefe, S. 561–579.

Krause, Andreas/Dorsemagen, Cosima (2014): Belastung und Beanspruchung im Lehrerberuf – Arbeitsplatz- und bedingungsbezogene Forschung. In: Terhart, Ewald/Bennewitz, Hedda/ Rothland, Martin (Hrsg.): Handbuch der Forschung zum Lehrerberuf. 2., überarbeitete und erweiterte Auflage. Münster, New York: Waxmann, S. 987–1013.

Kretschmann, Rudolf (Hrsg.) (2012): Stressmanagement für Lehrerinnen und Lehrer. Ein Trainingsbuch mit Kopiervorlagen. 4., neu ausgestattete Auflage. Weinheim: Beltz.

Lazarus, Richard S./Folkman, Susan (1996): Stress, appraisal, and coping. 9. Auflage. New York: Springer.

Lehr, Dirk (2014): Belastung und Beanspruchung im Lehrerberuf – Gesundheitliche Situation und Evidenz für Risikofaktoren. In: Terhart, Ewald/Bennewitz, Hedda/Rothland, Martin (Hrsg.): Handbuch der Forschung zum Lehrerberuf. 2., überarbeitete und erweiterte Auflage. Münster, New York: Waxmann, S. 947–967.

Lehrhaupt, Linda/Meibert, Petra (2013): Stress bewältigen mit Achtsamkeit. Zu innerer Ruhe kommen durch MBSR* – *Mindfulness-Based Stress Reduction. 5. Auflage. München: Kösel.

Muijs, Daniel/West, Mel/Ainscow, Mel (2010): Why network? Theoretical perspectives on networking. In: School Effectiveness and School Improvement 21, H. 1, S. 5–26.

Nieskens, Birgit (2016): Der Arbeitsplatz Schule. In: Rothland, Martin: (Hrsg.): Beruf Lehrer/Lehrerin. Ein Studienbuch. Münster, New York, Stuttgart: UTB, Waxmann, S. 33–48.

Nonaka, Ikujiro (1994): A Dynamic Theory of Organizational Knowledge Creation. In: Organization Science 5. H. 1, S. 14–37.

Paulus, Peter (2009): Anschub.de – ein Programm zur Förderung der guten gesunden Schule. Münster, New York, München, Berlin: Waxmann.

Powell, Walter W. (1990): Neither Market Nor Hierarchy: Network Forms of Organization. In: Research in Organizational Behavior 12, S. 295–336.

Rothland, Martin (2009): Das Dilemma des Lehrerberufs sind ... die Lehrer? Anmerkungen zur persönlichkeitspsychologisch dominierten Lehrerbelastungsforschung. In: Zeitschrift für Erziehungswissenschaft 12, H. 1, S. 111–125.

Rothland, Martin (2013a): Beruf: Lehrer/Lehrerin – Arbeitsplatz: Schule. Charakteristika der Arbeitstätigkeit und Bedingungen der Berufssituation. In: Rothland, Martin (Hrsg.): Belastung und Beanspruchung im Lehrerberuf. Modelle, Befunde, Interventionen. 2., vollständig überarbeitete Auflage. Wiesbaden: Springer VS, S. 21–39.

Rothland, Martin (2013b): Soziale Unterstützung. Bedeutung und Bedingungen im Lehrerberuf. In: Rothland, Martin (Hrsg.): Belastung und Beanspruchung im Lehrerberuf. Modelle, Befunde, Interventionen. 2., vollständig überarbeitete Auflage. Wiesbaden: Springer VS, S. 231–250.

Schaarschmidt, Uwe (Hrsg.) (2005): Halbtagsjobber? Psychische Gesundheit im Lehrerberuf – Analyse eines veränderungsbedürftigen Zustandes. 2. Auflage. Weinheim, Basel: Beltz.

Schaarschmidt, Uwe/Fischer, Andreas W. (2013): Pädagogik: Lehrergesundheit fördern – Schulen stärken. Ein Unterstützungsprogramm für Kollegium und Leitung. Weinheim, Basel: Beltz.

Schaarschmidt, Uwe/Kieschke, Ulf (2013): Beanspruchungsmuster im Lehrerberuf. Ergebnisse und Schlussfolgerungen aus der Potsdamer Lehrstudie. In: Rothland, Martin (Hrsg.): Belastung und Beanspruchung im Lehrerberuf. Modelle, Befunde, Interventionen. 2., vollständig überarbeitete Auflage. Wiesbaden: Springer VS, S. 81–97.

Scheuch, Klaus/Haufe, Eva/Seibt, Reingard (2015): Lehrergesundheit. Teachers' Health. In: Deutsches Ärzteblatt International 112, H. 20, S. 347–356.

Smith, Andrew K./Wohlstetter, Priscilla (2001): Reform through School Networks: A New Kind of Authority and Accountability. In: Educational Policy 15, H. 4, S. 499–519.

Sosnowsky-Waschek, Nadia (2013): Burnout – Kritische Diskussion eines vielseitigen Phänomens. In: Rothland, Martin (Hrsg.): Belastung und Beanspruchung im Lehrerberuf. Modelle, Befunde, Interventionen. 2., vollständig überarbeitete Auflage. Wiesbaden: Springer VS, S. 117–136.

Tippelt, Rudolf/Kasten, Christoph/Dobischat, Rolf/Federighi, Paolo/Feller, Andreas (2006): Regionale Netzwerke zur Förderung lebenslangen Lernen – Lernende Regionen. In: Fatke, Reinhard/Merkens, Hans (Hrsg.): Schriftenreihe der DGfE: Bildung über die Lebenszeit. 1. Auflage. Wiesbaden: VS Verlag für Sozialwissenschaften | GWV Fachverlage GmbH Wiesbaden, S. 276–290.

van Holt, Nils/Berkemeyer, Nils/Bos, Wilfried (2015): Netzwerkarbeit und Schülerleistungen. In: Berkemeyer, Nils/Bos, Wilfried/Järvinen, Hanna/Manitius, Veronika/van Holt, Nils (Hrsg.) (2015): Netzwerkbasierte Unterrichtsentwicklung. Münster, New York: Waxmann Verlag, S. 119–157.

Weiß, Sabine/Kiel, Ewald (2013): Lehrergesundheit – Belastung, Ressourcen und Prävention. In: Marchwacka, Maria A. (Hrsg.): Gesundheitsförderung im Setting Schule. Wiesbaden: Springer Fachmedien Wiesbaden, S. 347–363.

Wesselborg, Bärbel/Reiber, Karin/Richey, Petra/Bohl, Thorsten (2014): Untersuchung der Lehrergesundheit im Mixed-Method-Design unter Verwendung von Videografie. In: Lehrerbildung auf dem Prüfstand 7, H. 2, S. 157–175.

Weyer, Johannes (2000): Lehr- und Handbücher der Sozialwissenschaften: Soziale Netzwerke. 1. Auflage. München: R. Oldenbourg.

Willke, Helmut (2014): Systemtheorie III: Steuerungstheorie. Grundzüge einer Theorie der Steuerung komplexer Sozialsysteme. 4., überarbeitete Auflage. Konstanz, Stuttgart: UVK-Verl.-Ges; UTB.

Das Netzwerk „Gesunde Lehrkräfte durch Gemeinschaft"

Evaluation der Netzwerkintervention

Ina Semper & Sebastian Meißner

1 Einleitung

Ziel des BMBF-geförderten VorteilJena-Teilprojektes „Gesunde Lehrkräfte durch Gemeinschaft" war es, die gesundheitsbezogenen Ressourcen von Lehrkräften durch die Erfahrung sozialer Unterstützung und Teilhabe in schul(art)übergreifenden Lehrkräftenetzwerken zu stärken. Das Lehrkräftenetzwerk stellt Lehrerinnen und Lehrern verschiedener Schulen und Schularten einen hierarchiefreien Handlungs-, Erfahrungs- und Entwicklungsraum zur Verfügung, innerhalb dessen sie die Möglichkeit hatten, sich durch Erlernen und Durchführen der Methode Kollegialer Fallberatung im Umgang mit beruflichen Herausforderungen zu professionalisieren sowie gemeinsam an selbstgewählten Gesundheitsthemen zu arbeiten. Mit der Intervention sollen also sowohl gesundheitsbezogene Wissensbestände vermittelt und konkrete Angebote zur Entlastung bereitgestellt werden als auch eine professionelle Kooperationskultur geschaffen werden, die von Augenhöhe und Vertrauen geprägt ist. Auf diese Weise können die Teilnehmerinnen und Teilnehmer soziale Unterstützung geben und bekommen. Auf Basis der Netzwerkarbeit wurden im Projektverlauf Handreichungen für die Praxis entwickelt, die einen unkomplizierten Einsatz sowohl der Gesundheitsübungen als auch der Kollegialen Fallberatung an den Herkunftsschulen der Teilnehmenden ermöglichen, womit der Transfer der Ergebnisse zurück in die Schulen gestützt werden sollte.

Um diese mit der Netzwerkintervention verbundenen Wirkungsannahmen zu evaluieren, wurde ein quantitativer Zugang im Rahmen einer Interventions-/Kontrollgruppenerhebung in einem Prä-Post-Design mit der Befragung der Teilnehmenden in qualitativen Evaluationsinterviews kombiniert. Die Fragebogenerhebung wurde an zehn Jenaer Schulen zu verschiedenen gesundheitsrelevanten Aspekten durchgeführt, konnte jedoch wegen geringer Rücklaufquoten nicht gruppenbezogen ausgewertet werden. Einen vertieften Einblick in wahrgenommene Prozessaspekte, Wirkungen und individuelle Bewertungen des schul(art)übergreifenden Netzwerksettings durch die Teilnehmerinnen und Teilnehmer bieten die Ergebnisse der qualitativen Evaluationsbefragung, die nach Abschluss der Intervention durchgeführt wurde.

Im Folgenden werden die Ergebnisse der Netzwerkevaluation vorgestellt und diskutiert, inwieweit die Ziele der Intervention erreicht werden konnten.

2 Das Netzwerk „Gesunde Lehrkräfte durch Gemeinschaft"

Netzwerke gelten im Schulkontext als eine (neue) Antwort auf zentrale bildungssystemische Herausforderungen, zu denen auch das Thema Lehrkräftegesundheit zählt (Berkemeyer et al. 2011). Innerhalb von schulischen Netzwerken soll durch systematische Kooperation der Teilnehmenden praxisnahes, neues Wissen generiert und dieses Wissen in den Schulen, die am Netzwerk beteiligt sind, verbreitet werden. Bezogen auf diese Zielstellung können schulische Netzwerke als Innovationsnetzwerke gelten, die zur Schulentwicklung und zur Professionalisierung von Lehrkräften gleichermaßen beitragen (Berkemeyer/ Manitius/Müthing 2010; Berkemeyer/Bos/Kuper 2010; Berkemeyer/Järvinen/ Ophuysen 2010; Berkemeyer et al. 2011; Berkemeyer et al. 2015). Czerwanski (2003, S. 9) bezeichnet solche schulischen Netzwerke als „Praxis- und Lerngemeinschaften". Governancetheoretisch stellen sie ein Medium zur systemübergreifenden Bearbeitung von komplexen Herausforderungen in funktional differenzierten Gesellschaften dar. Netzwerke im Bildungskontext werden damit als Koordinationsmechanismus und Reformstrategie angesprochen, die flexibel zur Lösung spezifischer Problemlagen beitragen.

Es kann angenommen werden, dass schulische Netzwerke das Potenzial bieten, Kooperationsprozesse jenseits von Hierarchien und Organisationen zu initiieren sowie Reflexionsprozesse anzuregen und zu verstetigen (Berkemeyer et al. 2011, S. 232). Austausch- und Kooperationsprozesse bilden die Basis für das Lernen in Netzwerken. Hoffnungen, die sich mit der Arbeit in schulischen Netzwerken und verstärkter Kooperation zwischen Lehrkräften verbinden, beziehen sich auf die Verbesserung des Lernens von Schülerinnen und Schülern, auf die Reduktion von Belastungen der Lehrkräfte, auf die Erhöhung ihrer Motivation, Innovationen umzusetzen sowie auf die Reflexion der eigenen Tätigkeit und der professionellen Weiterentwicklung. Der soziale Austausch in Netzwerken als Lern- und Praxisgemeinschaften basiert auf Freiwilligkeit, Vertrauen und Augenhöhe. Netzwerke bieten daher einen hierarchiefreien Raum, im Modus sozialer Interaktion (neues) Wissen zu erlangen und anzuwenden sowie um vorhandene Wissensbestände vor dem Hintergrund der Erfahrungen anderer zu reflektieren. Mit diesen Potenzialen werden sie als Ressource für Gesundheit und Wohlbefinden von Lehrkräften interessant (siehe auch den Beitrag von Semper in diesem Band).

2.1 Beschreibung der Netzwerkintervention

Die im Teilprojekt „Gesunde Lehrkräfte durch Gemeinschaft" initiierten schul-(art)übergreifenden Lehrkräftenetzwerke schaffen ein Angebot, welches die positiven Wirkungen von Netzwerkarbeit in einen gesundheitsbezogenen Fokus stellt. Das im Projekt genutzte Netzwerkdesign verknüpft in produktiver Weise Elemente professioneller Lerngemeinschaften mit Elementen von Innovationsnetzwerken, indem die Teilnehmenden einerseits Wissen und Kompetenzen im Bereich des beruflichen Stressmanagements erwerben, welches sie über Gesundheitsübungen eigenständig vertiefen können, um dadurch die eigene Gesundheit zu fördern und Belastungen vorzubeugen. Andererseits üben sie die Methode der Kollegialen Fallberatung ein und professionalisieren sich dadurch im Umgang mit herausfordernden und belastenden Situationen im Schulalltag. Innerhalb der Lehrkräftenetzwerke soll insbesondere durch die soziale Unterstützung der Kolleginnen und Kollegen im Kontext der Kollegialen Fallberatung nicht nur der Selbstwert und das Gefühl der Selbstwirksamkeit gestärkt werden, sondern auch die Identifikation mit dem Beruf. Die im Projektverlauf entwickelten Praxishilfematerialien ermöglichen darüber hinaus den Einsatz sowohl der Gesundheitsübungen als auch der Kollegialen Fallberatung an den Herkunftsschulen der Netzwerkteilnehmerinnen und -teilnehmer.

Abb. 1: Wirkungsmodell der Netzwerkintervention in Teilprojekt 3 (Quelle: eigene Darstellung)

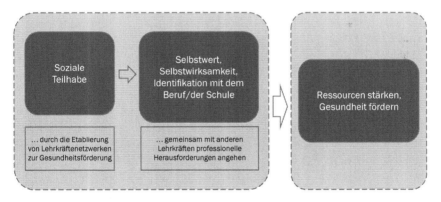

Zwischen Oktober 2015 und Mai 2017 nahmen insgesamt 28 Lehrerinnen und Lehrer aus neun Jenaer Schulen an einer der drei im Projekt initiierten schul-(art)übergreifenden Lehrkräftenetzwerke teil, wobei die im Schuljahr 2015/16 durchgeführte erste Netzwerkintervention der Pilotierung diente. Die Teilnehmerinnen und Teilnehmer kamen von Grund- und Gemeinschaftsschulen, dem Gymnasium und von Berufsbildenden Schulen. Vor Beginn der Netzwerkarbeit wurden mit Lehrkräften interessierter Schulen Gruppendiskussionen zur Exploration gesundheitsrelevanter Themen durchgeführt. Folgende Themenfelder wurden von den Teilnehmerinnen und Teilnehmern als zentrale Herausforderungen im beruflichen Alltag thematisiert: Umgang mit (akutem) Stress, Selbst- und Zeitmanagement, Work-Life-Balance, Umgang mit Heterogenität und schulinterne Kooperation. In einer Netzwerkgruppe wurde die Auswahl um das Thema „Elternarbeit" ergänzt. Diese Themen wurden in den jeweils sechs Netzwerktreffen über ein Schuljahr verteilt bearbeitet und im Rahmen der Praxishilfen Übungen zur Durchführung in Eigenregie zur Verfügung gestellt. Die gesundheitsbezogene Netzwerkarbeit stützte sich auf folgende Bausteine:

1. Thematische Inputs zu den gewählten gesundheitsrelevanten Themen im Lehrkräfteberuf
2. Gesundheitsübungen entsprechend der thematischen Inputs
3. Erlernen und Durchführen der Methode „Kollegiale Fallberatung"

Zu 1) und 2): Bearbeitet wurden die Themen im Netzwerk beginnend mit einem kurzen theoretischen Input, dem eine praxisorientierte Phase folgte, in der Reflexions- und Anwendungsübungen der parallel zur Netzwerkarbeit im Projekt entwickelten Praxishilfe vorgestellt und ausprobiert wurden. Zusätzlich wurde in zwei der Netzwerkgruppen je ein Workshop angeboten, der einen der gesundheitsrelevanten Themenbereiche, angeleitet durch eine Expertin/einen Experten, vertiefte.

Zu 3) Die Methode der Kollegialen Fallberatung (KFB) wirkt durch das Erleben sozialer Unterstützung im kollegialen Kontext als Schutz- und Entlastungsfaktor, der die negativen Wirkungen von Stressoren abzufedern hilft, sich aber auch unmittelbar positiv auf das Wohlbefinden und die psychische Gesundheit von Lehrkräften auswirken kann (Rothland 2013; Berkemeyer et al. 2015). Im beruflichen Alltag von Lehrkräften zählt die soziale Unterstützung im Kollegium und durch die Schulleitung zu den bedeutsamsten gesundheitsrelevanten Faktoren (Rothland 2013). Die Kollegiale Fallberatung nutzt die entlastende Wirkung kollegialer Beziehungen systematisch und verdichtet sie zu einem festen Prozessablauf, in dem berufsbezogene Fälle der Teilnehmenden systematisch und ergebnisorientiert reflektiert werden (Tietze 2010). Empirische Studien zur Wirksamkeit Kollegialer Fallberatungen zeigen, dass vor allem eine längerfristige Teilnahme insgesamt mit positiven Effekten verbunden ist. Drei Wirkungsebenen können hierbei differenziert werden: a) Lösung konkreter beruflicher Handlungsprobleme, b) Entwicklung beruflicher Handlungskompetenzen und c) Reduktion beruflicher Beanspruchungen (Denner 2000, 2002; Tietze 2010; Meißner et al. 2019). Die Kollegiale Fallberatung ist daher sowohl ein Instrument zur Professionalisierung als auch zur Entlastung (Bennewitz/

Daneshmand 2010). Vor dem Hintergrund des komplexen und spezifischen beruflichen Anforderungsprofils von Lehrkräften eignet sich die Methode der Kollegialen Fallberatung als Instrument zur Gesundheitsförderung und Prävention im Kontext von Schule und bildet daher den Kern der Netzwerkintervention.

2.2 Evaluation der Netzwerkintervention

Das Evaluationsdesign des Teilprojekts „Gesunde Lehrkräfte durch Gemeinschaft" war von dem Anspruch geprägt, den Belastungs- bzw. Gesundheitsstatus Jenaer Lehrkräfte zu erheben und gesundheitsbezogene Veränderungen im Rahmen der Netzwerkintervention zu erfassen. Zugleich zielte die Evaluation darauf, einen vertieften Einblick in die innerhalb der Netzwerkarbeit ablaufenden Prozesse, Entwicklungen und Verläufe zu erhalten. Um diese beiden Erkenntnisinteressen zu verknüpfen, wurden Jenaer Lehrkräfte in einem Interventions-Kontrollgruppendesign zu zwei Erhebungszeitpunkten (vor und nach der Intervention) mit einem Fragebogen quantitativ zu verschiedenen Gesundheitsaspekten befragt (siehe Kap. 3). Die Lehrkräfte, die aktiv an der Intervention teilgenommen hatten, wurden nach dem Ende der Netzwerkarbeit zudem qualitativ im Rahmen leitfadengestützter Interviews zu den wahrgenommenen Prozess- und Wirkungsaspekten interviewt (siehe Kapitel 4).

Hinsichtlich unserer Erwartungen an empirisch nachweisbare Wirkungen der Netzwerkintervention im Zusammenhang mit einer evidenzbasierten Gesundheitsförderung besteht eine Einschränkung des Interventions-Kontrollgruppendesigns darin, im Rahmen der Projektlaufzeit nur kurzfristige Effekte der Intervention erheben zu können. Studien zur Wirksamkeit Kollegialer Fallberatungen zeigen allerdings, dass sich positive Wirkungen vor allem bei regelmäßiger Teilnahme über längere Zeiträume hinweg feststellen lassen (Denner 2000, 2002; Tietze 2010).

3 Ergebnisse der Fragebogenerhebung

Um die mit der Intervention verbundenen Wirkungsannahmen zu prüfen, wurde neben der qualitativen Befragung der Teilnehmerinnen und Teilnehmer eine Fragebogenerhebung durchgeführt, in deren Rahmen verschiedene gesundheitsrelevante Aspekte der Arbeit und der Einstellungen von Lehrkräften an Jenaer Schulen in einem Prä-Post-Design erhoben wurden. Die Erhebungen erfolgten in zwei Wellen jeweils vor und nach der Intervention. Nach der Erprobung des im Rahmen des Projektes entwickelten Fragebogeninstruments in der Pilotierungsphase des ersten Netzwerks zu Beginn des Schuljahres 2015/16 wurden Anpassungen notwendig, sodass die Befragten der zweiten Erhebungswelle eine angepasste und veränderte Version erhielten. Insgesamt nahmen neun Schulen unterschiedlicher Schularten zu zwei Messzeitpunkten teil. Die Lehrkräftefragebögen wurden a) über die Sekretariate der Schulen verteilt und nach der Bearbeitung wieder entgegengenommen und b) über einen Link als Online-Fragebogen per E-Mail zugesandt. Es wurden jeweils die gesamten Kollegien der Schulen befragt.

Erhebungsinstrumente

Ziel der Fragebogenuntersuchung war es, Daten Jenaer Lehrkräfte zu den schulischen Rahmenbedingungen ihrer Tätigkeit, zu ihrer Gesundheit und ihrem Belastungserleben zu erheben und diese in einem Interventions-/Kontrollgruppendesign längsschnittlich auszuwerten. Bezogen auf die Wirkungen der Intervention interessierten die Zielvariablen Selbstwert, Selbstwirksamkeit sowie Identifikation mit dem Beruf und der Schule, die im Rahmen des Erlebens sozialer Teilhabe als wichtige Ressource im Umgang mit Belastungen gestärkt werden sollten.

Vor dem Hintergrund der Wirkungsannahmen wurde ein Fragebogen entwickelt, in dem auf etablierte Messinstrumente zurückgegriffen wurde, die valide und reliabel für die zu messenden Aspekte der Lehrkräftegesundheit sind. Diese Instrumente mussten teilweise an die Erfordernisse der Erhebung angepasst werden. Tabelle 2 im Anhang zeigt die verwendeten Skalen, die im Anschluss an die Pilotierungsphase ab der zweiten Erhebungswelle des ersten Netzwerks verwendet wurden.

Um zu prüfen, ob die adaptierten und/oder gekürzten Skalen reliabel messen, wurde Cronbachs Alpha bestimmt. Die Reliabilitäten der Skalen sind akzeptabel bis sehr gut, zwei Skalen (Effort und Reward) konnten jedoch wegen ungenügender Reliabilitäten nicht in die Auswertung einbezogen werden.

Stichprobe

Die Rücklaufquoten der Papierfragebögen sowie die Beteiligungsquoten an der Online-Befragung waren gering und es kann nicht ausgeschlossen werden, dass sich diejenigen, die sich zur Teilnahme an der Befragung entschlossen haben, bereits von vorherein von anderen Lehrkräften unterscheiden (Selektionseffekt), bspw., weil sie allgemein gesundheitsbewusster sind. Die Ergebnisse sind daher keinesfalls repräsentativ für die Gruppe der Jenaer Lehrkräfte.

Daten zum ersten und zweiten Messzeitpunkt liegen nur von einer sehr geringen Zahl an Befragten des zweiten Netzwerkes vor (N = 19), nur vier Personen davon gehören der Interventionsgruppe an. Die Daten konnten daher nicht wie geplant längsschnittlich und gruppenbezogen ausgewertet werden. Die folgenden Ergebnisse beziehen sich auf Lehrkräfte, die entweder an der ersten oder an der zweiten Erhebungswelle teilgenommen haben, die jeweils mit der nach der ersten Erhebungswelle in der Pilotierungsphase überarbeiteten und an die Erfordernisse angepassten zweiten Fragebogenversion durchgeführt wurde. Liegen Daten zu zwei Messzeitpunkten vor, wurde nur ein Zeitpunkt einbezogen, um Doppelzählungen zu vermeiden und eine reine Querschnittsbefragung zu gewährleisten. Fälle, bei denen lediglich demographische Angaben, durchweg aber keine Daten in den zu erhebenden Skalen des Teilprojektes vorhanden waren, wurden ebenfalls ausgeschlossen. Insgesamt konnten auf diese Weise 108 Fälle in die Auswertung eingeschlossen werden.

Beinahe die Hälfte der Lehrkräfte (46,3 %), von denen die Schulzugehörigkeit erfasst wurde (N = 106), ist an der Schulart „Gemeinschaftsschule" tätig, eine Schulart, an der alle Bildungsgänge integriert unterrichtet werden und alle allgemeinbildenden Abschlüsse erworben werden können. Gut ein in Fünftel (21,3 %) unterrichtet an beruflichen Schulen. Die übrigen Lehrkräfte sind am Gymnasium (14,8 %) und an der Grundschule (17,6 %) beschäftigt.

Mehr als die Hälfte derjenigen, die Angaben hierzu machten (N = 108), waren zehn oder weniger Jahre im Schuldienst beschäftigt, rund 22 Prozent bereits seit mehr als 25 Jahren. Knapp ein Drittel der Befragten war zwischen 30 und 40 Jahre, ein knappes Viertel zwischen 40 und 50 Jahre und ein weiteres Drittel zwischen 50 und 60 Jahre alt. Die übrigen Lehrkräfte waren jünger oder älter. Im Vergleich zur Altersverteilung Thüringer Lehrkräfte (Thüringer Ministerium für Bildung, Jugend und Sport 2018) waren jüngere Lehrkräfte (>50) an der Erhebung deutlich überrepräsentiert. An der Befragung teilgenommen haben überwiegend Lehrerinnen (78,5 %), die Zahl der Lehrer war deutlich geringer (18,8 %). Die Geschlechterrelation entspricht den Gegebenheiten der Region Jena. Hier liegt der durchschnittliche Frauenanteil über alle Schularten hinweg bei 76 Prozent (Stadt Jena 2018, S. 84).

Berufszufriedenheit und Identifikation mit Beruf und Schule
Zunächst kann herausgestellt werden, dass die befragten Jenaer Lehrkräfte im Mittel mit ihrem Beruf zufrieden sind (M = 3,66; SD = 0,74). Die globale Zufriedenheitsschätzung über das Item „Ich bin mit meinem Beruf zufrieden" erreicht noch höhere Zustimmungswerte als die Berufszufriedenheitsskala: 90,8 Prozent der Befragten sind eher zufrieden oder voll und ganz zufrieden (M = 4,34; SD = 0,70). Der überwiegende Teil der Befragten identifiziert sich zudem affektiv stark oder sehr stark mit dem Lehrkräfteberuf (M = 4,22; SD = 0,62). Im Mittel ist die affektive Identifikation mit der Schule etwas niedriger als die Identifikation mit dem Beruf (M = 4,03; SD = 0,71). Herausgestellt werden soll aber, dass rund 38 Prozent der befragten Lehrkräfte sehr hohe Identifikationswerte erreichen (<4,50).

Rahmenbedingungen der Arbeit
Die Rahmenbedingungen der schulischen Arbeit werden maßgeblich von der Organisation der Arbeit bestimmt. Dazu gehört etwa, dass die Arbeit planbar

ist, persönliche Wünsche berücksichtigt werden können und ungleiche Belastungen vermieden werden. Mit der Arbeitsorganisation an ihrer Schule sind die von uns befragten Lehrkräfte im Mittel eher zufrieden (M = 3,37; SD = 0,75). Die räumliche Situation ist im Mittel ebenfalls zufriedenstellend (M = 3,17; SD = 0,94), rund 30 Prozent der Befragten verfügen jedoch nicht über einen eigenen Arbeitsplatz in der Schule, rund 42 Prozent können ihre Pausen (eher) nicht ungestört verbringen. Die Schulleitung ist eine zentrale Instanz für Schulentwicklungsprozesse. Der überwiegende Teil der befragten Jenaer Lehrkräfte gibt mindestens ein eher unterstützendes, faires und anerkennendes Verhalten der Schulleitung an (M = 3,52; SD = 0,75). Die Beziehungen innerhalb des Kollegiums können eine wichtige Ressource bei der Bewältigung von Belastungen sein. Im Mittel wird das Klima im Kollegium eher positiv eingeschätzt (M = 3,77; SD = 0,65). Herausgestellt werden soll, dass ein knappes Fünftel der Befragten voll und ganz mit den kollegialen Beziehungen zufrieden ist, so dass ein offenes und vertrauensvolles Klima im Kollegium aus Sicht von rund 18 Prozent der Lehrkräfte voll und ganz verwirklicht ist. Knapp 17 Prozent können sich zudem voll und ganz auf kollegiale Unterstützung sowie knapp 20 Prozent auf die Möglichkeit, entlastende Gespräche zu führen, verlassen.

Selbstwirksamkeit und Selbstwert
Eine hohe berufsbezogene Selbstwirksamkeitserwartung sowie ein hoher Selbstwert sind wichtige Ressourcen, um Belastungen zu bewältigen. Die Lehrerselbstwirksamkeit, d.h. die Erwartung, auch schwierige Situationen erfolgreich meistern zu können, lag im Mittel bei 2,88 (SD = 0,30), die globale Selbstwertschätzung im Mittel bei 3,06 (SD = 0,51). Die Mehrzahl der Lehrkräfte erreichten bezogen auf den Selbstwert mittlere oder hohe Werte, während bei der Schätzung der Selbstwirksamkeit mittlere Werte überwiegen.

Wohlbefinden und Lebensqualität
Nach ihrem allgemeinen Gesundheitszustand befragt, gaben fast 90 Prozent der befragten Lehrkräfte an, bei guter oder sehr guter Gesundheit zu sein. Dies spiegelt sich auch in den Zustimmungswerten zu Wohlbefinden (M = 3,84; SD = 0,89) und Lebensqualität (M = 3,73; SD = 0,55). Die Lehrkräfte geben weit überwiegend an, mit ihrer Lebensqualität mindestens eher zufrieden zu sein, rund 73 Prozent der Lehrkräfte erreichten hohe oder sehr hohe Zufriedenheitswerte (>3,50).

Chronischer Stress und Overcommitment
Trotz tendenziell hohem Wohlbefinden und hoher Lebensqualität leiden viele Lehrkräfte unter chronischem Stress (M = 2,69; SD = 0,78). So haben knapp über die Hälfte (52,3 %) der Lehrkräfte, die hierzu Angaben machten, oft oder immer das Gefühl, dass ihre Arbeit nicht gewürdigt wird, obwohl sie ihr Bestes

geben, für 51,9 Prozent wird die Verantwortung für andere oft oder immer zur Last. Eine ungesunde Verausgabungsneigung (Overcommitment) zeigt sich jedoch nur bei sehr wenigen Lehrkräften, die Mehrzahl erreicht mittlere Werte (M = 2,42; SD = 0,57).

Physische und psychische Beschwerden

Chronischer Stress führt häufig zu physischen und psychischen Beschwerden. Typische körperliche Stressfolgen wie Herzrasen, Schlaflosigkeit oder Magenschmerzen werden mit der Beschwerdeliste (BELI) erhoben. Mehr als drei Viertel der von uns befragten Lehrkräfte haben manchmal, selten oder nie solche Beschwerden (78,3 %), der Mittelwert liegt bei 3,44 (SD = 0,93). Unter typischen Beschwerden, wie sie beim Vorliegen eines Burnout-Syndroms auftreten, leiden laut Selbstauskunft 13,4 Prozent der Befragten immer oder oft. Dieser Befund verdient allerdings besondere Aufmerksamkeit, weil sowohl für die eigene Gesundheit als auch für die Unterrichtsqualität ernste Folgen zu erwarten sind.

Zusammenfassung

Unter den Teilnehmenden der Fragebogenstudie zeigt sich ein Bild von Lehrkräften, die überwiegend mit ihrem Beruf zufrieden sind und sich mit ihrem Beruf und ihrer Schule identifizieren können. Die Rahmenbedingungen der Arbeit werden ebenfalls überwiegend zufriedenstellend eingeschätzt, einige entlastend wirkende Aspekte (eigener Arbeitsplatz in der Schule, Rückzugsmöglichkeit in Pausen) fehlen jedoch vielen Lehrkräften. Mit ihrer Lebensqualität sind die befragten Lehrerinnen und Lehrer überwiegend zufrieden und fühlen sich wohl, obgleich sie auch häufig über typische Symptome chronischen Stresses berichten. Die Zustimmungswerte zu Aspekten der physischen und psychischen Gesundheit liegen bei der Mehrzahl der Befragten mindestens im mittleren Bereich. Die Ergebnisse der Befragung stützen die These, dass Lehrkräfte zwar belastet sind und unter Anerkennungsdefiziten leiden, aber zugleich auch zufrieden sind (Schult et al. 2014).

4 Qualitative Evaluation der Netzwerkintervention

Die Netzwerkintervention konnte mit drei Gruppen und insgesamt 27 Lehrkräften unterschiedlicher Schularten (Grundschule, Gemeinschaftsschule, Gymnasium, Berufsbildende Schule) durchgeführt werden. Jede Gruppe traf sich im Verlauf je eines Schuljahres sechsmal zu den vorab gemeinsam festgelegten thematischen Schwerpunkten. Abbildung 2 zeigt beispielhaft den Ablauf der Netzwerkintervention für eine Netzwerkgruppe. Für jedes Treffen war ein zeitlicher Rahmen von 150 Minuten vorgesehen. Es wurde sichergestellt, dass genügend Zeit zum Kennenlernen und zum informellen Austausch blieb, um den für das

Gelingen der Netzwerkintervention so wichtigen Vertrauensbildungsprozessen ausreichenden Raum zu geben. In jeder Gruppe wurden zudem gemeinsam die Regeln der Zusammenarbeit und Kommunikation im Netzwerk festgelegt und festgehalten, da im Kontext von Kollegialen Fallberatungen unter Umständen sehr sensible Aspekte besprochen werden.

Abb. 2: Exemplarischer Ablauf der Netzwerkintervention „Gesunde Lehrkräfte durch Gemeinschaft" (Quelle: eigene Darstellung)

Nach dem Ende der Netzwerkintervention wurde eine qualitative Evaluation (Kuckartz et al. 2008) durchgeführt. Mehrwert des qualitativen Zugangs gegenüber einer standardisierten Befragung ist zuvorderst die größere Offenheit und die Berücksichtigung der Perspektive der Teilnehmerinnen und Teilnehmer hinsichtlich ihrer subjektiven Erfahrungen und Deutungen. Mit den an den Lehrkräftenetzwerken partizipierenden Lehrkräfte wurden daher leitfadengestützte Interviews geführt, um wesentliche Aspekte der Netzwerkarbeit retrospektiv bewerten zu lassen. Der eingesetzte Interviewleitfaden umfasste folgende Themenschwerpunkte: Gesamteinschätzung der Netzwerkteilnahme, Angemessenheit der Rahmenbedingungen des Netzwerksettings, Umsetzung der thematischen Inputs, Nutzung der gesundheitsbezogenen Übungen, Umsetzung der Fallberatungsmethodik im schul(art)übergreifenden Setting, subjektives Erleben und wahrgenommene Wirkungen der Kollegialen Fallberatung (professions- und gesundheitsbezogen), Vor- und Nachteile der schul(art)übergreifenden Netzwerkarbeit sowie eine offene Antwortmöglichkeit bezogen auf weitere, noch nicht genannte Aspekte. Innerhalb der Themenschwerpunkte blieb Raum für die Relevanzsetzungen der Teilnehmerinnen und Teilnehmer.

Im Kontext der geplanten Vollerhebung konnten im Zeitraum von Juni bis August 2016 sowie Mai bis Juli 2017 insgesamt 19 leitfadengestützte Interviews realisiert werden, 16 der Lehrkräfte waren weiblich (70,4 % der Befragten).

Zwölf der befragten Lehrkräfte waren zum Zeitpunkt der Evaluation an Gemeinschaftsschulen, fünf an berufsbildenden Schulen und zwei an Grundschulen tätig. Die Interviews dauerten zwischen 40 und 60 Minuten und wurden von den Mitarbeiterinnen und Mitarbeitern des Teilprojektes „Gesunde Lehrkräfte durch Gemeinschaft" durchgeführt. Die Interviews wurden aufgezeichnet, vollständig transkribiert und anschließend mit der Methode der qualitativen Inhaltsanalyse nach Kuckartz (2016, 2008) mit der Software MAXQDA 18 inhaltlich strukturierend und zusammenfassend ausgewertet.

Die Bildung der Kategorien erfolgte deduktiv-induktiv, indem in einem mehrstufigen Verfahren zunächst von den Leitfragen der Evaluation ausgehend theoretisch gewonnene Subkategorien gebildet worden sind, die im Auswertungsprozess anschließend um induktiv gewonnene Aspekte ergänzt wurden (vgl. Tab. 1). Das gesamte Datenmaterial wurde in mehreren Materialdurchläufen kodiert.

Tab. 1: Übersicht über das Kategoriensystem (Quelle: eigene Darstellung)

Hauptkategorien (deduktiv)	Subkategorien (deduktiv)	Differenzierung (induktiv)	
1) Bewertung Setting	1.1 Rahmenbedingungen	Turnus Dauer Zeitpunkt Planbarkeit	Beratungsraum schul(art)übergreifendes Setting
	1.2 Prozessmerkmale	Leitung Perspektivwechsel/ Perspektivvielfalt Übertragbarkeit auf eigene Tätigkeit	Atmosphäre Empathie soziale Unterstützung Austausch
2) wahrgenommene Wirkungen	Bereich Thematische Inputs und Gesundheitsübungen		
	2.1 Nutzenzuschreibung der thematischen Inputs und Anwendungsmaterialien	Auffrischung Vorwissen neue Perspektiven auf die Themen	Handlungsorientierung/ Praxisbezug konkrete Anregungen
	2.2 Nutzung der Anwendungsmaterialien	(noch) keine Nutzung gedankliche Beschäftigung	für später gespeichert bereits bekannte Übungen genutzt
	Bereich Kollegiale Fallberatung		
	2.3 direkte Nutzenzuschreibung zur Lösung beruflicher Handlungsprobleme	Nutzen für Fallgeber/in	Nutzen für Beraterinnen und Berater, Beobachterinnen und Beobachter
	2.4 Effekte auf die berufliche Handlungskompetenz	(professionelle) Entwicklung Perspektiverweiterung	Kennenlernen der Methode Reflexion
	2.5 Belastungsreduktion	keine Reduktion psychische Entlastung Anerkennung als Person	Selbstwirksamkeit (neue) soziale Kontakte soziale Unterstützung

Im Anschluss wurden fallbezogene thematische Zusammenfassungen angefertigt, um das Datenmaterial im Hinblick auf die interessierenden Forschungsfragen zu reduzieren. Für die einzelnen inhaltsanalytischen Kategorien werden nachfolgend die zentralen Ergebnisse der Evaluationsstudie dargestellt. Thematisierungen werden dann berichtet, wenn mehr als ein Viertel der Befragten den Aspekt angesprochen hat (mindestens 5 von 19 Befragten).

Ergebnisse

In der folgenden Ergebnisdarstellung wird, dem qualitativen Vorgehen entsprechend, ein besonderes Augenmerk daraufgelegt, *wie* die Teilnehmenden die in den Interviews angesprochenen Aspekte des Settings und der Wirkung thematisierten. Wir lassen die Teilnehmerinnen und Teilnehmer im Folgenden häufig selbst zu Wort kommen, um die Spannungsfelder, die sich innerhalb der Aspekte auftun, anschaulicher zu machen und die Bandbreite der Stimmen aufzuzeigen. Der Fokus liegt damit stark auf der wahrgenommenen Prozessqualität. Die Häufigkeit der Nennung von Aspekten innerhalb der Themenbereiche wurde ebenfalls bestimmt und angegeben.

Bewertung des Settings „Netzwerkintervention"

Bezogen auf die *Rahmenbedingungen* der Netzwerkarbeit wurden von den Interviewten die Aspekte

- Zeitpunkt im Tagesverlauf (10 von 19 Lehrkräften, 52%),
- zeitliche Länge der Einzeltreffen (15 von 19 Lehrkräften, 79%),
- Turnus (12 von 19 Lehrkräften, 63%),
- Raum und Verpflegung (8 von 19 Lehrkräften, 42%) bewertet.

In der Planungsphase der Netzwerkarbeit wurde in jeder Netzwerkgruppe eine gemeinsame Abstimmung über die Termine der Treffen im vorgesehenen Zeitraum und deren Zeitpunkt im Tagesverlauf vorgenommen. Die Herkunft der Lehrkräfte aus unterschiedlichen Schularten mit unterschiedlichen Zeitregimen erschwerte es, einen Zeitpunkt im Tagesverlauf für die Treffen zu finden, mit dem alle Teilnehmenden zufrieden waren. Um die schulartübergreifenden Fallberatungsgruppen realisieren zu können, mussten die Netzwerktreffen daher auf den späten Nachmittag gelegt werden. Dieses Zeitfenster stellte den kleinsten gemeinsamen Nenner der Teilnehmenden dar und erzeugte entsprechend Unzufriedenheit – bis hin zum Absprung potenzieller Teilnehmerinnen und Teilnehmer.

Die Dauer von 150 Minuten für den thematischen Teil und die Kollegiale Fallberatung wurde von der überwiegenden Zahl der Teilnehmenden als angemessen charakterisiert. Bezogen auf den Turnus war es für die Mehrheit der Teilnehmenden positiv, dass die Termine vorab in Abständen von circa sechs Wochen fixiert wurden und dadurch planbar waren.

Mit Wertschätzung wurde von denjenigen, die dies thematisierten, auf die Organisation, insbesondere die Gestaltung des Ablaufs, des Raums und das Bereitstellen von Verpflegung während der Netzwerktreffen, reagiert und betont, dass dies stark zum „Wohlfühlen" beigetragen habe. Die Lehrkräfte 12 und 16 beschreiben diese Effekte exemplarisch:

> LK 12: „[…] und ebenso dieser, wie ihr das geöffnet habt, wie ihr den Raum gestaltet habt so vom ganzen Setting her, das hat den Leuten die Möglichkeit gegeben, da aufzumachen, und das hat mir gutgetan."

> LK 16: „Also die Organisation, also es war immer toll, also, dass man da dann wirklich an sowas gedacht, dass man etwas essen und was trinken konnte und erstmal ankommen und das war echt gut. Also gerade weil wir ja aus dem gestreckten Galopp hier ankamen und das war mal schön, man war dann da und war gut so."

Die Gestaltung des Raums stellt eine Rahmenbedingung dar, die auf die Prozessmerkmale wirkt, indem sie die Basis für das Entwickeln einer vertrauensvollen Atmosphäre darstellt. Als relevante *Prozessmerkmale* des Settings thematisierten die Interviewten folgende Aspekte:

- Vertrauen, Augenhöhe und Offenheit (7 von 19 Lehrkräften, 37 %),
- das schulübergreifende Setting (15 von 19 Lehrkräften, 79 %).

Eine solche Atmosphäre wurde mehrfach als eine zentrale Gelingensbedingung der Netzwerkintervention, besonders bezogen auf die Kollegiale Fallberatung, herausgestellt und die Arbeit im Netzwerk so erlebt, wie bspw. Lehrkraft 1 und 12 sie beschreiben:

> LK 1: „[…] ich fand' das sehr angenehm und sehr nah an uns dran und ich glaube das hat ein Vertrauensverhältnis geschaffen, dass wir untereinander auch gesagt haben ‚ich kann das jetzt hier loswerden'."

> LK 12: „Also ich hab' das als eine ganz offene Runde empfunden, wo keiner ein Blatt vor den Mund genommen hat."

Gerade wenn berufliche Handlungsprobleme und der Umgang mit Belastungen Gegenstand der Intervention sind, sollte man sich bewusstmachen, dass dies sehr sensible Themen seien können, die nur in einer von Vertrauen und Offenheit geprägten Atmosphäre thematisiert werden. Im Vergleich zu einer Beratung, einem Einzelfallcoaching oder einer Supervision ist das Thematisieren sensibler Aspekte in der Gruppenöffentlichkeit eine Situation sozialer Unsicherheit, wie Lehrkraft 3 betont:

LK 3: „[...] wenn man zum Beispiel zu einer Kur fährt und da zu einem Berater geht, und dass man über seine eigenen Probleme dann noch ganz anders spricht als in einer Runde. Also weil, es ist halt einfach mal so, wenn mehrere Leute dasitzen, sagt man trotzdem nicht alles, weil es persönlich ist."

Das schulübergreifende Setting kann aber auch zur Reduzierung des Unsicherheitspotenzials bezogen auf das Thematisieren sensibler Aspekte beitragen, denn die Bereitschaft, sich zu öffnen, sei höher, weil es sich bei den Lehrkräften im Netzwerk nicht um direkte Kolleginnen und Kollegen handelt, wie bspw. Lehrkraft 5 beschreibt:

LK 5: „Naja, zu große Vertrautheit in manchen Bereichen ist dann vielleicht auch oder macht es schwierig, sich zu öffnen, also so ein gewisses Maß an Anonymität verschafft auch Freiheit in gewissen Denkprozessen so."

Viele Lehrkräfte sind es gewohnt, gegenüber ihren Schülerinnen und Schülern keine Schwäche zu zeigen. Auch in Kollegien kann dieses Motiv hemmend wirken, wie im Fall von Lehrkraft 2:

LK 2: „Und ich würde mein Problem auch nicht unbedingt vor allen diskutieren müssen, denke ich. Also zu sagen, ,ich komm mit meinem', ,ich schaff mein Zeug nicht' oder sowas. Und da finde ich das schon ganz angenehm, dass das andere Leute sind [...]."

Viele Teilnehmerinnen und Teilnehmer diskutierten die Vor- und Nachteile des schulübergreifenden Settings abwägend, so auch Lehrkraft 2, die herausstellt, dass es Vor- und Nachteile hat, mit den eigenen Kolleginnen und Kollegen in Austausch zu gehen:

LK 2: „[...] Ich, also ich fand das schon ganz schön, dass das mit anderen Schulen war (.) also ich hab kein Problem, also, oder sagen wir mal so, ich denke generell, dass es Vielen dann leichter fällt das mal anderen gegenüber zu äußern, wenn es nicht unbedingt die gleichen, die eigenen Kollegen sind. Also jetzt zumindest, wenn man eben mal so generelle Probleme anspricht. [...] So jetzt von dem, was ich dann aber irgendwie für mich jetzt auch als Hilfe [...] da sind hier mir meine Kollegen ehrlich gesagt irgendwie näher und das Gute ist natürlich, die kennen einen ja auch besser."

Hier deutet sich an, dass die Frage des Vorteils des schulübergreifenden Settings von der Qualität der kollegialen Beziehungen in der Schule vor Ort tangiert wird. Dies verdeutlicht exemplarisch auch die Bewertung von Lehrkraft 8:

LK 8: „[...] also das macht man da sowieso als Lehrer schon intern und man geht halt eh, also ich würde mich auch immer nur an Kollegen wenden, wo ich sage, okay, zu denen hab' ich Vertrauen und die haben aber auch ein offenes Ohr für meine Probleme. Und dann gibt es halt auch immer noch Kollegen, die haben immer nur ihre Probleme. (lacht) Und die würde ich, also ich sag mal, die können kommen [zu einem Fallberatungstreffen], aber zu denen kann ich mit meinen eigenen Problemen gar nicht gehen, ja. Und da würde ich mich auch nicht in irgendeine Runde mich mit denen auf irgendwas einlassen. [...]"

Neben diesem Aspekt wurde auch mehrmals das Knüpfen neuer Kontakte zu Lehrkräften anderer Schulen und das Kennenlernen schulspezifischer Perspektiven und Praktiken positiv herausgestellt, so bspw. von den Lehrkräften 6 und 13:

LK 13: „Ja, also ich fand es auch sehr interessant, ich fand das Kennenlernen der anderen Kollegen und auch nochmal die unterschiedlichen Sichtweisen auf die verschiedenen Schulformen sehr interessant, auch so die Schulspezifika sag ich es jetzt mal [...] das einfach nochmal vor Augen gehalten zu bekommen."

LK 16: „[...] was mir besonders gut gefallen hat, waren eben die Fallberatungen mit den Kolleginnen aus den anderen Schulen, also es waren ja einfach auch, es war für mich so ein Ort, da wusste ich, da treffe ich Kolleginnen, die ich sonst eigentlich nie sehe oder mit denen ich sonst keinen Kontakt hab' und deswegen habe ich mich immer dann auf den Austausch gefreut mit den anderen, (.) weil da eben jeder seine eigene Perspektive mitgebracht hat, ja, das fand ich besonders schön, dass es so gemischt war, dass die Schulen so gemischt waren."

Insgesamt sprachen sich fünf Lehrkräfte klar für ein schulübergreifendes Setting aus, die übrigen derjenigen, die sich zum Thema äußerten, diskutierten diesen Aspekt abwägend und konnten sowohl Vor- als auch Nachteile darin sehen.

Resümee zum Setting der Netzwerkintervention
Eine Veranstaltung wie schulübergreifende Netzwerktreffen partizipativ zeitlich zu planen, stellt eine große Herausforderung dar. Die Zeitregime an Grundschulen und ganztägig arbeitenden Gemeinschaftsschulen bzw. Berufsschulen unterscheiden sich so stark, dass den Teilnehmenden eine große Kompromissbereitschaft abgefordert wird. Viele Lehrkräfte sind dazu nicht bereit und wünschen sich stattdessen eine strukturelle Einbindung solcher Formate in ihren Schulen. Umso wichtiger war für die Teilnehmerinnen und Teilnehmer die Organisation der Treffen: ein gleitender Beginn, die Möglichkeit für informellen Austausch und die Gelegenheit, etwas zu essen und zu trinken. Die lange Dauer

der Einzeltreffen sowie deren Turnus über ein Schuljahr war für die meisten der Teilnehmenden mindestens akzeptabel.

Insgesamt zeigen die Thematisierungen der Teilnehmerinnen und Teilnehmer, dass die realisierten bzw. realisierbaren Rahmenbedingungen des Settings in enger Wechselwirkung mit der Prozessqualität der Intervention, insbesondere der Kollegialen Fallberatung, stehen. Besonders wichtig für die Bereitschaft, über berufliche Handlungsprobleme zu sprechen, ist das Vorhandensein vertrauensvoller Beziehungen, die eine solche Offenheit ermöglichen. Dies ist für manche Lehrkräfte sowohl an der Herkunftsschule als auch in der Netzwerkgruppe gegeben gewesen. Es wurde aber mehrfach darauf hingewiesen, dass das spezielle Setting in der Netzwerkgruppe („Gleiche unter Gleichen" – Angehörige derselben Profession, aber aus unterschiedlichen Schulkontexten) besonders dazu beigetragen habe, eine Atmosphäre zu schaffen, in der Handlungsprobleme ansprechbar sind.

Wahrgenommene Wirkungen der Netzwerkintervention
a) Thematische Inputs und Gesundheitsübungen. Im Bereich der wahrgenommenen Wirkungen wurde nach den wahrgenommenen Gesamtwirkungen der Intervention sowie nach den Einschätzungen zu den beiden inhaltlichen Schwerpunkten, den thematischen Inputs und Gesundheitsübungen einerseits und dem Erlernen und Durchführen der Kollegialen Fallberatung andererseits, gefragt.

Hinsichtlich der *Nutzenzuschreibung der thematischen Inputs und der zugehörigen Reflexions- und Anwendungsübungen* thematisierten die Teilnehmerinnen und Teilnehmer folgende Aspekte:

• Auffrischung des eigenen Vorwissens (14 von 19 Lehrkräften, 74 %),
• Handlungsorientierung/Praxisbezug (6 von 19 Lehrkräften, 32 %).

Der weit überwiegende Teil der Teilnehmenden hatte sich bereits in der Vergangenheit mehr oder weniger intensiv mit den gesundheitsbezogenen Themenfeldern beschäftigt und verfügte über Vorwissen. Positiv wurde herausgestellt, dass bereits vorhandenes Wissen im Rahmen der Netzwerktreffen aufgefrischt und z.T. auch bestätigt werden konnte. Lehrkraft 4 beschreibt diesen Effekt exemplarisch:

> LK 4: „Ja, das ist im Endeffekt (..) sehr oft so eine Bestätigung gewesen, was ich schon in mir getragen habe, ja. Natürlich durch diese bestimmten Inputveranstaltungen aus bestimmter wissenschaftlicher Sicht nochmal genauer mit Daten unterlegt haben, ist klar, da hat man im Vorfeld natürlich nicht nachgelesen, aber das ist dann nur eine Bestätigung zu dem, was ich eh schon für mich so empfunden habe und gedacht habe, ja. (..)."

Ein darüberhinausgehender Nutzen wurde den Inputmaterialien dagegen überwiegend nicht zugeschrieben. Als Grund dafür wurde mehrmals eine nicht ausreichende Handlungsorientierung beziehungsweise ein fehlender Praxisbezug der thematischen Inputs und Übungsmaterialien genannt. Lehrkraft 13 reflektiert über das Verhältnis theoretischer Hintergrund zu praxisrelevanten Inhalten:

LK 13: „[…] also ich denke man kann über alles viel referieren und da gibt es viele interessante Aspekte und es wird viel untersucht und gemacht, aber im Endeffekt, mittlerweile bin ich wirklich in der Praxis angekommen und es interessiert mich am meisten, was (.) wirklich die Praxis betrifft, weniger jetzt so der psychologisch-pädagogischer Hintergrund, also auch, aber eben nicht schwerpunktmäßig. Aber ich fand das nicht unwichtig, also es war schon, ich fand die Kombination auch gut."

Die *Übungs- und Reflexionskarten,* die die Teilnehmenden zu jedem thematischen Input erhalten haben, wurden für eine eigeninitiative Nutzung konzipiert. Ob und wie sie tatsächlich genutzt werden, wurde ebenfalls eruiert. Hinsichtlich *Nutzung der Anwendungsmaterialien* wurden folgende Aspekte durch die Teilnehmerinnen und Teilnehmer herausgestellt:

- (noch) keine Nutzung (14 von 19 Lehrkräften, 74 %),
- gedankliche Beschäftigung (7 von 19 Lehrkräften, 37 %),
- für später gespeichert (5 von 19 Lehrkräften, 26,3 %),
- bereits bekannte Übungen genutzt (4 von 19 Lehrkräften, 21,1 %).

Die Präsentation und thematische Ausarbeitung sowie das Design der Übungskarten wurden mehrfach positiv bewertet, die Inhalte und Übungen bisher überwiegend (noch) nicht im beruflichen Alltag genutzt. Auf die Frage nach der Nutzung äußert sich Lehrkraft 9 ähnlich wie mehrere andere Teilnehmerinnen und Teilnehmer:

LK 9: „Ganz ehrlich? (lacht). Eher weniger. Das ist, irgendwie hab' ich nochmal das Gefühl, wenn man so, auch bei anderen Weiterbildungen, das nimmt man so mit in dem Moment, denkt, ja, man weiß, wo es liegt, aber jetzt gerade in dem, wenn du dann im Alltag, dann nimmst du dir das ganz selten wieder zur Hand."

Eine Nutzung in Eigeninitiative erfolgte bis zum Erhebungszeitpunkt kaum, positiv wird aber von mehreren Lehrkräften gesehen, das Material für eine eventuelle spätere Nutzung bereit zu haben. Lehrkraft 18 hat sich mit der Problematik der Nutzung auseinandergesetzt:

LK 18: „Na vielleicht hätte man da nochmal überlegen können nach diesen Inputphasen, wie könnte man das in seinen Alltag integrieren? So Strategien um bestimmte Sachen regelmäßig anzuwenden. Also diese Kärtchen waren da ja schon eine Hilfe, aber, also mir ging's dann so ein bisschen so, ich hab' die dann, diese Kärtchen, das ist schön. […] ähm ich glaube, es fehlt halt einfach so eine Verstetigung im Alltag, also man muss sich halt selber überwinden, das regelmäßig vielleicht zu üben und anzuwenden und ähm dazu, weiß ich nicht, hat es bei mir irgendwie nicht gereicht, keine Ahnung, (lacht) ähm dass ich da jetzt, also da Zeit oder Energie drauf verwendet hätte ähm also ich glaube das muss dann irgendwie nochmal so eine Verstetigungsphase erfahren in irgendeinem Kontext."

Die Lehrkraft spricht hier einen grundlegenden Aspekt an: Wenn keine ausreichend konkreten und für den Berufsalltag mit wenig Aufwand zu realisierende Anregungen gegeben werden und der Raum zum Erfahrungsaustausch darüber fehlt, ist die Wahrscheinlichkeit gering, dass Lern- und Veränderungsprozesse angestoßen werden, unabhängig der didaktischen Gestaltung. Weitere Gründe für die mangelnde Nutzung war das Vorhandensein passender Bewältigungsstrategien bei Belastungen, wie bei Lehrkraft 4:

LK 4: „Ja, ich würde im meinen Fall sagen, ich hab' da, oder ich kenne mich, ich hab da meine Möglichkeiten, die mir helfen, die mir da wirklich ein Abstand zum Arbeitsleben dann auch bieten und die kenne ich auch, also die Möglichkeiten, da brauche ich jetzt keine anderen, kleinen angebotenen Übungen."

Ein weiterer Aspekt war das Vorhandensein von Vorerfahrungen, Methoden und Übungen, die sich bereits in der Vergangenheit bewährt hatten. Diese Gedächtnisinhalte wurden im Rahmen der Netzwerktreffen wieder reaktiviert. Lehrkraft 13 beschreibt diesen Effekt:

LK 13: „[…] und da habe ich nochmal so einige Methoden, die immer mal wieder, die ich jetzt immer mal wieder im Alltag benutze, also gerade so, (.) gerade so Planungsmethoden, wir hatten ja eine Work-Life-Balance-Sitzung, da gab es ja schon so einige, so Planungshilfen, also so kleinere Methoden, also wo man sich dann einfach nochmal bewusst macht, dass man Aufgaben in Prioritäten einteilen kann und solche Dinge, was ich wusste, aber was ich einfach, (.) wie gesagt, durch die Auffrischung habe ich es dann einfach bewusst, aktiv nochmal angewendet und es hat mich in meinem Alltag sehr unterstützt und es unterstützt mich immer noch, also die Methoden fand ich sehr schön."

Trotz der Schwierigkeiten, die Übungen in den Alltag einzubinden, bewerteten mehrere Lehrkräfte positiv, dass sie die Materialien in der Hinterhand haben und auf die Inhalte und Übungen bei Bedarf zurückgreifen können.

b) Kollegiale Fallberatung. Die Auswertung bezogen auf die Kollegiale Fallberatung zeigt einen im Vergleich zu den thematischen Inputs und den Übungsmaterialien insgesamt höheren Stellenwert, den das Erlernen und gemeinsame Durchführen der Methode für die Teilnehmerinnen und Teilnehmer hatte.

Mit der Kollegialen Fallberatung können konkrete Handlungsprobleme einem gemeinschaftlichen Prozess der Bearbeitung zugeführt werden, wovon sowohl Fallgeberinnen und Fallgeber als auch beratende und beobachtende Gruppenmitglieder einen *direkten Nutzen hinsichtlich der Lösung von Handlungsproblemen* erfahren können. Folgende Aspekte wurden von Teilnehmenden in dieser Kategorie thematisiert:

• Bearbeitung eines Handlungsproblems (5 von 19 Befragten, 26 %),
• Stellvertreterlernen (9 von 19 Befragten, 47 %).

Fünf der befragten Teilnehmerinnen und Teilnehmer haben als *Fallgeberin und Fallgeber* selbst aktiv einen Fall zur Beratung eingebracht. Als direkter Nutzen der Kollegialen Fallberatung wurde z. B. deren Effektivität genannt, da am Ende der Beratung konkrete Lösungsvorschläge standen. So beschreibt es auch Lehrkraft 19:

LK 19: „[…] für mich ist irgendwie zentral so dieses Gefühl, dass es noch mehr gibt als so ein ‚ich erzähle mal meinen Kollegen meine Probleme‘, sondern es gibt halt irgendwo so ein systematisches Instrument, wo ich tatsächlich einen effektiven Effekt habe, Dinge zu ändern, sage ich jetzt mal, und Dinge effektiv anzugehen, sage ich jetzt mal, und nicht nur darin sich zu verlieren, dass man so einfach darüber redet und doch nichts macht, sage ich jetzt mal.“

Hinsichtlich einer direkten Nutzenzuschreibung bei der Lösung von Handlungsproblemen in der Rolle der *Beratenden oder Beobachtenden* zeichnen die Befragten, die sich hierzu äußerten, ein geteiltes Bild: Von mehreren Teilnehmenden wurde die Ähnlichkeit von Problemsituationen im Schulkontext und die dadurch gegebene Übertragbarkeit der Beratungsarbeit auf eigene Handlungsprobleme thematisiert, wie bspw. von Lehrkraft 16:

LK 16: „Na, also gerade wenn die Fälle so besprochen worden sind – ich habe zwar jetzt selber keinen eingebracht –, aber dass ich doch gedacht habe ‚mhm, das kenn ich doch auch‘, also so bei manchen, wo man dann eben denkt, naja, das ist jetzt eben so sein eigenes Problem oder muss man eben schauen, wie man damit klarkommt, dass das doch nicht so war. Das waren alles Themen, die ich irgendwie auf meinen Arbeitsalltag mit beziehen konnte.“

Für andere war gerade in dieser Hinsicht die Differenz für eine Übertragbarkeit von Handlungsherausforderungen über Schularten hinweg zu groß, wie Lehrkraft 6 veranschaulicht:

LK 6: „[...] das waren ja wirklich bis auf diesen einen Fall [...], aber ansonsten waren das ja alles Fälle, die würden uns eigentlich hier gar nicht betreffen [...]."

Denn es gilt, was Lehrkraft 3 schlussfolgert:

LK 3: „Also es ist halt, die Heterogenität [der Schularten]] bleibt nur so lange produktiv, so lange also auch Ratschläge kommen von anderen Schulformen, die man selber umsetzen kann oder, oder, oder anregt, da Denkanregungen kommen."

Eine weitere Facette stellt das Feedback von Lehrkraft 8 dar, die generell einen Effekt der gemeinsamen Fallarbeit auf die Praxis infrage stellt:

LK 8: „[...] bei mir war es so, ich hab gesagt, okay, in anderen Schulen gibt es auch ähnliche Probleme, aber ich merke es halt in der Praxis, es ist jeder Fall anders und es gibt kein Rezept, so und das hab ich wieder gemerkt, es taucht nie irgendwo auch, sag ich jetzt mal, auf Fälle, die mich betreffen, ja, es ist ja auch jeder Schüler anders, es ist immer eine andere Konstellation [...]."

Hier zeigt sich exemplarisch, dass das Potenzial der Methode zur professionellen Weiterentwicklung stark von den Einstellungen und subjektiven Theorien von Lehrkräften abhängen kann.

Auf den Aspekt der *Perspektiverweiterung* und der dadurch angeregten *Reflexionsprozesse* hinsichtlich der Lösung beruflicher Handlungsprobleme werden wir im Folgenden vertieft eingehen, weil dieser Aspekt als ein wesentlicher Faktor beruflicher Handlungskompetenz von Lehrkräften gelten kann. Die Teilnehmenden haben Folgendes thematisiert:

• Kennenlernen und bisherige Erfahrungen mit der Methode (6 von 19 Befragten, 31 %),
• Perspektiverweiterung, -wechsel und -vielfalt (19 von 19 Befragten, 100 %).

Die überwiegende Zahl der Teilnehmenden gab an, die Methode Kollegiale Fallberatung zu kennen, von eigenen Erfahrungen mit der Methode berichteten jedoch nur fünf der Teilnehmerinnen und Teilnehmer. Daher ist es wenig überraschend, dass das Kennenlernen, und vor allem das Sammeln eigener Erfahrungen mit der Methode, mehrfach als besonderer Nutzen der Intervention herausgestellt wurde. Lehrkraft 1 beschreibt dies exemplarisch:

LK 1: „[Ich kannte] die kollegiale Fallberatung aus der Theorie, ich wusste, dass das andere Schulen praktizieren, aber ich habe selber noch nie eine miterlebt oder daran teilgenommen. Und das war für mich so der Beweggrund und das war auch das Erlebnis, also das hat mir so diesen Kick gegeben, jedes Mal zu sagen, ich komme wieder und freue mich drauf, was wir heute für einen Fall haben und wie unterschiedlich so die Problemlagen sind, die man da so sehr, sehr effektiv besprechen kann, also das hat mir am meisten gebracht und mich auch bestärkt darin, die Methode auch so zu nutzen und vielleicht so ein bisschen zu etablieren bei uns.“

Der hier ebenfalls angesprochene Effekt der Perspektiverweiterung, -wechsel und -vielfalt wurde von allen Befragten gleichermaßen thematisiert und mehrfach positiv gerahmt. Das schul(art)übergreifende Setting sorgte für eine große Vielfalt an beruflichen Hintergründen, Handlungspraxen und Erfahrungen. „Im eigenen Saft schwimmen“, „in seiner eigenen Blase sein“ oder „in deiner Suppe schwimmen“ waren Bilder, die die Teilnehmenden für die Situation in ihren Schulen fanden. Die Intervention half ihnen, „über den Tellerrand zu schauen“ oder „den Spiegel vorgehalten zu bekommen“. Diese Wirkung beschreibt Lehrkraft 5 sehr anschaulich:

LK 5: „[…] weil ich ja selber auch einmal einen Fall mit hereingebracht habe, und das war schon ganz interessant, also dass eben doch über mehrere Köpfe mehrere Perspektiven hereingebracht werden, die man letztlich doch nicht selber denken kann und ich glaube, das war bei den anderen auch immer gut zu erleben, dass manchmal so völlig, also für einen selber vielleicht absurde (lacht) Ideen kamen, aber manchmal waren das so vielleicht die Besten oder, ja, das war fand ich schon ganz eindrücklich.“

Als Folge dieser Erfahrungen wurden von einzelnen Teilnehmenden professionsbezogene Lernprozesse beschrieben. Lehrkraft 5 geht auch auf den ersten Schritt der Distanzierung zu einem Handlungsproblem ein, die sich bereits allein durch die Verbalisierung im Rahmen der Gruppe einstellt:

LK 5: „[…] ich fand gerade durch das Fallgeben, ist ja oft so, wenn es einen selber durch den Kopf geht, dann ist das so ein Kreislauf, Kreisel, aber wenn man es überhaupt mal irgendwo präsentiert und mal darüber spricht, aber in dem Moment kriegt es ja schon eine andere Bedeutung für einen.“

Lehrkraft 17 kannte die Methode der Kollegialen Fallberatung bereits aus dem Referendariat und kommt zu folgender Einschätzung:

LK 17: „[…]. Also ich fand das jetzt [im Netzwerk] besser, weil durch die Vielfalt an Erfahrungen der Kollegen man die Probleme aus verschiedenen Sichtweisen sehen konnte. Während man im Ref[erendariat] mit welchen zusammen zu tun hatte, die im gleichen Boot saßen und die eben auch noch nicht so viel Erfahrung hatten."

Dies verdeutlicht, dass Lehrkräfte verschiedener berufsbiografischer Stadien aufgrund ihrer Erfahrungsdifferenzen im Rahmen der Kollegialen Fallberatung voneinander profitieren können. Ein weiterer positiver Effekt der Methode kann als Selbstwirksamkeitserfahrung beschrieben werden. Lehrkraft 14 äußert eine solche Erfahrung:

> LK 14: „[…]. sich seiner eigenen Kompetenz bewusst zu werden indem man auch Ratschläge für andere gibt und merkt, ich kann jemandem helfen, das ist zutreffend, das ist gar nicht so weit hergeholt, was ich mir so allein für Gedanken mache in der Vernetzung mit den anderen. […] also es gab jetzt keinen richtigen Fall, wo ich mich total damit identifizieren konnte, für mich war es eher so dieses kompetenzstärkende, die eigene Kompetenzen zu sehen, okay, hier hat jemand ein Problem, du kannst was dazu sagen, du hast also eine gewisse Erfahrung in dem Bereich gesammelt, das ist einem ja oft gar nicht so bewusst."

Verbunden mit dieser Selbstwirksamkeitserfahrung ist bei Lehrkraft 14 eine Stärkung des beruflichen Selbstbildes- eine wichtige Ressource gesunder Lehrkräfte. Von besonderem Interesse hinsichtlich der Beanspruchungsreduktion ist, ob bzw. welche *Entlastungseffekte* die Teilnehmenden der Intervention zuschreiben. Neben den o. g. direkten Wirkungen bei der Lösung von Handlungsproblemen, die mit einer Entlastung einhergehen, sind die mittelbaren beanspruchungsbezogenen Wirkungen relevant. Eine zentrale Einsicht war für mehrere Teilnehmerinnen und Teilnehmer, dass sich andere Lehrkräfte an anderen Schulen mit ganz ähnlichen Herausforderungen konfrontiert sehen. Viele Probleme sind demnach keine persönlichen, sondern professionstypische Probleme, wie bspw. Lehrkraft 16 schlussfolgert:

> LK 16: „Dass eben vieles nicht meine Probleme sind, sondern eben einfach Problemlagen, Problemstellungen im Feld Schule. Also das habe ich schon einfach nochmal für mich, ich mein eigentlich ist das fast banal, aber man verliert das nochmal wieder. Also ich bin auch eher so der Selbstzweifeltyp, wo man dann auch mal denkt ‚ah, ich krieg das jetzt eben nicht hin und ich kann das jetzt eben nicht' und das ist schon klar durch die Netzwerkarbeit rausgekommen, dass das eben Themengebiete sind, die auch in der Berufsschule einen umtreiben und die einen auch in anderen Schulen umtreiben und es da eben auch wilde Schüler gibt und Schüler, die irgendwie einfach nichts lernen und, dass es eben nicht nur an MIR liegen muss, sondern dass das eben Sachen sind mit denen man umzugehen hat."

Innerhalb der Netzwerkgruppen war es im Prozess der Kollegialen Fallberatung möglich, den eigenen inneren Bewertungsrahmen mit den Maßstäben, die in der Gruppenkommunikation sichtbar werden, abzugleichen und sich gegebenenfalls von übersteigerten Selbsterwartungen zu entlasten. Insbesondere indem Verantwortungsstrukturen gemeinsam reflektiert werden, kann der Blick auf neue Handlungsmöglichkeiten frei und ein konkretes Entlastungspotential geschaffen werden. Einen solchen Prozess beschreibt Lehrkraft 19:

> LK 19: „[…] Ja einfach auch ein bisschen mehr Gelassenheit vielleicht, weil es Anderen auch so geht und man glaube ich in dem Beruf halt nicht so wirklich einen Perfektionismus anstreben kann ähm und einfach auch zufrieden sein muss äh mit dem was man halt schafft und nicht immer noch mehr, sage ich mal irgendwie, versuchen zu streben, was sowieso unmöglich ist. Ja, das sind glaube ich so die zentralsten Dinge, würde ich mal so sagen, die ich so für mich in meiner Denke verändert habe."

Resümee zu den wahrgenommenen Wirkungen der Netzwerkintervention
Hinsichtlich der wahrgenommenen und der Intervention zugeschriebenen Wirkungen muss zwischen dem thematischen Teil, in dem Kurzeinführungen in zuvor gemeinsam festgelegte gesundheitsrelevante Themen und zugehörige Übungen zur Anwendung im eigenen Alltag einerseits und der Durchführung Kollegialer Fallberatungen andererseits unterschieden werden. Die erhaltenen Feedbacks zu den *thematischen Inputs und Gesundheitsübungen* zeigen, dass es für viele Teilnehmende nicht ausreichend ist, inhaltliches Material und Übungsmaterialien zur Nutzung in Eigenregie zur Verfügung zu stellen. Als günstig für einen Transfer dieser Inhalte in den beruflichen Alltag erwies sich der außerhalb der Intervention liegende Faktor der Vorerfahrungen von Teilnehmenden hinsichtlich des Umgangs mit Beanspruchungen als bedeutsam. Eine tiefergehende Beschäftigung oder sogar ein Transfer in die eigene Handlungspraxis stellt sich, vielleicht wenig überraschend, nicht von allein ein, sondern bedarf einerseits der stärkeren Begleitung im Rahmen der Intervention, andererseits der Bereitstellung von Möglichkeiten, die Inhalte handlungspraktisch werden zu lassen. Bezogen auf die theoretische Modellierung der Wissensgenerierung in Netzwerken als Wissensspirale (Nonaka 1994) im Rahmen von Tauscherleben, Vertrauen und Kooperation (Berkemeyer et al. 2008) bestätigt dieser Befund die Wichtigkeit von Handlungsbezügen für die Wissensgenerierung (siehe ausführlich Semper in diesem Band).

Die Rückmeldungen zur *Kollegialen Fallberatung* zeigen, dass das Bedürfnis nach Handlungsorientierung durch das gemeinsame Erlernen und Durchführen der Methode innerhalb der Netzwerktreffen viel stärker erfüllt werden konnte als im Bereich der thematischen Inputs und der Gesundheitsübungen. Entsprechend positiv fallen die Rückmeldungen hierzu aus. Festgehalten werden kann, dass ein direkter Nutzen der Methode Kollegialer Fallberatung zur

Lösung beruflicher Handlungsprobleme davon abhängt, ob eine Übertragbarkeit der behandelten Probleme auf den eigenen beruflichen Kontext möglich scheint. Fallgeberinnen und Fallgeber profitieren von der Besprechung ihres Falls – teils, weil sie die Lösungsvorschläge tatsächlich in ihrer Praxis erproben, teils, weil sich ihre Perspektive auf den Fall erweitert hat und sie dadurch selbst Handlungsalternativen sehen können. Letzteren Effekt hat die Methode auf Teilnehmende unabhängig von der in der Beratung eingenommenen Rollen. Die Bandbreite der beschriebenen positiven Wirkungen der Kollegialen Fallberatung auf die beruflichen Handlungskompetenzen und die Reduktion von Beanspruchungen ist groß. Sie reicht von konkreten Anregungen für die eigene Praxis über die Anregung von Reflexionsleistungen wie die, dass die eigene Sichtweise nur eine mögliche Perspektive neben anderen ist oder die Methode zur Distanzierung vom Handlungsproblem anregt und dadurch den Weg für neue Sichtweisen freimacht bis hin zu Selbstwirksamkeitserfahrungen, sich als Beratende und Beratender des Spektrums der eigenen Kompetenzen bewusst geworden zu sein sowie der Erfahrung sozialer Unterstützung durch die Erkenntnis, nicht allein mit seinen Handlungsproblemen zu sein. Wichtig erscheint, dass die professionellen Hintergründe der Teilnehmenden verschieden genug sind, um eine möglichst große Vielfalt an Perspektiven und Handlungswissen in der Gruppe zu haben, aber zugleich eine ausreichende Schnittmenge an ähnlichen Erfahrungen und Hintergründen sicherzustellen, um beratungsfähig zu bleiben (Meißner et al. 2019).

5 Diskussion

Die Ergebnisse der qualitativen Evaluationsstudie zu den zugeschriebenen Wirkungen der Netzwerkwerkarbeit erlauben einen vertieften Einblick in die im Rahmen der Netzwerkarbeit erlebten Prozesse, während die Ergebnisse der Fragebogenerhebung einen deskriptiven Eindruck zum Status Jenaer Lehrkräfte hinsichtlich gesundheitsrelevanter Aspekte vermitteln, ohne jedoch Veränderungen im Zeitverlauf und Wirkungen der Intervention auf die Gesundheit bzw. Belastung der Lehrkräfte präsentieren zu können. Die Ergebnisse sollen im Folgenden vor dem Hintergrund unserer Annahmen zum Wirkungspotenzial als Gesundheitsressource sowie der Forschungen zu schulischen Netzwerken eingeordnet und diskutiert werden.

5.1 Input braucht Austausch

Der Teil der Netzwerkarbeit, in dem vor allem Wissensbestände und Übungen zu gesundheitsrelevanten Themen vermittelt und damit zu einem sensibleren

Umgang mit der eigenen Gesundheit angeregt werden sollte, konnte dieses Ziel nach Einschätzung der Mehrzahl der befragten Teilnehmerinnen und Teilnehmer, die sich hierzu äußerten, nur ansatzweise erreichen. Hier wird überwiegend kein Nutzen erkannt, weil die Themenfelder einerseits bereits im Vorfeld Gegenstand der persönlichen Auseinandersetzung mit beruflichen Belastungen waren und daher häufig Vorwissen vorhanden war und andererseits, weil aus Sicht vieler Teilnehmenden die handlungspraktische Relevanz der Angebote für die Netzwerkarbeit und der Transfer nicht offensichtlich werden konnte. Vor dem Hintergrund der Wissensspirale ist dieses Fazit damit zu erklären, dass durch fehlende Austauschmöglichkeiten implizites Wissen über die Themen kaum expliziert werden konnte und es während der Netzwerkarbeit an Gelegenheiten fehlte, neue Wissensbestände in das Alltagshandeln einfließen zu lassen. Entsprechend unwahrscheinlich ist es, dass durch Kombination neue Praxen etabliert werden können. Dieser Mangel wurde auch mehrmals von Teilnehmenden als Ursache für eine Nichtnutzung des Anwendungsmaterials im Berufsalltag thematisiert. Um die gewünschten Lernprozesse im Netzwerk anzustoßen, sollten daher die Phasen der Wissensentstehung mit Angeboten begleitet werden, die Raum für das Durchlaufen der einzelnen Phasen der Wissensspirale bieten.

5.2 Lernen in und mit der Kollegialen Fallberatung

Anders präsentieren sich die Einschätzungen zum zweiten Teil der Netzwerksitzungen, der für das Erlernen und gemeinsame Durchführen der Kollegialen Fallberatung genutzt wurde. Mit den der Kollegialen Fallberatung zugeschriebenen Effekten bewegen sich die Teilnehmerinnen und Teilnehmer im Rahmen des aus Forschungsarbeiten zu dieser Methode bekannten Wirkungsspektrums. Bezogen auf die Lösung beruflicher Handlungsprobleme wurden neben der Erarbeitung konkreter Lösungen bzw. Handlungsalternativen das bessere Verständnis der eigenen Problemsituation, die Perspektiverweiterung sowie der fachliche Austausch und stellvertretendes Lernen als Wirkungen beschrieben (vgl. Tietze 2010). Bezogen auf die Entwicklung beruflicher Handlungskompetenzen konnten eine Förderung und Erweiterung berufsbezogener Selbstreflexion, Ausbau von Beratungskompetenzen sowie die Förderung sozialer Kompetenzen nachgewiesen werden (ebd.). Hinsichtlich einer Reduktion beruflicher Beanspruchungen kann neben Effekten durch Bewältigung von als belastend erlebten Fällen eine Reduktion subjektiv erlebten Problemdrucks durch Anteilnahme und solidarische Rückmeldungen festgestellt werden (ebd.).

Damit die Methode ihre Wirkung entfalten kann, ist eine offene, angst- und hierarchiefreie wie vertrauensvolle Atmosphäre unter den Netzwerkteilnehmerinnen und Netzwerkteilnehmern sowie gegenüber den Mitarbeiterinnen und Mitarbeitern von VorteilJena eine Grundvoraussetzung, die die meisten Teilnehmerinnen und Teilnehmer realisiert sahen. Die Kollegiale Fallberatung kann vor dem Hintergrund des theoretischen Rahmenmodells zur Analyse von Netzwerken (Berkemeyer 2008) mit der in ihnen ablaufenden Wissensspirale (Nonaka 1994) als prinzipiell geeignete Lerngelegenheit gelten (siehe Semper in diesem Band), um in Netzwerken Wissen zu generieren: Sie basiert auf den Aspekten Vertrauen, Tauscherleben und Kooperation. Das berufliche Handeln bzw. berufliche Handlungsmuster sind der Gegenstand des kollegialen Beratungsprozesses, weil daraus die beruflichen Handlungsprobleme erwachsen, die systematisch kollegial bearbeitet werden. Im Rahmen Kollegialer Fallberatungen hat jede Teilnehmerin und jeder Teilnehmer die Gelegenheit, wechselseitig in der Rolle der Fallgeberin bzw. des Fallgebers, der Beraterin/des Beraters, der Beobachterin/des Beobachters oder der Moderatorin/des Moderators zu agieren und innerhalb der Rollen unterschiedliche Erfahrungen zu machen.

Die Teilnehmerinnen und Teilnehmer haben Gelegenheit zum Kennenlernen und informellen Austausch, zugleich wird aber auch von Anfang an eine formalisierte Variante des Austauschs eingesetzt: die Kollegiale Fallberatung. Sozialer Austausch ist hier in einen gemeinsamen, regelgeleiteten Prozess eingebunden *(Sozialisierung)*. Fallgeberinnen bzw. Fallgeber sind zunächst gefordert, während ihres Fallberichts ihre impliziten Wissensbestände zu explizieren *(Externalisierung)* und den Fall den Teilnehmenden begreiflich zu machen. Von den Beraterinnen und Beratern werden im Prozessverlauf konkrete Lösungs- und Handlungsvorschläge gegeben, die ebenfalls Explizierungen notwendig machen. Die Vielfältigkeit an Erfahrungen und beruflichen Hintergründen der Teilnehmerinnen und Teilnehmer – und damit an Perspektiven auf den Fall – ist im schul(art)übergreifenden Setting der Kollegialen Fallberatung besonders groß, was darauf schließen lässt, dass auch die Qualität impliziten Wissens in diesen Gruppen hoch ist. *Kombinations*leistungen sind gefordert, wenn die Lösungsideen bezüglich ihrer Passung zu den eigenen Handlungspräferenzen sortiert, kategorisiert und mit eigenen, neuen Perspektiven kombiniert werden. Diese Prozesse können im Rahmen von Stellvertreterlernen auch bei den Beraterinnen und Beratern sowie den Beobachterinnen und Beobachtern angestoßen werden. Das Ausprobieren und Umsetzen ausgewählter Vorschläge und Ideen im beruflichen Handeln stellt einen Prozess der *Internalisierung* dar. Die bereits vorhandenen Erfahrungen der Teilnehmerinnen und Teilnehmer finden in der Phase des Sharings ihren festen Platz im formalisierten Ablauf der Kollegialen Fallberatung, auch hier muss implizites Wissen expliziert werden. Durch die Gelegenheit, die Fallberatungsgruppe in späteren Treffen über die Effekte der Lösungsversuche zu unterrichten, kann das neu erworbene Handlungswissen in die Gruppe zurückgespielt werden oder der nun veränderte Fall einer erneuten Beratung zugänglich gemacht werden. Die Perspektivwechselfähigkeit aller Teilnehmerinnen und Teilnehmer wird geschult, eine reflexive Grundhaltung befördert und soziale Unterstützung konkret erfahrbar.

6 Fazit

Als Gesamtfazit der Evaluation lässt sich ziehen, dass die Qualität des Angebotes als Lerngelegenheit eine entscheidende Rolle für deren Wirksamkeit auf Ebene der Teilnehmenden spielt. Empirisch nachweisbare Effekte der Intervention auf verschiedene gesundheitsrelevante Aspekte, etwa die Stärkung von Selbstwert und Selbstwirksamkeit oder der Identifikation mit Schule und Beruf, konnten mit der Fragebogenerhebung aufgrund geringer Fallzahlen nicht erhoben werden. Hier bedarf es einer stärkeren Begleitung der Erhebungen und einer persönlicheren Ansprache der potenziellen Teilnehmerinnen und Teilnehmer durch die Projektmitarbeiterinnen und Projektmitarbeiter, um die Rücklaufquoten zu erhöhen. Eine Verteilung über Dritte (Schulsekretariate) ist zwar effektiv, weil viele Lehrkräfte erreicht werden können, der Grad der Verbindlichkeit ist hierbei jedoch gering und reicht offenbar in vielen Fällen nicht aus, um zur Teilnahme zu motivieren.

Umso bedeutsamer waren für uns die Rückmeldungen wahrgenommener Wirkungen durch die Teilnehmenden der Intervention. Die positiven Effekte, die die Lehrkräfte im Netzwerk „Gesunde Lehrkräfte durch Gemeinschaft" im Rahmen der qualitativen Evaluation beschreiben, knüpften vor allem an den Teil der Intervention, der die größte Handlungsorientierung aufwies: an das Erlernen und Durchführen der Kollegialen Fallberatung im Rahmen des kollegialen Zusammentreffens im geschützten Raum des schulübergreifenden Settings. Die hierbei ablaufenden Lernprozesse lassen sich entlang der Phasen der Wissensspirale Nonakas gut nachzeichnen. Die Intervention konnte die an das Erlernen und Durchführen der Kollegialen Fallberatung gebundenen Teilziele bei der überwiegenden Zahl der Teilnehmerinnen und Teilnehmer erreichen, was den Stellenwert handlungsorientierter Formen der Weiterbildung unterstreicht.

Das entlastende Potenzial der Netzwerkarbeit kann vor allem dann zur Entfaltung kommen, wenn die mit der Teilnahme verbundenen Aufwendungen den persönlichen Nutzen nicht übersteigen. Wünschenswert ist es daher, Lehrkräften den Zugang zu kollegialen Beratungsformen im Rahmen der Arbeitszeit und vor Ort bzw. in vertretbarer Entfernung zur Schule zu ermöglichen. Neben diesen Rahmenbedingungen ist der inhaltliche Nutzen der Beratungen für die Bewertung ausschlaggebend: Abgewogen wird zwischen Perspektivvielfalt vs. Grenzen der Übertragbarkeit der Fälle, fremdem Blick auf die Situation vor Ort vs. persönlicher Kenntnis der Situation sowie zwischen der Möglichkeit, neue Kontakte zu Lehrkräften anderer zu Schulen knüpfen vs. die bestehenden Kontakte an der eigenen Schule vertiefen. Um einerseits die Schulen dabei zu unterstützen, Kollegiale Fallberatung vor Ort zu implementieren und andererseits ein schulübergreifendes Angebot zu initiieren und die Möglichkeit für Netzwerktreffen zu verstetigen, ist Bereitschaft und Engagement von Lehrkräften, Schulen, sowie Schulträgern unter Einbezug bestehender Unterstützungssysteme von Bedeutung.

Aus der Perspektive der evidenzbasierten Gesundheitsförderung ist eine klare Erfassung von nachweislichen Wirkungen von Interventionen zur Gesundheitsförderung angeraten. Aufgrund der häufig über verschiedene Faktoren vermittelten Wirkung auf die Gesundheit und der häufig erst bei längerer Teilnahme zu erwartenden gesundheitlichen Effekte, ist eine längerfristige Erhebung von Wirkungen und Gelingensbedingungen von Interventionen wie dieser wünschenswert. Damit rücken auch Fragen der nachhaltigen Implementation in bestehende oder neu zu schaffende Unterstützungsstrukturen in den Blick, um langfristig wirksame Formen der Entlastung und Belastungsprävention durch soziale Teilhabe zu schaffen. Denn die Gesundheit von Lehrkräften ist mehr als eine Frage der Selbstverantwortung von Lehrkräften, es ist eine Schul(system)entwicklungsfrage, die entlastender Rahmenbedingungen und Strukturen bedarf.

Anhang

Tab. 2: Instrumente der Fragebogenerhebung (Fortsetzung auf den nächsten Seiten)

Bereich	Skala	Subskala/ Stufigkeit	Items	Beispielitem	Quelle	alpha
Berufszufriedenheit	Qualität von Schule und Unterricht	Berufszufriedenheit (1 = trifft nicht zu; 5 = trifft voll und ganz zu)	4*	„Wenn ich mein Leben neu planen könnte, würde ich wieder Lehrer/in werden."	(Ditton 2001)	0,76
Identifikation mit dem Beruf	Commitment in Organisation, Beruf und Beschäftigungsform (COBB)	BCA = Berufliches Commitment affektiv (1 = trifft nicht zu; 5 = trifft voll und ganz zu)	5**	„Ich würde mir wünschen meine jetzige Tätigkeit auch in Zukunft auszuüben."	(Felfe et al. 2014)	0,84
Identifikation mit der Schule	Commitment in Organisation, Beruf und Beschäftigungsform (COBB)	OCA = Organisationales Commitment affektiv (1 = trifft nicht zu; 5 = trifft voll und ganz zu)	4**	„Ich empfinde ein starkes Gefühl der Zugehörigkeit zu meiner Schule."	(Felfe et al. 2014)	0,71
schulische Arbeitsbedingungen	Arbeits-Bewertungs-Check für Lehrkräfte (ABC-L)	Arbeitsorganisation in der Schule (1 = trifft nicht zu; 5 = trifft voll und ganz zu)	6	„Wie sehr trifft es zu, dass durch die Arbeitsorganisation an Ihrer Schule ungleiche Belastungen vermieden bzw. ausgeglichen werden?"	(Kieschke 2007)	0,86

Bereich	Skala	Subskala/ Stufigkeit	Items	Beispielitem	Quelle	alpha
		räumliche Bedingungen in der Schule (1 = trifft nicht zu; 5 = trifft voll und ganz zu)	4	„Wie sehr trifft es zu, dass für jeden Lehrer die Möglichkeit für ungestörte Pausen besteht?"		0,80
		Verhalten der Schulleitung (1 = trifft nicht zu; 5 = trifft voll und ganz zu)	7	„Wie sehr trifft es zu, dass seitens der Schulleitung jeder Einzelne motiviert und ermutigt wird?"		0,92
		Klima im Kollegium (1 = trifft nicht zu; 5 = trifft voll und ganz zu)	4	„Wie sehr trifft es zu, dass im Kollegium entlastende Gespräche möglich sind?"		0,85
		schulbezogene Arbeit zu Hause (1 = trifft nicht zu; 5 = trifft voll und ganz zu)	3	„Wie sehr trifft es zu, dass die Arbeit, die Sie zu Hause für die Schule zu erledigen haben (Korrekturen, Vorbereitungen...) im zeitlichen Aufwand gut verkraftbar ist?"		0,86
Arbeitsaufwand	Effort-Reward Imbalance Questionaire Short Version	Effort Scale (1 = trifft nicht zu; 4 = trifft voll und ganz zu)	3	„Aufgrund des hohen Arbeitsaufkommens besteht häufig großer Zeitdruck."	(Siegrist 2012)	0,50
Gratifikationen		Reward Scale (1= trifft nicht zu; 4 = trifft voll und ganz zu)	4 (gekürzt)	„Wenn ich an all die von mir erbrachten Leistungen und Anstrengungen denke, halte ich die erfahrene Anerkennung für angemessen."		0,21
Overcommitment		Overcommitment (1 = trifft nicht zu; 4 = trifft voll und ganz zu)	6	„Die Arbeit lässt mich selten los. Sie geht mir abends noch durch den Kopf."		0,78
Selbstwirksamkeit	Skala Lehrer-Selbstwirksamkeit (WirkLehr)	(1 = trifft nicht zu; 4 = trifft voll und ganz zu)	10***	„Auch wenn ich mich noch so sehr für die Entwicklung meiner Schüler engagiere, weiß ich, dass ich nicht viel ausrichten kann."	(Schwarzer und Schmitz 1999)	0,70

Bereich	Skala	Subskala/ Stufigkeit	Items	Beispielitem	Quelle	alpha
Selbstwert-gefühl	Rosenberg Self-Esteem-Scale (SES) (deutsche Übersetzung)	(1 = trifft nicht zu; 4 = trifft voll und ganz zu)	10*	„Ich kann Dinge genauso gut machen, wie die meisten anderen Leute auch."	(Ferring und Filipp 1996)	0,78
Gesundheit allgemein	Short Form-12 Health Survey (SF 12)	(1 = schlecht; 5 = ausgezeichnet)	1*	„Wie würden Sie Ihren Gesundheitszustand im Allgemeinen beschreiben?"	(Morfeld et al. 2011)	–
Burnout-Symptome	Deutsche Standard-Version des COPSOQ (Copenhagen Psychosocial Questionnaire)	B.13: Energie und psychisches Wohlbefinden (Personal burnout) (1 = immer; 5 = nie)	6	„Wie häufig fühlen Sie sich ausgelaugt?"	(Freiburger Forschungsstelle für Arbeitswissenschaften)	0,87
Körperliche Beschwerden	Förderung von Selbstwirksamkeit und Selbstbestimmung im Unterricht (FoSS)	Beschwerdeliste (BELI) (1 = immer; 5 = nie)	6**	„Wie oft kommt es vor, dass Sie Herzklopfen oder Herzjagen haben?"	(Jerusalem et al. 2009)	0,83
Chronischer Stress	Trierer Inventar zum chronischen Stress (TICS)	SSCS (12 Item Screening Scala) (1 = immer; 5 = nie)	12	Häufigkeit in den letzten drei Monaten: „Zeiten, in denen ich mir viele Sorgen mache und nicht damit aufhören kann."	(Schulz et al. 2004)	0,92
Wohlbefinden	WHO-5-Fragebogen zum Wohlbefinden	(1 = zu keinem Zeitpunkt; 6 = die ganze Zeit)	5	„In den letzten 2 Wochen war ich froh und guter Laune."	(WHO Collaborating Centre in Mental Health)	0,83
Lebensqualität	WHO Quality Of Life/ WHOQOL-BREF	(1 = sehr unzufrieden; 5 = sehr zufrieden)	9*	„Wie zufrieden sind Sie mit Ihrer Fähigkeit, alltägliche Dinge erledigen zu können?"	(Angermeyer et al. 2000)	0,84

Anmerkungen: * gekürzt; ** gekürzt und adaptiert; ***adaptiert

Literaturverzeichnis

Angermeyer, Matthias/Kilian, Reinhold/Matschinger, Herbert (2000): WHOQOL-100 und WHOQOL-BREF. Handbuch für die deutschsprachige Version der WHO Instrumente zur Erfassung der Lebensqualität. Göttingen: Hogrefe.

Bennewitz, Hedda/Daneshmand, Nasim (2010): Kollegiale Fallberatung: Professionalisierung und Entlastung für Lehrerinnen und Lehrer. In: Bartnitzky, Horst/Hecker, Ulrich (Hrsg.): Beiträge zur Reform der Grundschule. Band 129: Allen Kindern gerecht werden. Aufgabe und Wege. Frankfurt am Main: Grundschulverband e. V., S. 191–200.

Berkemeyer, Nils (2008): Transfer von Innovationen – eine organisationstheoretische Reflexion. In: Berkemeyer, Nils (Hrsg.): Netzwerke im Bildungsbereich. Bd. 1: Unterrichtsentwicklung in Netzwerken. Konzeptionen, Befunde, Perspektiven. Münster: Waxmann, S. 271–281.

Berkemeyer, Nils/Bos, Wilfried/Kuper, Harm (2010): Netzwerke im Bildungssystem. In: Berkemeyer, Nils/Bos, Wilfried/Kuper, Harm (Hrsg.): Netzwerke im Bildungsbereich. Bd. 3: Schulreform durch Vernetzung. Interdisziplinäre Betrachtungen. Münster: Waxmann, S. 11–19.

Berkemeyer, Nils/Järvinen, Hanna/Ophuysen, Stefanie, van (2010): Wissenskonversion in schulischen Netzwerken. Eine inhaltsanalytische Untersuchung zur Rekonstruktion von Lernprozessen. In: Journal for educational research online 2, H. 1, S. 168–192.

Berkemeyer, Nils/Manitius, Veronika/Müthing, Kathrin (2010): Netzwerke als Gegenstand erziehungswissenschaftlicher Forschung. In: Enzyklopädie Erziehungswissenschaft Online. Beltz Juventa, S. 1–47.

Berkemeyer, Nils/Järvinen, Hanna/Otto, Johanna/Bos, Wilfried (2011): Kooperation und Reflexion als Strategien der Professionalisierung in schulischen Netzwerken. In: Helsper, Werner/Tippelt, Rudolf (Hrsg.): Pädagogische Professionalität. Weinheim: Beltz Juventa, S. 225–247.

Berkemeyer, Nils/Bos, Wilfried/Järvinen, Hanna/Manitius, Veronika/van Holt, Nils (Hrsg.) (2015): Netzwerkbasierte Unterrichtsentwicklung. Münster, New York: Waxmann Verlag.

Denner, Liselotte (2000): Forschung: Gruppenberatung für Lehrer und Lehrerinnen. Eine empirische Untersuchung zur Wirkung schulinterner Supervision und Fallbesprechung. Bad Heilbrunn/Obb.: Klinkhardt.

Denner, Liselotte (2002): Was nützt schulinterne Gruppenberatung? Ergebnisse einer empirischen Untersuchung. In: Beetz-Rahm, Sibylle/Denner, Liselotte/Riecke-Baulecke, Thomas (Hrsg.): Jahrbuch für Lehrerforschung und Bildungsarbeit. Band 3. Weinheim und München: Juventa Verlag, S. 39–58.

Ditton, Hartmut (2001): DFG-Projekt „Qualität von Schule und Unterricht" – QuaSSU Skalenbildung Hauptuntersuchung.

Felfe, Jörg/Six, Bernd/Schmook, Renate/Knorz, Carmen (2014): Commitment in Organisation, Beruf und Beschäftigungsform (COBB). Zusammenstellung sozialwissenschaftlicher Items und Skalen. https://zis.gesis.org/skala/Felfe-Six-Schmook-Knorz-Commitment-Organisation,-Beruf-und-Besch%C3%A4ftigungsform-(COBB) (Abfrage: 10.07.2019).

Ferring, Dieter/Filipp, Sigrun-Heide (1996): Messung des Selbstwertgefühls: Befunde zu Reliabilität, Validität und Stabilität der Rosenberg-Skala. In: Diagnostica 42, H. 3, S. 284–292.

Freiburger Forschungsstelle für Arbeitswissenschaften. Deutsche Standard-Version des COPSOQ (Copenhagen Psychosocial Questionnaire).

Jerusalem, Matthias/Drössler, Stephanie/Kleine, Dietmar/Klein-Heßling, Johannes/Mittag, Waldemar/Röder, Bettina (2009): Skalenbuch – Förderung von Selbstwirksamkeit und

Selbstbestimmung im Unterricht. Skalen zur Erfassung von Lehrer- und Schülermerkmalen.

Kieschke, Ulf (2007): Arbeits-Bewertungs-Check für Lehrkräfte (ABC-L). Ein Instrument für schulische Gestaltungsmaßnahmen. In: Verband für Bildung und Erziehung (Hrsg.): Fit für den Lehrerberuf. Pädagogische Profession im 21. Jahrhundert. Dokumentation einer Veranstaltung des Verbandes Bildung und Erziehung am 16. Juni 2007 in Leipzig. Berlin: VBE, S. 103–109.

Kuckartz, Udo (2016): Grundlagentexte Methoden: Qualitative Inhaltsanalyse. Methoden, Praxis, Computerunterstützung. 3., überarbeitete Auflage. Weinheim, Basel: Beltz Juventa.

Kuckartz, Udo/Dresing, Thorsten/Rädiker, Stefan/Stefer, Claus (2008): Qualitative Evaluation. Der Einstieg in die Praxis. 2., aktualisierte Auflage. Wiesbaden: VS Verlag für Sozialwissenschaften/GWV Fachverlage GmbH Wiesbaden.

Meißner, Sebastian/Semper, Ina/Roth, Sascha/Berkemeyer, Nils (2019): Gesunde Lehrkräfte durch kollegiale Fallberatung? In: Prävention und Gesundheitsförderung 12, H. 1, S. 15–21.

Morfeld, Matthias/Kirchberger, Inge/Bullinger, Monika (2011): SF-12. Fragebogen zum Gesundheitszustand. Göttingen: Hogrefe.

Rothland, Martin (2013): Soziale Unterstützung. Bedeutung und Bedingungen im Lehrerberuf. In: Rothland, Martin (Hrsg.): Belastung und Beanspruchung im Lehrerberuf. Modelle, Befunde, Interventionen. 2., vollständig überarbeitete Auflage. Wiesbaden: Springer VS, S. 231–250.

Schult, Johannes/Münzer-Schrobildgen, Manuela/Sparfeldt, Jörn R. (2014): Belastet, aber hochzufrieden? In: Zeitschrift für Gesundheitspsychologie 22, H. 2, S. 61–67.

Schulz, Peter/Schlotz, Wolff/Becker, Peter (2004): TICS – Trierer Inventar zum chronischen Stress. 1. Auflage. Göttingen, Bern, Toronto, Seattle: Hogrefe.

Schwarzer, Ralf/Schmitz, Gerdamarie S. (1999): WirkLehr – Skala Lehrer-Selbstwirksamkeit. In: Leibniz-Zentrum für Psychologische Information und Dokumentation (Hrsg.): Elektronisches Testarchiv (PSYNDEX Tests-Nr. 9004398). Trier.

Siegrist, Johannes (2012): Effort-reward imbalance (short version) and overcommitment questionnaires. www.uniklinik-duesseldorf.de/fileadmin/Fuer-Patienten-und-Besucher/Kliniken-Zentren-Institute/Institute/Institut_fuer_Medizinische_Soziologie/Forschung/D_ERI_SHORT_NOV2012.pdf (Abfrage: 10.07.2019).

Stadt Jena (2018): „Allgemeinbildende Schulen und Freizeitlernen junger Menschen in Jena. Erster Bildungsbericht der Stadt Jena 2018". www.jena.de/fm/1727/Erster%20Bildungsbericht%20der%20Stadt%20Jena%202018_webvwebver.pdf (Abfrage: 20.01.2019)

Thüringer Ministerium für Bildung, Jugend und Sport (2018): „Statistisches Informationssystem Bildung". hwww.schulstatistik-thueringen.de/

Tietze, Kim-Oliver (2010): Wirkprozesse und personenbezogene Wirkungen von kollegialer Beratung. Theoretische Entwürfe und empirische Forschung. 1. Auflage. Wiesbaden: VS Verlag.

WHO Collaborating Centre in Mental Health: WHO (Fünf) – Fragebogen zum Wohlbefinden. www.psykiatri-regionh.dk/who-5/Documents/WHO5_German.pdf (Abfrage: 07.06.2019).

Lehrkräftegesundheit als Problem sozialer Anerkennung?

Erste Konturen einer anerkennungstheoretisch fundierten Lehrkräftegesundheitsforschung

Sebastian Meißner

1   Einleitung

Mehrere Forschungsarbeiten belegen inzwischen die Relevanz reziproker sozialer Anerkennung für das Selbstwertgefühl und die Gesundheit von Lehrkräften (Lehr/Hillert/Keller 2009; Seibt/Galle/Dutschke 2007; Seibt et al. 2012; Taris et al. 2004; van Horn/Schaufeli/Taris 2001; Wilson 2002). Mangelnde soziale Anerkennung, so der derzeitige Forschungsstand, geht mit manifesten gesundheitlichen Risiken, wie z.B. depressiven Störungen oder emotionaler Erschöpfung einher. Um diesen negativen Folgen entgegenzuwirken, wird häufig die Etablierung einer Kultur der Anerkennung in Schule gefordert (z.B. Lehr et al. 2009).

Theoretisch rekurrieren diese Arbeiten auf das in der Lehrkräftegesundheitsforschung zunehmend an Bedeutung gewinnende medizinsoziologische Effort-Reward-Imbalance-Modell (ERI-Modell) bzw. Modell beruflicher Gratifikationskrisen (Siegrist 1996). Obgleich der Verdienste des ERI-Modells, erweisen sich dessen anerkennungstheoretische Grundlagen, die Anerkennung verkürzend als Modus positiven Bestätigungshandelns konzeptualisieren, in Bezug auf die Profession von Lehrkräften und die Spezifika des Schulkontextes als zu unzureichend, um der Frage nachgehen zu können, wie soziale Anerkennung das Stress- und Belastungserleben von Lehrkräften beeinflussen, moderieren oder kompensieren kann. Hierfür bedarf es, so die These des Beitrags, einer stärker anerkennungstheoretisch fundierten Lehrkräftegesundheitsforschung.

Eine Perspektive, mit deren Hilfe es möglich wird, die identitätsstabilisierende und integrierende, aber auch differenzierende, hierarchisierende und exkludierende Wirkung schulischer Anerkennungsprozesse auf intersubjektiver und organisationaler Ebene in den Blick zu nehmen, ist die Anerkennungstheorie Judith Butlers. Um diese analytischen Potenziale aufzuzeigen, gilt es, zunächst den empirischen Zusammenhang von sozialer Anerkennung und der Gesundheit von Lehrkräften mit Hilfe des ERI-Modells nachzuzeichnen. Anschließend werden die tausch- und anerkennungstheoretischen Grundlagen des

ERI-Modells und dessen Einschränkungen im Hinblick auf den Lehrkräfteberuf und den Arbeitsplatz Schule kritisch diskutiert. Abschließend werden, erste Konturen einer anerkennungstheoretisch fundierten Lehrkräftegesundheitsforschung skizziert, dessen theoretische wie empirische Potenziale in den Arbeiten Judith Butlers gründen und es gestatten, die Gesundheit von Lehrkräften als Mehrebenenphänomen mit seinen vielfältigen Chancen und Risiken in den Blick zu nehmen.

2 Berufliche Gratifikationskrisen im Lehrkräfteberuf: Theoretische Hintergründe und Forschungsbefunde

2.1 Das Modell beruflicher Gratifikationskrisen

Berufsbedingten Stress als Wechselspiel zwischen Merkmalen des Bewältigungsverhaltens einer Person und Merkmalen der Arbeitssituation zu verstehen, erlaubt das Effort-Reward-Imbalance-(ERI-)Modell bzw. Modell beruflicher Gratifikationskrisen (Siegrist 1996). Grundlage des Modells ist die im Arbeitsvertrag angelegte Norm der sozialen Reziprozität in der Tauschbeziehung von Leistung und Gegenleistung, wonach allen im Zusammenhang mit Arbeit geleisteten Verausgabungen (Efforts) angemessene Gratifikationen (Rewards) gegenüberstehen sollen (Siegrist 2014, S. 81; Süß/Weiß 2016, S. 237).

Beruflicher Stress ist hierbei das Resultat starker, wiederkehrender oder über längere Zeiträume anhaltender Ungleichgewichte zwischen hohen arbeitsbezogenen Anforderungen bei gleichzeitig niedrigen bzw. unzureichenden Belohnungen. Diese Ungleichgewichte werden als Gratifikationskrise respektive Effort-Reward-Imbalance bezeichnet (Siegrist 2009). In Abhängigkeit der Verausgabungs-Belohnungs-Relation können Personen trotz hoher Arbeitsbelastung stressfrei sein, insofern sie für ihr berufliches Engagement entsprechend belohnt werden, während umgekehrt bereits geringe Belastungen bei unzureichenden oder ausbleibenden Gratifikationen Stress auslösen (Albrecht 2016, S. 23; Lehr/Hillert 2018, S. 144).

Das ERI-Modell unterscheidet grundlegend zwischen extrinsischen und intrinsischen Verausgabungen und Belohnungen (vgl. Abb. 1). Belastungsfaktoren, die von außen an eine Person gestellt werden, sind die vertraglich geforderten beruflichen Leistungen und Verpflichtungen. Demgegenüber steht als intrinsische Belastungskomponente eine überhöhte Verausgabungsbereitschaft (Overcommitment). Charakteristisch für diesen individuellen Bewältigungsstil ist ein exzessives Arbeitsengagement und „eine verzerrte Wahrnehmung der eigenen Verausgabungen und Belohnungen" (Süß/Weiß 2016, S. 238).

Auf Seiten der Belohnungen werden als externe Faktoren drei Arten von Gratifikationen berücksichtigt: Lohn/Gehalt, Arbeitsplatzsicherheit und berufliche Aufstiegschancen sowie Anerkennung in Form von sozialer Wertschätzung durch Kolleginnen und Kollegen und Vorgesetzte (Siegrist 2009; Siegrist/dem Knesebeck 2014). In Erweiterung des ursprünglichen Modells wurde als Pendant zur Wertschätzung durch andere die berufliche Selbstwertschätzung als „zweite Säule des Selbstwertgefühls" (Lehr/Hillert 2018) konzipiert. Hierbei handelt es sich um die Fähigkeit, sich selbst und die eigenen beruflichen Leistungen anzuerkennen und wertzuschätzen. Die berufliche Selbstwertschätzung stellt eine individuelle Möglichkeit dar, positiv auf die eigene Verausgabungs-Belohnungs-Relation einzuwirken und damit weniger anfällig für psychosozialen Stress zu sein (Böhringer 2009; Hillert et al. 2016; Lehr/Hillert 2018).

Abb. 1: Das Modell beruflicher Gratifikationskrisen (Quelle: eigene Darstellung nach Lehr/Hillert (2018, S. 145)

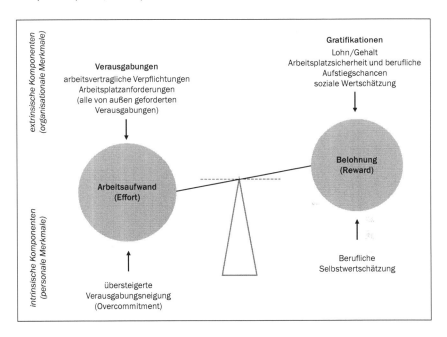

Das Gratifikationskrisenmodell ist in einer Vielzahl von Ländern und bei diversen Berufsgruppen empirisch überprüft und gut belegt worden (Siegrist 2009; Siegrist/Li 2016; van Vegchel et al. 2005). Dabei zeigt sich, dass die Verletzung der Reziprozitätsnorm im Arbeitsverhältnis bei den betroffenen Personen nicht nur zum Erleben von sozioemotionalem Dauerstress führt, sondern mittel- und langfristig das Risiko des Auftretens von stressinduzierten Erkrankungen, z.B. in Form von Herz-Kreislauf-Störungen, Typ-II-Diabetes, Depressionen, Angststörungen oder Suchterkrankungen erhöht. Gratifikationskrisen setzen zudem stark negative Emotionen, wie Wut, Frustration und Ärger frei, die zu Berufsunzufriedenheit führen und letztlich den Selbstwert und die Selbstregulation bedrohen (Siegrist/Li 2016; van Vegchel et al. 2005).

Das „Stress as Offence to Self"-Konzept (SOS-Konzept) von Semmer, Jacobshagen, Meier und Elfering (2007) knüpft hier an und rahmt den Schutz des Selbstwertes als starkes menschliches Handlungsmotiv. Stressoren werden demnach, in Relation zu deren empfundener Legitimität, als Bedrohung für das Selbstwertgefühl verstanden. Der Selbstwert kann durch mangelnde Wertschätzung bzw. Missachtung durch andere (Stress as Disrespect), durch eine negative (Selbst-)Bewertung der eigenen Person (Stress through Insufficiency) oder durch die Zuweisung als illegitim empfundener Aufgaben bedroht werden (ebd.). Illegitim sind Aufgaben, wenn sie bspw. als außerhalb der Kernkompetenz liegend wahrgenommen und nicht als Teil der beruflichen Rolle akzeptiert werden (Stress through Illegitimacy). Das SOS-Konzept bietet die Möglichkeit, die Verausgabungen und Gratifikationen beruflicher Tätigkeiten vermittelt über eine Bedrohung des Selbstwertes zu verstehen und ergänzt das ERI-Modell um eine (sozial-)psychologische Dimension, die die Antriebe menschlichen Handelns in einen komplexen sozialen Zusammenhang stellt (Meißner et al. 2018a; Meißner et al. 2018b).

2.2 Nationale und internationale Befunde zu beruflichen Gratifikationskrisen im Lehrkräfteberuf

Mittlerweile existieren national wie international einige Studien, die sich der Frage des Ausmaßes und den gesundheitlichen Folgewirkungen beruflicher Gratifikationskrisen im Lehrkräfteberuf widmen. Die Zahl der Lehrkräfte, die in ihrem schulischen Alltag eine Gratifikationskrise erleben, schwankt in Abhängigkeit der jeweiligen Studie zwischen fünf und 21,6 Prozent (Albrecht 2016, S. 24). Heterogen und recht uneindeutig sind bislang vor allem die Ergebnisse zu den physiologischen Effekten beruflicher Gratifikationskrisen. Zwar konnten von Känel et al. (2009) einen Zusammenhang zwischen Overcommitment und einer gesteigerten Gerinnungsfähigkeit des Blutes bei gesunden Lehrkräften nachweisen, die das Risiko von Venenverschlüssen erhöht, allerdings zeigte sich dieser Zusammenhang nicht in Bezug auf berufliche Gratifikationskrisen. Dass das Erleben einer Efford-Reward-Imbalance dennoch physische Folgewirkungen zeitigt, verdeutlichen u. a. Bellingrath und Kudielka (2008) sowie Bellingrath et al. (2010) in ihren Experimentalstudien. Deutlich wurde dabei, dass berufliche Gratifikationskrisen mit einer verminderten Produktion von T-Helfer-Zellen und natürlichen Killerzellen einhergehen, die eine Schwächung des Immunsystems zur Folge haben und die Anfälligkeit für Erkrankungen erhöhen.

Im Gegensatz zu den bislang marginal untersuchten physiologischen Effekten, erhält die Frage nach den psychosozialen Folgen beruflicher Gratifikationskrisen eine weitaus größere Aufmerksamkeit. In ihrem Berufsgruppenvergleich von Ärztinnen und Ärzten sowie Lehrkräften können Seibt et al. (2012) verdeutlichen, dass anhaltende Verausgabungs-Belohnungs-Ungleichgewichte ein relevanter Risikofaktor für die Entwicklung einer Burnout-Symptomatik sind. Beide Berufsgruppen wiesen ein dreifach höheres Risiko auf, an einem Burnout-Syndrom zu erkranken, insofern eine Gratifikationskrise vorlag. Darüber hinaus beeinträchtigen andauernde Ungleichgewichte zwischen Verausgabungen und Belohnungen die Erholungsfähigkeit sowohl von Lehrkräften als auch von Ärztinnen und Ärzten signifikant negativ.

Einen ebenfalls starken Zusammenhang zwischen affektiven Störungen – insbesondere Depressionen – und beruflichen Gratifikationskrisen konnten Lehr et al. (2009; 2010) in ihren Fall-Kontroll-Studien nachweisen. An Depression erkrankte Lehrkräfte erleben nicht nur in erhöhtem Maß Gratifikationskrisen, sondern unterschieden sich auch in der Ausprägung des Overcommitments signifikant von gesunden Lehrerinnen und Lehrern. Dass die Verletzung der Norm sozialer Reziprozität auch im Zusammenhang mit dem Erleben emotionaler Erschöpfung steht, zeigen Taris et al. (2004) sowie van Horn et al. (2001). Allerdings variiert der Effekt in Abhängigkeit der je spezifischen Tauschbeziehungen. Mangelnde soziale Reziprozität in der Beziehung zu Schülerinnen und Schüler hatte den stärksten Einfluss auf das Erleben emotionaler Erschöpfung, gefolgt von Ungleichgewichten in der Beziehung zu Vorgesetzen und auf kollegialer Ebene.

Bezogen auf Lehrkräfte verdeutlichen Lehr et al. (2009, S. 379, 381), dass im Besonderen eine mangelnde soziale Wertschätzung durch Kolleginnen und Kollegen sowie Vorgesetze ein stärkerer Risikofaktor für Depressionen war als ein geringeres Gehalt oder eine geringere Arbeitsplatzsicherheit. Lehrerinnen und Lehrer, die angaben, sich stark in ihrem Beruf zu verausgaben, dafür aber nicht in angemessener Weise Wertschätzung durch ihre berufliche soziale Umwelt zu erfahren (Effort-Esteem-Imbalance), wiesen ein sechsfach höheres Risiko für affektive Störungen auf. Auch Seibt et al. (2007) verdeutlichen, dass das berufliche Verausgabungs-Anerkennungs-Verhältnis ein zentrales Kriterium zur Unterscheidung psychisch stabiler und beeinträchtigter Lehrkräfte ist.

Kurz: Mangelnde Anerkennung in Form von sozialer Wertschätzung geht mit manifesten gesundheitlichen Risiken einher. Die hohe Bedeutung der sozialen Anerkennung als wichtigste Gratifikationsform für Lehrkräfte erscheint auch vor dem Hintergrund plausibel, dass für Lehrerinnen und Lehrer der Spielraum für berufliche Aufstiege und Gehaltssteigerungen begrenzt und die Sicherheit des Arbeitsverhältnisses im deutschen Schulsystem zumeist gegeben ist. Lehr et al. (2009) gehen vor diesem Hintergrund davon aus, dass der Kern vieler Stresserfahrungen von Lehrkräften Selbstwertbedrohungen durch fehlende soziale Anerkennung oder mangelnde Selbstwertschätzung ist.

3 Schulische Anerkennungsverhältnisse – Ergebnisse einer empirischen Exploration im Rahmen des Teilprojektes „Gesunde Lehrkräfte durch Gemeinschaft"

Während die bisherigen Forschungsarbeiten das quantitative Ausmaß und die gesundheitlichen Folgen beruflicher Gratifikationskrisen in das Zentrum ihres Forschungsinteresses rücken, blieb die Prozessdimension schulischer Aufwands-Anerkennungs-Verhältnisse, d.h. Fragen danach, wie und vermittelt worüber Anerkennung das Stress- und Belastungserleben von Lehrkräften auf interpersonaler und organisationaler Ebene beeinflussen, moderieren oder auch kompensieren kann, bislang weitgehend im Dunkeln.

Eben diese Fragen bildeten den Ausgangspunkt der Forschungsarbeiten des BMBF-geförderten VorteilJena-Teilprojektes 3 „Gesunde Lehrkräfte durch Gemeinschaft". Im Zentrum unserer explorativ angelegten qualitativen Studien stand der gesundheitsbezogene Stellenwert schulischer Anerkennungsprozesse und -verhältnisse in den Thematisierungen von Lehrkräften unterschiedlicher allgemeinbildender Schulen, die in sieben Gruppeninterviews mit insgesamt 28 Teilnehmerinnen und Teilnehmer im Zeitraum von Juni bis Oktober 2016 durchgeführt und im Rahmen einer qualitativen Inhaltsanalyse nach Mayring (2010) mit der Software MAXQDA 18 inhaltlich strukturierend und zusammenfassend ausgewertet wurden (Meißner et al., 2018a; Meißner et al. 2018b). Ziel der zusammenfassenden Inhaltsanalyse war es, alle relevanten Aussagen zu den spezifischen interpersonalen und organisationalen Anerkennungsverhältnissen in Schulen und deren gesundheitlichen Folgewirkungen aus dem Interviewmaterial herauszulösen. Vor dem Hintergrund des ERI-Modells wurden Thematisierungen von Anerkennung durch Lehrkräfte entweder der Ebene personaler Beziehungen oder der Ebene der Organisation als Merkmale des Arbeitskontextes zugeordnet. Selbstwertbezogene Attributionen wurden hinsichtlich Selbstwertschätzung, Wertschätzung durch andere und Legitimität der Aufgaben codiert.

Personale Anerkennungsbeziehungen

In ihrem Schulalltag sind Lehrkräfte in ein Feld multipler Anerkennungsbeziehungen eingebunden. Welche Anerkennungserwartungen und -praktiken legitim sind und als wertschätzend wahrgenommen werden, differiert in Abhängigkeit der jeweiligen Bezugsgruppe – Schülerinnen und Schüler, Eltern, Kolleginnen und Kollegen, Schulleitung, weiteres pädagogisches Personal. Dabei werden den jeweiligen formellen wie informellen Anerkennungsbeziehungen unterschiedliche soziale Wertigkeiten zugeschrieben, die sich immer auch „diesseits und jenseits der Reziprozität" (Voswinkel 2005, S. 253) bewegen.

Als besonders selbstwertdienlich erweisen sich aus Sicht der Lehrkräfte die Beziehungen zu Schülerinnen und Schülern als zentrale Quelle sozialer Anerken-

Abb. 2: Übersicht über das Kodierschema (Quelle: eigene Darstellung)

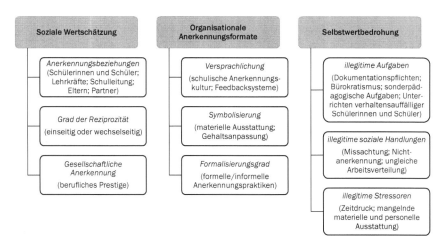

nung. Positive Rückmeldungen und das Erleben von Selbstwirksamkeit im Unterricht – und damit ein starkes Sinnerleben der eigenen Tätigkeit – tragen wesentlich zur Berufszufriedenheit und beruflichen Motivation bei, obgleich die Wechselseitigkeit des Anerkennungsverhältnisses nur eingeschränkt gegeben ist. Dies wird von den Lehrkräften aber kaum problematisiert, da Asymmetrie ein Kennzeichen schulisch-pädagogischer Beziehungen ist.

Die Beziehungen zu den eigenen Kolleginnen und Kollegen sind ebenfalls eine bedeutende Quelle sozialer Wertschätzung bzw. Anerkennung. Soziale Wertschätzung wird hier vorrangig über kommunikative, aber auch subtile körperliche Praktiken zum Ausdruck gebracht. Teilweise haben sich in einzelnen pädagogischen Teams „Kulturen der Anerkennung" etabliert, die einerseits im Sinne von Wertschätzungssystemen in der Lage zu sein scheinen, unzureichende Anerkennungserfahrungen in anderen Sozialbeziehungen auszugleichen (etwa im Hinblick auf die Schulleitung) und andererseits als Solidarsysteme psychisch und physisch belastete Kolleginnen und Kollegen vor Überlastungen schützen, indem bspw. Unterricht vertreten wird. Ob und wieweit Kolleginnen und Kollegen eine Quelle sozialer Anerkennung sind, hängt von der jeweiligen Qualität der Sozialbeziehungen ab. Betont wird hierbei die Konflikthaftigkeit kollegialer Anerkennungsverhältnisse, die sich in Erfahrungen von Missachtung oder Nicht-Anerkennung manifestieren und sich negativ auf das psychische Wohlbefinden auswirken. Insbesondere auf kollegialer Ebene offenbart sich die Doppeldeutigkeit sozialer Anerkennungsverhältnisse als integrierend und identitätsstabilisierend, aber auch exkludierend und differenzierend. Deutlich wird dies am Beispiel der in Teilen der Lehrkräfteteams praktizierten gesundheitsbezogenen Solidarsysteme, die nur für bestimmte Teammitglieder zugänglich sind und entlastend wirken, während andere Kolleginnen und Kollegen aus dieser Gemeinschaft ausgeschlossen werden. Zwischen den Kolleginnen und Kollegen existieren demzufolge Unterschiede hinsichtlich der Frage, wer, in welcher Art und Weise und in welchem Umfang soziale Wertschätzung von wem erwarten darf und erhält.

Ähnlich spannungsreich gestalten sich die Beziehungen zur Schulleitung. Direkte Rückmeldung zur eigenen Arbeit erhalten die von uns befragten Lehrkräfte nur selten oder nur für über das normale Maß hinausgehende Tätigkeiten. Insbesondere die Kopplung von Anerkennung an die Erreichung stetig wachsender Leistungserwartungen hat nicht nur negative Auswirkungen auf die Aufwands-Anerkennungs-Relation, sondern wird von den befragten Lehrkräften als belastend wahrgenommen. Ob und inwieweit die durch die Schulleitung kommunizierte soziale Wertschätzung allerdings als unzureichend erfahren wird, hängt wesentlich von den Bewertungen der einzelnen Lehrkräfte ab.

Organisationale Anerkennungsformate

Jenseits konkreter intersubjektiver Anerkennungspraktiken manifestiert sich Anerkennung auch in organisationsspezifischen „Institutionen der Anerkennungszuweisung" (Voswinkel 2014, S. 6), die einzelschulisch je unterschiedlich formalisiert sind. Alle von uns befragten Lehrkräfte berichten von organisationalen Formaten der Anerkennung, die in ihrer Schule gelebt werden. Zu den von den interviewten Lehrkräften beschriebenen Praktiken zählen jährlich stattfindende Teamwochenenden, implizit praktizierte Feedbacksysteme im Kontext schulischer Gremienarbeit, schriftliche Rückmeldungen an alle Kolleginnen und Kollegen am Schuljahresende, Jahresendfeiern ebenso wie die räumliche Gestaltung und Ausstattung des Schulgebäudes und des Lehrerzimmers. Den organisationalen Anerkennungsformaten wohnt allerdings ein ambivalenter Charakter inne. Die Thematisierungen unterstreichen, dass – ähnlich wie im Falle interpersonaler Anerkennungsverhältnisse – organisationale Anerkennungsverhältnisse nur dann als Gratifikationen und damit als Gesundheitsressource dienen können, wenn sie das Potenzial besitzen, den Selbstwert zu stärken. In diesen Fällen entfalten sie allerdings eine große motivationale Kraft.

Schulische Anerkennungsverhältnisse und deren stress- und belastungsbezogenen Wirkungen

Insgesamt zeigen die qualitativen Explorationen zur Bedeutsamkeit schulischer Anerkennungs- und Wertschätzungserfahrungen, dass personale ebenso wie organisationale Anerkennungsverhältnisse sowohl als Ressourcen wie auch als Stressoren erlebt werden. Obgleich bei den von uns befragten Lehrkräften keine massiven Gratifikationskrisen vorliegen, zeichnen sich dennoch kontinuierliche Gratifikationsdefizite ab, d.h. Lehrkräfte erleben in ihrem schulischen Alltag und den darin eingebetteten schulischen Anerkennungsverhältnissen kontinuierlich eine prekäre Balance zwischen aus- und unzureichender Anerkennung.

Den Anerkennungserwartungen und -bedürfnissen wird demnach in unterschiedlichem Maß entsprochen, wobei fehlende oder als mangelhaft empfundene Anerkennung in einem Bereich teils auf einer anderen Ebene ausgeglichen werden kann. Die gesundheitsbezogene Wirksamkeit sozialer Anerkennungsverhältnisse hängt wesentlich von deren Potenzial ab, den Selbstwert zu stärken, was wiederum von den individuellen Wahrnehmungs- und Attributionsmustern der Lehrkräfte moderiert wird.

Zusätzlich deutet sich in den Gruppeninterviews die Bedeutsamkeit als illegitim empfundener Aufgaben für das Belastungserleben von Lehrkräften an. Neben einer für die Aufgabenbewältigung als mangelhaft empfundenen (Ressourcen-)Ausstattung wurden vor allem als nicht zu den Kernaufgaben gehörende Aspekte thematisiert, die als belastend wahrgenommen werden. Hierzu zählen u. a. das Unterrichten verhaltensauffälliger Schülerinnen und Schüler oder von Kindern mit Sprachdefiziten, sonderpädagogische Aufgaben, der Verschiebung von Bildungs- hin zu Erziehungsaufgaben, steigende Dokumentationspflichten oder die Umsetzung von Schulreformen. Viele dieser als illegitim gewerteten Aufgaben haben ihren Ursprung nicht in der Einzelschule und deren Sozialbeziehungen, sondern entspringen Entwicklungen auf der Ebene des Schulsystems und hierbei insbesondere aus dem Kontext der Bildungsverwaltung und -administration.

Kurz: Sowohl die Erfahrung von fehlender als auch unzureichender sozialer Anerkennung ebenso wie die Zuweisung als illegitim wahrgenommener Aufgaben wirken sich nicht nur nachteilig auf das psychische Wohlbefinden und die Arbeitsmotivation von Lehrkräften aus, sondern gehen darüber hinaus mit der Ausbildung negativer Emotionen, wie Wut, Ärger oder Frustration einher und bedrohen den Selbstwert.

4 Kritische Perspektiven und Erweiterungsbedarfe des ERI-Modells

Die bisherigen Forschungen zu beruflichen Gratifikationskrisen verdeutlichen, dass das ERI-Modell als berufsunspezifisches Stressmodell prinzipiell für Untersuchungen zur Gesundheit von Lehrkräften herangezogen werden kann. Dem Gratifikationskrisenmodell kommt hierbei der Verdienst zu, einerseits die Bedeutsamkeit des persönlichen Anforderungs-Bewältigungsverhaltens für das Stresserleben herauszustellen, andererseits erlaubt es, die Rolle organisationaler Merkmale zu berücksichtigen (Semmer et al. 2007). Stress und stressinduzierte Erkrankungen werden so als Folgen des komplexen Zusammenwirkens personaler und organisationaler Faktoren verstehbar. Dadurch wird es möglich, über die bislang stark personenzentrierte Zugangsweise zur Gesundheit und zum Wohlbefinden von Lehrkräften innerhalb der Lehrkräftegesundheitsforschung hinauszugehen (Rothland 2009). Zudem haben die Forschungen im Anschluss an das ERI-Modell die Relevanz und Bedeutsamkeit reziproker sozialer Anerkennungsverhältnisse für das Selbstwertgefühl und damit für die Gesundheit von Lehrkräften herausgestellt.

Obgleich der Verdienste des ERI-Modells, erweisen sich dessen tausch- und anerkennungstheoretische Grundlagen sowohl in Bezug auf die Profession der Lehrkräfte als auch im Hinblick auf die Spezifika des Schulkontextes als unzureichend für die Erforschung der Frage nach Anerkennung als Gesundheitsressource im Kontext Schule. Hierfür bedarf es einer stärker anerkennungstheoretisch fundierten Lehrkräftegesundheitsforschung.

Tauschtheoretische Einschränkungen
Zunächst reduziert das Modell beruflicher Gratifikationskrisen die arbeitsbezogenen Austauschrelationen auf die Ebene des arbeitsvertraglichen Tausches. Mit Blick auf den Lehrkräfteberuf gilt es indes zu berücksichtigen, dass die Schulleitung gegenüber Lehrkräften und weiterem pädagogischen Personal zwar weisungsberechtigt ist, eine vertragliche Bindung gehen Lehrkräfte jedoch mit dem Staat als Arbeitgeber ein, der wesentliche Rahmenbedingungen vorgibt, die in der Organisation Schule nicht frei gestaltet werden können, was die Spielräume für Gratifikationen deutlich einschränkt. Fraglich und theoretisch offen bleibt zudem, inwiefern davon ausgegangen werden kann, dass es sich bei Anerkennung – als immaterieller und sozialer Gratifikationsform (Lehr/Hillert 2018, S. 143) – überhaupt um einen arbeitsvertraglich fixierbaren Gegenstand handeln kann.

Obgleich der Betonung, dass es sich bei Arbeitsverhältnissen um soziale Austauschbeziehungen handelt, vernachlässigt das ERI-Modell die soziale – und damit immer auch konflikthafte – Dimension des Reziprozitätsprinzips, denn die Bestimmung dessen, was als beiderseitig „angemessene" Leistung und Gegenleistung gilt, ist Gegenstand sozialer Definitionen und Aushandlungsprozesse, die sich nicht auf die Ebene arbeitsvertraglicher Beziehungen reduzieren lassen (Voswinkel 2005, S. 240). Innerhalb von Schule, als komplexem sozialen Gefüge, finden kontinuierlich Auseinandersetzungen zwischen den verschiedenen schulischen Akteursgruppen um die Ausgestaltung der jeweiligen Schulkultur statt, innerhalb derer auch die legitim erwartbaren Relationen von Leistungen und Gegenleistungen ausgehandelt werden, sich zumindest zeitweise stabilisieren, aber weiterhin umkämpft bleiben (Kramer 2016). Ein Gegenstand dieser sozialen Definitionen sind dabei die Möglichkeitsräume und Grenzen sozialer Anerkennungsprozesse auf interpersonaler und organisationaler Ebene. Für den Lehrkräfteberuf kommt erschwerend hinzu, dass sich aufgrund der prinzipiellen Offenheit und Unabschließbarkeit des Arbeitsauftrages (Bildung und Erziehung der nachwachsenden Generation) die erwartbaren Leistungen und Gegenleistungen kaum ausreichend spezifizieren lassen.

Lehrkräfte sind zudem in eine Vielzahl von impliziten und expliziten sozialen Tausch- und Anerkennungsbeziehungen eingebunden, wobei es zu einer Überlagerung kollektiver wie individueller Austauschverhältnisse kommt – der Lehrkräfteberuf gilt mithin als ein „Beziehungsberuf par excellence" (Bauer 2009, S. 254). Unsere eigenen Explorationen verdeutlichen, dass sich in Abhängigkeit der jeweiligen Bezugsgruppe (Schülerinnen und Schüler, Eltern, Kolleginnen und Kollegen, weiteres pädagogisches Personal, Schulleitung, externe Partnerinnen und Partner) multiple soziale (Anerkennungs-)Beziehungen konstituieren, die mit unterschiedlichen Erwartungen, Verpflichtungen und Wertigkeiten verbunden sind und die einen je spezifischen Beitrag zur Lehrkräftegesundheit leisten (Meißner et al. 2018a; Meißner et al. 2018b). Gleichsam zeigt sich, dass eben diese intersubjektiven Beziehungen vielfach asymmetrisch, Differenz erzeugend und machtförmig organisiert sind. Mit der Fokussierung auf den arbeitsvertraglichen Tausch geraten jedoch diese komplexen und machtförmig eingebetteten formellen und informellen Prozesse des Gebens, Nehmens und Erwiderns, wie sie für den Schulkontext charakteristisch sind, aus dem Blick, sodass der Geltungsbereich des Modells zum Verständnis von Beanspruchungen im Lehrkräfteberuf eingeschränkt bleibt.

Obgleich der Betonung sozialer Tauschverhältnisse geht das ERI-Modell letztlich von rationalen Tauschbeziehungen aus und fokussiert den instrumentellen Charakter arbeitsbezogener Austauschverhältnisse. Gerade für Berufe, deren professioneller Kern eine stark sinnstiftende Beziehungstätigkeit ist, bei denen es sich, wie im Falle des Lehrer-Schüler-Verhältnisses, nicht um eine reziproke Wechselbeziehung handeln kann und Anerkennung durch Schülerinnen und Schüler nicht für kurzfristig evaluierbare Leistungen gewährt wird, lassen sich die sozialen Beziehungen nicht angemessen als rationale Tauschbeziehungen im Sinne des ERI-Modells modellieren.

Anerkennungstheoretische Einschränkungen

Mit der Betonung der Vielfältigkeit schulischer Anerkennungsverhältnisse, deren Asymmetrien und Machtförmigkeit, gilt es, auch den dem ERI-Modell zugrundeliegenden Anerkennungsbegriff kritisch zu reflektieren. Anerkennung in Form sozialer Wertschätzung bezieht sich im Kontext des Gratifikationskrisenmodells auf den Wunsch, „für die eigene Person und ihr Handeln Bestätigung in Form positiver Rückmeldung durch signifikante andere Personen zu erhalten" (Siegrist 2009, S. 147). Das Anerkennungsgeschehen, und hier zeigen sich deutliche Parallelen zu den anerkennungstheoretischen Überlegungen von Axel Honneth (Honneth 2014), bezieht sich vorrangig auf die wertschätzende Bestätigung „von positiven Eigenschaften menschlicher Subjekte oder Gruppen" (Honneth 2004, S. 55). Derart wird Anerkennung auch von Siegrist als menschliches Grundbedürfnis gerahmt, welches neben dem Streben nach physischem Wohlbefinden, Autonomie und dem Bedürfnis nach sozialer Zugehörigkeit, konstitutiv für die individuelle „psychosoziale Balance"[1] (Siegrist 2009, S. 147) ist, die unsere Gesundheit und unser Wohlbefinden beeinflusst.

Anerkennung ausschließlich als Modus positiven Bestätigungshandelns bereits vorgängiger Eigenschaften zu konzeptualisieren greift theoretisch wie empirisch allerdings zu kurz (Ricken 2013), um Anerkennungsprozesse und -verhältnisse sowohl auf interpersoneller als auch organisationaler Ebene adäquat zu erfassen.[2] Dabei sind es insbesondere die anerkennungstheoretischen Arbeiten Judith Butlers, die, so die hier zugrunde liegende These, zu einem umfassenden Verständnis von Anerkennung beitragen können und vielfältige Anknüpfungspunkte für die Lehrkräftegesundheitsforschung bieten können.

Im Zentrum von Judith Butlers subjektivationstheoretischem Ansatz steht die Ambivalenz von Anerkennungsprozessen und -verhältnissen. Butler konzeptualisiert Anerkennung als „Struktur und Medium der Subjektbildung" (Balzer 2014, S. 581). Subjektivation bezeichnet dabei jenen „Prozess des Unterworfenwerdens durch Macht und zugleich den Prozess der Subjektwerdung" (Butler 2005, S. 8). Dabei insistiert sie darauf, dass Anerkennungsprozesse nicht als dyadische Verhältnisse, wie etwa im ERI-Modell, verstanden werden dürfen, sondern vielmehr von einer dreistelligen Konstellation ausgegangen werden muss: „x erkennt y als z an" (Bedorf 2010, S. 122). Damit werden zwei Aspekte angesprochen: Zum einen verweist der Term z darauf, dass es in Anerkennungsprozessen nie nur um eine Bestätigung dessen geht, was man bereits ist, sondern dass Anerkennung ein stiftendes Geschehen ist, welches den „Anerkannten erst zu dem macht, wofür sie ihn anerkennt" (Ricken 2013, S. 90) bzw., wie Thomas Bedorf (2011, S. 68) anmerkt, den Anerkannten zu dem macht, was er/sie noch nicht ist. Es besteht demnach eine Differenz „zwischen dem Vorgriff auf eine versprochene, aber noch nicht realisierte Identität und dem sprechenden Subjekt, das dieses Versprechen einklagt" (ebd.).

Zum anderen sind Anerkennungspraktiken eingebettet in gesellschaftlich bereits vorstrukturierte Normen der Anerkennbarkeit (Butler 2010, S. 13). Diese teils explizit, teils implizit erzeugten diskursiven Normen, Kategorien und Konventionen stecken das Feld des gesellschaftlich Denk-, Sag-, Sicht- und Lebbaren ab und regulieren dadurch, wer oder was als Subjekt anerkennungsfähig sein kann. Ein Individuum kann demzufolge nur ein sozial anerkennungsfähi-

---

1   Mit dem Begriff der psychosozialen Balance bezeichnet Siegrist (2009, S. 147) das Beziehungsgeflecht zwischen einer Person und ihrer unmittelbaren sozialen Umwelt. Dem liegt der anthropologische Gedanke zugrunde, dass Menschen ihre wesentlichen Bedürfnisse in Einklang mit ihrer Umwelt bringen können. Störungen dieses Beziehungsgeflechtes gefährden die Gesundheit und führen zu sozioemotionalem Dauerstress.

2   Eine ausführliche und kritische Auseinandersetzung mit der Anerkennungstheorie Honneths findet sich bei Balzer (2014), Balzer und Ricken (2010), Bedorf (2010), Reh und Ricken (2012) sowie Ricken (2013).

ges Subjekt werden, wenn es sich den „Schemata der Anerkennung" (Butler 2009, S. 11) unterwirft.

Obgleich also in Anerkennungsakten Subjektivität gestiftet wird, vollzieht sich dies nie ohne einen Moment des Verlustes, der Entfremdung und „Verkennung" (Bedorf 2010). Wenn also die gesellschaftliche Existenz des Einzelnen über Normen, Kategorien und Begriffe gewährt wird, beinhalten die Normen der Anerkennbarkeit systematische Ausschlüsse und Verwerfungen, da die Anerkennung als ein spezifisches Subjekt andere Möglichkeiten der Subjekthaftigkeit ausschließt bzw. als konstitutive Gegenhorizonte benötigt. Eben diese Dynamik von Inklusion und Exklusion lässt Anerkennung zu einem „Ort der Macht" (Butler 2009, S. 11) werden. Allerdings dürfen die Normen der Anerkennbarkeit keineswegs als das Subjekt determinierend gedacht werden. Vielmehr sind sie – als Gegenstand sozialer Definitionen – selbst kontingent, brüchig, prekär und damit offen für Umformungen.[3]

Zu Subjekten werden Individuen erst durch konkrete Anrufungen bzw. Adressierungen, in denen sie aufgefordert werden, eine Subjektposition[4] einzunehmen und sich mit dieser zu identifizieren. Diese Identifizierungen sind aber niemals total, da Subjekte immer auch eigensinne „Anwendungs-, Aneignungs- und Anverwandlungsprozesse subjektivierender Anrufungen [vornehmen, S. M.]" (Denninger et al. 2014, S. 26). Insofern muss mit Butler von einer bedingten Handlungsfähigkeit (agency) ausgegangen werden, die sich aus der Lücke zwischen Anrufungen in spezifischen diskursiven Ordnungen und der je konkreten Anverwandlungsweise der konkreten Person ergibt. Dabei betont Butler die fundamentale Abhängigkeit und Angewiesenheit von anderen, die den Einzelnen zugleich verletzbar (vulnerable) machen, da die eigene Identität und Selbstwahrnehmung existenziell von der Anrede durch signifikante andere abhängig ist (ausführlich hierzu z. B. Ricken 2013).

Kurz: Anerkennung ist sowohl ein produktiver als auch ein repressiver Akt, indem Subjekte zuallererst hervorgebracht und in ihre soziale Existenz hineingerufen werden, gleichzeitig aber immer auch unterworfen, zugerichtet und in bestehende soziale (Macht-)Ordnungen eingepasst werden (Butler 2010, S. 13 f.; Richter 2018, S. 111).

---

3 Um funktionieren zu können, bedürfen die Normen der Anerkennbarkeit einer ständigen Zirkulation und Wiederholung, d. h. sie müssen sich kontinuierlich bewähren, um ihre Hegemonie aufrechtzuerhalten. Jede Wiederholung geht immer auch mit Verschiebungen einher, die das Risiko bergen, dass die Normen im Kontext von Anrufungsakten abweichend oder in unerwarteter Weise rezitiert werden.

4 Subjektpositionen sind jene sprachlichen Kategorien und Titel, wie z. B. Lehrkraft, Mutter, Vater, Mann, Frau etc., die von Individuen eingenommen werden müssen, um sichtbar, verständlich, sprechfähig und letztlich sozial anerkennbar zu werden.

Die vorangegangene, schlaglichtartige Diskussion des ERI-Modells hat gezeigt, dass sich sowohl dessen tausch- wie auch anerkennungstheoretische Grundlagen als unzureichend für die Frage nach der Wirkungsweise von Anerkennung als Gesundheitsressource erweisen. Hierzu bedarf es einer stärker anerkennungstheoretischen Perspektive, um die Prozessdimension schulischer Anerkennungsverhältnisse und deren gesundheitsbezogenen Stellenwert in den Blick zu nehmen. Wie lassen sich diese Überlegungen zu einem erweiterten Verständnis von Anerkennung, wie sie hier im Anschluss an Judith Butlers Subjektivationstheorie schlaglichtartig skizziert wurden, für die Lehrkräftegesundheitsforschung fruchtbar machen?

5 Ausblick: Potenziale einer anerkennungstheoretisch fundierten Lehrkräftegesundheitsforschung

Die anerkennungstheoretischen Arbeiten Judith Butlers und ihre Formulierung von Anerkennung als „Struktur und Medium der Subjektkonstitution" (Balzer 2014, S. 581) gestatten es, das Wohlbefinden und die Gesundheit von Lehrkräften als Mehrebenenphänomen mit seinen vielfältigen Chancen und Risiken in den Blick zu nehmen.

Bereits auf Ebene der Bildungsadministration und -verwaltung sehen sich Einzelschulen und Lehrkräfte mit subjektivierenden Anrufungen konfrontiert, die legitim anerkennbare Subjektformen präfigurieren. Die rezenten Reformen des Schulsystems, die unter dem Leitbegriff „Neue Steuerung" firmieren, haben die Arbeitsorganisation von Schule und die professionellen Anforderungen an Lehrkräfte verändert. Diese Transformationen verlaufen keinesfalls reibungslos, sondern konflikthaft und lassen sich als Kämpfe um Anerkennung verstehen (Berkemeyer 2017), die gesundheitlich nicht folgenlos bleiben.

Aber auch Einzelschulen und Kollegien stellen in dieser Perspektive zentrale Subjektivationsinstanzen mit je eigenen Anerkennungsordnungen dar, die ihre Mitglieder in spezifischer Weise adressieren. Sie präfigurieren, für welche Gruppe von Lehrkräften welche Formen von Anerkennung identitätsstabilisierende und integrierende Wirkung haben, aber auch, für wen die „Raster der Anerkennung" (Butler 2010) differenzierend, hierarchisierend und exkludierend sind. Deutlich wird zudem, dass es sich sowohl bei den schulischen Anerkennungsordnungen, die sich in der jeweiligen Schulkultur niederschlagen, wie auch bei den kollegialen Anerkennungsordnungen um Kraftfelder handelt, mit hegemonialen aber auch unterlegenen Akteursgruppen. Diese schulischen Akteursgruppen ringen um die idealen Entwürfe und Selbstverhältnisse pädagogischer Professionalität und provozieren dadurch gleichzeitig widerständige Subjektpositionen, die sich den institutionellen Erwartungen entziehen oder sich sogar gegen diese wehren. Diese Machtordnungen stellen zugleich bestimmte

Wissensordnungen dar, die bedingen, welche beruflichen und professionellen Herausforderungen und Belastungen legitim und anerkennbar sind, wie mit ihnen umgegangen werden soll und welche Möglichkeitsräume es für soziale Unterstützung gibt.

Ein solcher subjektivationstheoretischer Zugriff, wie er im Anschluss an Judith Butler skizziert wurde, ermöglicht es auch, die professionellen und persönlichen Selbstverhältnisse auf individueller Ebene in den Blick zu nehmen. In den Fokus gerät damit der Eigenanteil der Individuen an der Subjektwerdung (Selbst-Bildungen), d.h. jene Praktiken der Aus- und Umgestaltung von Subjektformen, die adaptiert, variiert, eigensinnig angeeignet oder verworfen werden und damit die Art und Weise, wie sich Lehrkräfte in den schulsystemischen, schulkulturellen und kollegialen Anerkennungsordnungen selbst formen und von anderen geformt werden (Alkemeyer et al. 2013, S. 21). Overcommitment oder die berufliche Selbstwertschätzung lassen sich entsprechend dieser Theorieperspektive als spezifische Selbst-Bildungsprozesse im Umgang mit kollegialen und schulischen Anforderungen interpretieren.

Vor dem Hintergrund dieser ersten Überlegungen zu einer anerkennungstheoretisch fundierten Lehrkräftegesundheitsforschung muss die eingangs formulierte Frage nach dem gesundheitsbezogenen Stellenwert von Anerkennung reformuliert werden. Mit Hilfe der Subjektionstheorie Judith Butlers geht es darum, die Ambivalenz schulischer Anerkennungsverhältnisse als Ausgangspunkt zu nehmen und nach deren konkreten Ausformungen und Wirkungen zu fragen.

Literaturverzeichnis

Albrecht, Carla (2016): Belastungserleben bei Lehrkräften und Ärzten. Neue Ansätze für berufsgruppenspezifische Prävention. Bad Heilbrunn: Klinkhardt

Balzer, Nicole (2014): Spuren der Anerkennung. Studien zu einer sozial- und erziehungswissenschaftlichen Kategorie. Wiesbaden: Springer.

Balzer, Nicole/Ricken, Norbert (2010): Anerkennung als pädagogisches Problem – Markierungen im erziehungswissenschaftlichen Diskurs. In: Schäfer, Alfred/Thompson, Christiane (Hrsg.): Anerkennung. Paderborn: Schöningh.

Bauer, Joachim (2009): Burnout bei schulischen Lehrkräften. In: Psychotherapie im Dialog 10, H. 3, S. 251–255.

Bedorf, Thomas (2010): Verkennende Anerkennung. Über Identität und Politik. 1. Auflage. Berlin: Suhrkamp.

Bedorf, Thomas (2011): Gabe, Verkennung und provisorische Strategien. In: Hetzel, Andreas/Quadflieg, Dirk/Salaverría, Heidi (Hrsg.): Alterität und Anerkennung. 1. Auflage. Baden-Baden: Nomos Verlagsgesellschaft mbH & Co. KG, S. 63–76.

Bellingrath, Silja & Kudielka, Brigitte (2008): Effort-reward-imbalance and overcommitment are associated with hypothalamus-pituitary-adrenal (HPA) axis responses to acute psychosocial stress in healthy working schoolteachers. In: Psychoneuroendocrinology 33, H. 10, S. 1335–1343.

Bellingrath, Silja/Rohleder, Nicolas/Kudielka, Brigitte (2010): Healthy working school teachers with high effort-reward-imbalance and overcommitment show increased pro-inflammatory immune activity and a dampened innate immune defence. In: Brain, behavior, and immunity 24, H. 8, S. 1332–1339.

Berkemeyer, Nils (2017): Anthropologie „Neuer Steuerung". Ein Essay über implizite und explizite Menschenbilder und deren Potenziale für die Steuerungsforschung im Schulsystem. In: Standop, Jutta/Röhrig, Ernst Daniel/Winkels, Raimund (Hrsg.): Menschenbilder in Schule und Unterricht. 1. Auflage. Weinheim: Beltz Juventa, S. 181–194.

Böhringer, Sarah (2009): Selbst-Wertschätzung im Lehrerberuf als neues Konzept im Rahmen des Effort-Reward-Imbalance Modells. Entwicklung und Validierung einer Skala zur beruflichen Selbst-Wertschätzung. Dissertation, Philipps-Universität Marburg. Marburg.

Butler, Judith (2005): Psyche der Macht. Das Subjekt der Unterwerfung. 3. Auflage. Frankfurt am Main: Suhrkamp.

Butler, Judith (2009): Die Macht der Geschlechternormen und die Grenzen des Menschlichen. 1. Auflage. Frankfurt am Main: Suhrkamp.

Butler, Judith (2010): Raster des Krieges. Warum wir nicht jedes Leid beklagen. 1. Auflage. Frankfurt am Main: Campus Verlag GmbH.

Denninger, Tina/van Dyk, Silke/Lessenich, Stephan/Richter, Anna (2014): Leben im Ruhestand. Zur Neuverhandlung des Alters in der Aktivgesellschaft (Gesellschaft der Unterschiede, Bd. 12). Berlin: De Gruyter.

Hillert, Andreas/Lehr, Dirk/Koch, Stefan/Bracht, Maren/Ueing, Stefan/Sosnowsky-Waschek, Nadia et al. (2016): Lehrergesundheit. AGIL – das Präventionsprogramm für Arbeit und Gesundheit im Lehrerberuf. 2., überarbeitete Auflage. Stuttgart: Schattauer.

Honneth, Axel (2004): Anerkennung als Ideologie. In: WestEnd. Neue Zeitschrift für Sozialforschung 1, H. 1, S. 51–70.

Honneth, Axel (2014): Kampf um Anerkennung. Zur moralischen Grammatik sozialer Konflikte. Mit einem neuen Nachwort. 8. Auflage. Frankfurt am Main: Suhrkamp.

Känel, Roland v./Bellingrath, Silja/Kudielka, Brigitte (2009): Overcommitment but not effort-reward imbalance relates to stress-induced coagulation changes in teachers. In: Annals of behavioral medicine: a publication of the Society of Behavioral Medicine 37, H. 1, S. 20–28.

Kramer, Rolf-Torsten (2016): Der Ansatz „Schulkultur". Theoretische und empirische Perspektiven zum Verständnis von Bildungssystem und Bildungsinstitutionen. In: Maier, Maja S. (Hrsg.): Organisation und Bildung. Theoretische und empirische Zugänge. 1. Auflage. Wiesbaden: Springer VS, S. 33–49.

Lehr, Dirk/Hillert, Andreas (2018): Selbstwertschätzung im Beruf – ein Weg zur Balance? In: Badura, Bernhard/Ducki, Antje/Schröder, Helmut/Klose, Joachim/Meyer, Markus (Hrsg.): Fehlzeiten-Report 2018. Berlin, Heidelberg: Springer, S. 143–156.

Lehr, Dirk/Hillert, Andreas & Keller, Stefan (2009): What Can Balance the Effort? Associations between Effort-Reward Imbalance, Overcommitment, and Affective Disorders in German Teachers. In: International Journal of Occupational and Environmental Health 15, H. 4, S. 374–384.

Lehr, Dirk/Koch, Stefan/Hillert, Andreas (2010): Where is (im)balance? Necessity and construction of evaluated cut-off points for effort-reward imbalance and overcommitment. In: Journal of Occupational and Organizational Psychology 83, H. 1, S. 251–261.

Mayring, Philipp (2010): Qualitative Inhaltsanalyse. Grundlagen und Techniken. 11., aktualisierte und überarbeitete Auflage. Weinheim: Beltz.

Meißner, Sebastian/Semper, Ina/Roth, Sasha/Berkemeyer, Nils (2018a): Anerkennung als Gesundheitsressource? Die Bedeutung von Anerkennung für die Gesundheit von Lehrkräften. Bildungspolitik, Bildungsadministration und Bildungsforschung im Dialog. In: Drossel, Kerstin/Eickelmann, Birgit (Hrsg.): Does „What works" work? Bildungspolitik, Bildungsadministration und Bildungsforschung im Dialog. Münster: Waxmann, S. 223–240.

Meißner, Sebastian/Semper, Ina/Roth, Sasha/Berkemeyer, Nils (2018b): Gesunde Lehrkräfte: Eine Frage personaler und organisationaler Anerkennung? Ergebnisse einer qualitativen Studie zu schulischen Anerkennungsverhältnissen und deren Auswirkungen auf den Selbstwert. In: Gesellschaft für Arbeitswissenschaft e. V. (Hrsg.): Bericht zum 64. Arbeitswissenschaftlichen Kongress vom 21. bis 23. Februar 2018, Frankfurt am Main.

Reh, Sabin/Ricken, Norbert (2012): Das Konzept der Adressierung. Zur Methodologie einer qualitativ-empirischen Erforschung von Subjektivation. In: Miethe, Ingrid/Müller, Hans-Rüdiger (Hrsg.): Qualitative Bildungsforschung und Bildungstheorie. Leverkusen-Opladen: Barbara Budrich-Esser, S. 35–56.

Richter, Anna Sarah (2018): Intersektionalität und Anerkennung. Biographische Erzählungen älterer Frauen aus Ostdeutschland. 1. Auflage. Weinheim: Beltz Juventa.

Ricken, Norbert (2013): Anerkennung als Adressierung. Über die Bedeutung von Anerkennung für Subjektivationsprozesse. In: Alkemeyer, Thomas/Budde, Gunilla/Freist, Dagmar (Hrsg.): Selbst-Bildungen. Soziale und kulturelle Praktiken der Subjektivierung. Bielefeld: transcript; De Gruyter.

Rothland, Martin (2009): Das Dilemma des Lehrerberufs sind … die Lehrer? Anmerkungen zur persönlichkeitspsychologisch dominierten Lehrerbelastungsforschung. In: Zeitschrift für Erziehungswissenschaft 12, H. 1, S. 111–125.

Seibt, Reingard/Galle, M./Dutschke, D. (2007): Psychische Gesundheit im Lehrerberuf. In: Prävention und Gesundheitsförderung 2, H. 4, S. 228–234.

Seibt, Reingard/Hübler, A./Steputat, A./Scheuch, Klaus (2012): Verausgabungs-Belohnungs-Verhältnis und Burnout-Risiko bei Lehrerinnen und Ärztinnen – ein Berufsgruppenvergleich. In: Arbeitsmedizin. Sozialmedizin, Umweltmedizin 47, H. 7, 396–406.

Semmer, Norbert K./Jacobshagen, Nicola/Meier, Laurenz/Elfering, Achim (2007): Occupational Stress Research: The „Stress-as-offense-to-self" Perspective. In: Occupational Health Psychology: European Perspectives on Research, Education and Practice 2, S. 43–60.

Siegrist, Johannes (1996): Soziale Krisen und Gesundheit. Eine Theorie der Gesundheitsförderung am Beispiel von Herz-Kreislauf-Risiken. Reihe Gesundheitspsychologie, Bd. 5. Göttingen: Hogrefe.

Siegrist, Johannes (2009): Soziale Gratifikationskrisen und chronische Erkrankungen. In: Wippert, Pia-Maria/Beckmann, Jürgen/Borgetto, Bernhard (Hrsg.): Stress- und Schmerzursachen verstehen. Gesundheitspsychologie und -soziologie in Prävention und Rehabilitation. Stuttgart: Thieme, S. 147–154.

Siegrist, Johannes (2014): Stresstheorie: Das Anforderungs-Kontroll-Modell und das Modell beruflicher Gratifikationskrisen. In: Windemuth, Dirk/Jung, Detlev/Petermann, Olaf (Hrsg.): Praxishandbuch psychische Belastungen im Beruf. Vorbeugen – erkennen – behandeln. 2., erw. Auflage. Wiesbaden: Universum-Verlag, S. 78–87.

Siegrist, Johannes/Knesebeck, Olaf von dem (2014): Prävention chronischer Stressbelastung. In: Hurrelmann, Klaus/Klotz, Theodor/Haisch, Jochen (Hrsg.): Lehrbuch Prävention und Gesundheitsförderung. 4. Auflage. Bern: Hans Huber, S. 121–130.

Siegrist, Johannes/Li, Jian (2016): Associations of Extrinsic and Intrinsic Components of Work Stress with Health: A Systematic Review of Evidence on the Effort-Reward Imbalance Model. In: International journal of environmental research and public health 13, H. 4, S. 432.

Süß, Stefan/Weiß, Eva-Ellen (2016): Berufliche Gratifikationskrisen. In: Wirtschaftswissenschaftliches Studium 45, H. 5, S. 236–240.

Taris, Toon W./van Horn, Joan E./Schaufeli, Wilmar B./Schreurs, Paul J. G. (2004): Inequity, burnout and psychological withdrawal among teachers. A dynamic exchange model. In: Anxiety, Stress & Coping 17, H. 1, S. 103–122.

van Horn, Joan E./Schaufeli, Wilmar B./Taris, Toon W. (2001): Lack of reciprocity among Dutch teachers. Validation of reciprocity indices and their relation to stress and well-being. In: Work & Stress 15, H. 3, S. 191–213.

Van Vegchel, Natasja/Jonge, Jan de/Bosma, Hans/Schaufeli, Wilmar B. (2005): Reviewing the effort-reward imbalance model. Drawing up the balance of 45 empirical studies. In: Social science & medicine 60, H. 5, S. 1117–1131.

Voswinkel, Stephan (2005): Reziprozität und Anerkennung in Arbeitsbeziehungen. In: Adloff, Frank/Mau, Steffen (Hrsg.): Vom Geben und Nehmen. Zur Soziologie der Reziprozität. Frankfurt: Campus-Verlag, S. 237–256.

Voswinkel, Stephan (2014): Formwandel von Institutionen der Anerkennung in der Sphäre der Erwerbsarbeit. In: Ethik und Gesellschaft, H. 1.

Wilson, Valerie (2002): Feeling the strain. An overview of the literature on teachers' stress (SCRE research report, n. 109). Edinburgh: Scottish Council for Research in Education.

Teil II
Soziale Teilhabe in Schulen –
Materialien für die Praxis

Übergangskonferenzen – Eine Praxishilfe zur individuellen Übergangsgestaltung für Kinder und Jugendliche mit Förderbedarf

Dorit Weber-Liel, Kerstin Mayhack, Bärbel Kracke & Peter Noack

Mit dem Band „Übergangskonferenzen – Eine Praxishilfe zur individuellen Übergangsgestaltung für Kinder und Jugendliche mit Förderbedarf" (Kracke et al. 2019) liegt die ausführliche Beschreibung einer Methode zur individuellen Übergangsgestaltung mit prozessbegleitenden Arbeitsmaterialien vor, die durch ihren praxisnahen Entwicklungsprozess als eine Reaktion auf verschiedene Bedürfnislagen der aktuellen inklusiven Schullandschaft gesehen werden kann. Zur professionellen Übergangsbegleitung für Kinder und Jugendliche mit sonderpädagogischem Förderbedarf erhalten Pädagogen und Pädagoginnen eine Handreichung, die ihnen die strukturierte Vorbereitung, Durchführung und Reflexion von Übergangskonferenzen ermöglicht.

1   Was sind Übergangskonferenzen?

Als Übergangskonferenz wird das Zusammentreffen der an einem Bildungsübergang beteiligten Akteure bezeichnet, das der Unterstützung eines Kindes oder Jugendlichen mit einem besonderen Förderbedarf dient. Übergangskonferenzen als eine Form individueller Übergangsgestaltung sind immer dann indiziert, wenn die jahrgangsorientierten Angebote zur Unterstützung von Übergängen (Schnupperstunden, Tag der offenen Tür, Einführungswoche, Elternabende usw.) nicht ausreichen, um den besonderen Bedürfnissen von Kindern mit einem Förderbedarf gerecht zu werden. Die notwendige Gestaltung der Lernumgebung im Sinne der individuellen Bedürfnisse des Kindes oder Jugendlichen kann durch eine funktionierende Kooperation aller am Übergang beteiligten Akteure realisiert werden.

Abhängig davon, ob es sich um den Übergang von der Kita in die Grundschule, von der Grundschule in die weiterführende Schule oder um den Übergang von der Schule in die Berufsausbildung bzw. die Arbeitswelt handelt, variiert der mögliche Personenkreis für eine Übergangskonferenz. Neben den Eltern gehören die schulischen Akteure zum Unterstützerkreis: Lehrkräfte, Schulbegleiterinnen oder -begleiter, Förderpädagoginnen und -pädagogen, Beratungslehrerinnen und -lehrer, Erzieherinnen und Erzieher. Weiterhin können außerschulische Akteure einbezogen werden: Mitarbeitende des Integrationsdienstes, therapeutische Fachkräfte oder beim Übergang in die Arbeitswelt Vertreter und Vertreterinnen der Bundesagentur für Arbeit, von Betrieben oder Ausbildungseinrichtungen. Wenn möglich, ist das Kind bzw. der Jugendliche selbst anwesend. Das muss unter Berücksichtigung von Alter, Entwicklungsstand und der zu besprechenden Themen entschieden werden.

In jedem Fall steht das Kind oder der Jugendliche mit seinen Bedürfnissen, die sich aus seinem Entwicklungsstand, den individuellen Voraussetzungen und Möglichkeiten ergeben, im Mittelpunkt. Zentral sind die Fragen: Welche Unterstützung ist notwendig, damit das Kind oder der Jugendliche gut in der neuen Einrichtung ankommen kann? Wie kann die notwendige Unterstützung realisiert werden?

2 Ziele von Übergangskonferenzen

Grundsätzlich können mit einer Übergangskonferenz zwei verschiedene Zielstellungen verfolgt werden: (1) Wenn die Einrichtung, in die das Kind/der Jugendliche wechselt, feststeht, bietet sie einen Informations- und Erfahrungsaustausch zum Kind oder Jugendlichen, der es der aufnehmenden Einrichtung ermöglicht, sich auf das Kind einzustellen und darüber hinaus auch einen Abgleich der Erwartungen und Vorstellungen der Eltern und Vertreter der aufnehmenden Einrichtung erlaubt. (2) Wenn noch unklar ist, welche Einrichtung ein Kind/ein Jugendlicher besuchen wird, unterstützt die Übergangskonferenz die Suche nach einer passenden weiterführenden Bildungseinrichtung oder nach einem Arbeits- bzw. Ausbildungsplatz.

(1) Wenn die aufnehmende Einrichtung bereits feststeht, geht es zentral um die Weitergabe aller wichtigen Informationen zum Entwicklungsstand des Kindes und den notwendigen Lernvoraussetzungen. Die Vertreter und Vertreterinnen der abgebenden Einrichtung können neben diagnostischen Informationen zum Lernstand des Kindes bzw. des Jugendlichen über wertvolle Erfahrungen bei der Schaffung individuell notwendiger Lernbedingungen berichten. Das kann alle schulischen Themen betreffen, angefangen von der räumlichen und technischen Ausgestaltung über Fragen zum positiven Sozialklima in der Klasse bis hin zur kooperativen Zusammenarbeit mit Eltern und anderen wichtigen Partnern. Gemeinsam sollten der notwendige Unterstützungsbedarf besprochen, Handlungsstrategien entwickelt, Verantwortlichkeiten festgelegt und Aufgaben verteilt werden. Findet die Übergangskonferenz bereits vor dem Schul- oder Institutionenwechsel des Kindes oder Jugendlichen statt, haben die Pädagogin-

nen und Pädagogen bzw. Ausbildungsverantwortlichen der aufnehmenden Einrichtung Zeit, sich auf die individuellen Lernvoraussetzungen einzustellen und notwendige Maßnahmen zur Lernraumgestaltung umzusetzen.

In der schulischen Praxis wird häufig erst nach dem Schulwechsel die Dringlichkeit einer individuellen Übergangsgestaltung deutlich, wenn erste misserfolgsgeprägte Erfahrungen sowohl auf Seiten der Lehrkräfte als auch von der Schülerin oder dem Schüler gemacht wurden. Eine Übergangskonferenz zu diesem Zeitpunkt hat ein hohes Potenzial zur systematischen Auseinandersetzung mit den aufgetretenen Problemen. Wird ein Zusammentreffen mit Vertreterinnen und Vertretern der abgebenden Einrichtung an dieser Stelle aus Gründen zeitlicher Belastung unterlassen, wird auf wertvolle Informationen verzichtet, die individuelle Lösungsfindung erschwert und es werden Probleme möglicherweise verschleppt.

Ob eine Übergangskonferenz nun vor oder nach dem Wechsel stattfindet: In beiden Fällen ist es wichtig, dass auch ein Austausch über die Perspektiven von Eltern und aufnehmender Schule bzw. Institution stattfindet, in dem ein wechselseitiges Verständnis für die an die Situation herangetragenen Wünsche, Befürchtungen sowie Lehr- bzw. Erziehungsvorstellungen entsteht.

(2) Wenn ein Übergang ansteht, aber eine für den Schüler oder die Schülerin passende weiterführende Bildungseinrichtung erst gefunden werden muss, können in einer Übergangskonferenz alle schulischen und außerschulischen Akteure zusammengebracht werden, die für das Kind bzw. den Jugendlichen potenziell unterstützend sein können. Durch die verschiedenen Perspektiven und die Bündelung der Ressourcen können Eltern, Lehrkräfte und auch das Kind oder der Jugendliche selbst Unterstützung und Entlastung beim Auffinden einer geeigneten Einrichtung erfahren. Eine hohe Relevanz hat diese Form von individueller Übergangsgestaltung am Übergang von der Schule in den Beruf. Im Berufsorientierungsprozess ab dem 7. Schuljahr geht es für die Jugendlichen mit einem sonderpädagogischen Förderbedarf um die Suche nach Praktikumsplätzen, gegen Ende der Schulzeit dann um eine geeignete berufliche Ausbildung oder auch eine Beschäftigung, wenn eine Ausbildung nicht möglich ist. Hier kommen zu den schulischen Akteuren im Übergangsprozess eine Vielzahl von außerschulischen Partnern (Reha-Abteilung der Bundesagentur für Arbeit, Ausbildungseinrichtungen, Trägervereine von Berufsorientierungs- und Bildungsprojekten, IHK, HWK usw.) hinzu. In einer oder mehreren Übergangskonferenzen können die Netzwerkarbeit strukturiert und die Lehrkräfte und Eltern bei der Suche nach geeigneten Praktikums-, Ausbildungs- oder Arbeitsplätzen unterstützt werden. Durch die Unterschiedlichkeit der Behinderungen und ihrer jeweiligen Ausprägung erfordert die Gestaltung des Übergangs von der Schule in den Beruf ein individuelles Vorgehen, das im Sinne einer erfolgreichen Bewältigung vom Unterstützerkreis des Jugendlichen diskutiert, geplant und umgesetzt werden muss.

Entsprechend der schulspezifischen Voraussetzungen, der vorhandenen kommunalen Strukturen sowie der Spezifik, die sich aus dem individuellen Lern- und Entwicklungsstand des einzelnen Schülers oder der Schülerin ergibt, muss eine Übergangskonferenz bezüglich Zeitpunkt, Zielstellung, Beteiligten und der zu besprechenden Themen angepasst werden. Die Praxishilfe „Übergangskonferenzen" von Kracke und Kollegen (2019) ist dementsprechend gestaltet, dass Pädagoginnen und Pädagogen diese Anpassung individuell vornehmen sowie eine Übergangskonferenz strukturiert planen, durchführen und auswerten können.

3   Wie ist die Praxishilfe aufgebaut?

Die Praxishilfe „Übergangskonferenzen" umfasst sieben Bausteine (vgl. Abb. 1) sowie einen Anhang mit Informationen zum Projekt VorteilJena, in dessen Kontext sie entstanden ist, und eine Übersicht zu weiterführenden Materialien. Vier Bausteine (A, B, F, G) sind Theoriebausteine, die Praxisbausteine C, D und E können auch ohne vorheriges Studium der Theorieteile umgesetzt werden.

Abb. 1: Inhalte der Praxishilfe „Übergangskonferenzen" (Quelle: Kracke et al. 2019, S. 7)

Baustein A	• Systematisierung Übergänge • Charakteristischer Ablauf von Bildungsübergängen • Aufgaben der Schule
Baustein B	• Beschreibung von **Übergangskonferenzen** • Unterscheidung verschiedener Typen von Übergangskonferenzen
Baustein C	• **Praxisteil:** Durchführung von Übergangskonferenzen Typ A – weiterführende Einrichtung ist bekannt
Baustein D	• **Praxisteil:** Durchführung von Übergangskonferenzen Typ B – weiterführende Einrichtung ist nicht bekannt
Baustein E	• **Praxisteil:** Durchführung von Übergangskonferenzen Typ B am Übergang Schule – Berufswelt
Baustein F	• Bedeutung von **Netzwerkarbeit** am Übergang Schule – Berufswelt
Baustein G	• **Hintergrundinformationen** zum Thema Inklusion in Schulen und Sonderpädagogischer Förderbedarf
Anhang	• Zum Projekt „VorteilJena" • Ansprechpartner und -partnerinnen • Weiterführende Links und Literatur

Im **Baustein A** wird den Fragen nachgegangen, welche Bedeutung Übergänge für die Beteiligten haben und wie Übergänge ablaufen (s. Abb. 2).

Abb. 2: Ablauf von Übergängen (Quelle: Kracke et al. 2019, S. 16)

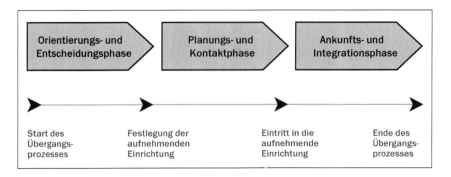

Es wird darauf eingegangen, welche Potenziale die Durchführung einer Übergangskonferenz in den jeweiligen Phasen hat und welche Aufgaben sich dementsprechend im Sinne einer individuellen Übergangsgestaltung für die abgebende und die aufnehmende Einrichtung ergeben (vgl. Abb. 3).

Abb. 3: Potenziale von Übergangskonferenzen in den drei Phasen eines Übergangs (Quelle: Kracke et al. 2019, S. 30)

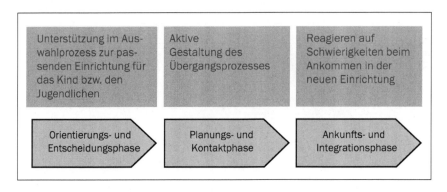

Entsprechend verschiedener Zielstellungen und verschiedener Durchführungszeitpunkte erfolgt eine Einteilung in die zwei schon angesprochenen Typen von Übergangskonferenzen.

Typ A – die weiterführende Einrichtung ist bereits bekannt. Vertreter und Vertreterinnen der abgebenden und der aufnehmenden Einrichtung können mit den Eltern und anderen am Übergang beteiligten Personen zusammenkommen. Ziel sind der Austausch von Informationen zum Entwicklungsstand des Kindes, der Abgleich von Erwartungen und Möglichkeiten sowie die Besprechung des Weiteren, gemeinsamen Vorgehens.

Typ B – die weiterführende Einrichtung ist noch nicht bekannt. Das Ziel eines Treffens von Eltern, Lehrkräften und anderen am Übergang beteiligten Personen ist es, die für das Kind passende weiterführende Einrichtung zu finden. Große Relevanz hat Typ B beim Übergang Schule–Beruf, da meist erst zum Ende der Schulzeit oder später die passende weiterführende Ausbildungs- oder Arbeitsstelle feststeht.

Baustein B enthält Überlegungen zum pädagogischen Handeln. Für die Durchführung von Übergangskonferenzen und die damit verbundene Begleitung vielschichtiger Veränderungsprozesse in Übergangsphasen sind Kooperation und Empowerment hilfreiche Ansätze der pädagogischen Arbeit. Das Grundverständnis und die Ableitungen für die pädagogische Praxis werden hier erläutert.

Die Ausführungen zu den Übergangsphasen, den damit verbundenen Zielen und Aufgaben, den möglichen Beteiligten und einer kooperativen ressourcenorientierten Arbeitsweise werden in dem *Modell für eine inklusive Übergangsgestaltung in Schulen* zusammengeführt (vgl. Abb. 4, nächste Seite).

In den **Praxisteilen C** (Übergangskonferenz Typ A) **und D** (Übergangskonferenz Typ B) steht die Durchführung einer Übergangskonferenz im Mittelpunkt.

Durch die Einteilung in die Phasen Situationsanalyse, Vorbereitung, Durchführung und Auswertung (vgl. Abb. 5, übernächste Seite) ist der Prozess strukturiert (Peterson et al. 1991). Für jede Phase sind Checklisten, Arbeitsblätter und Zeitpläne als Kopiervorlagen enthalten, um die mit der Durchführung beauftragte Lehrkraft zu unterstützen und zu entlasten. In der *Situationsanalyse* geht es darum, möglichst viele Informationen über das Kind zu sammeln, die am Übergang beteiligten Akteure zu identifizieren und einen Überblick über alle anstehenden Termine und Fristen im Übergangsprozess zu erhalten. Anschließend kann in der *Vorbereitungsphase* das Treffen sowohl inhaltlich als auch organisatorisch geplant werden. Für die *Durchführung* enthält die Praxishilfe eine Zusammenstellung wichtiger zu besprechender Punkte sowie eine Protokollvorlage. Ebenso sind für die *Nachbereitung* wichtige Fragen auf Arbeitsblättern zusammengefasst.

Da sich der Übergang von der Schule in die Berufswelt über einen längeren Zeitraum erstreckt und zahlreiche außerschulische Kooperationspartner einzubinden sind, ist dieser Übergang in dem separaten **Praxisbaustein E** dargestellt. Der Frage, wie es für Schüler und Schülerinnen, die keinen ausbildungsrelevanten Abschluss erreichen können, nach der Schule weitergeht, wird in einem gesonderten Abschnitt nachgegangen.

Abb. 4: Modell für eine inklusive Übergangsgestaltung in Schulen (Quelle: Kracke et al. 2019, S. 27)

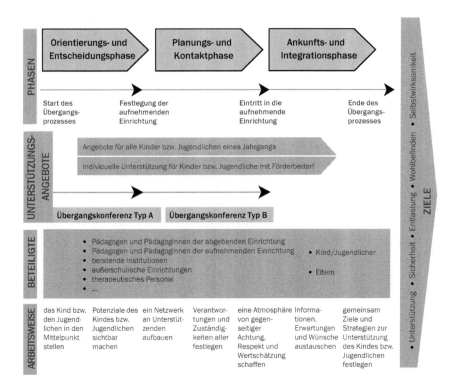

In **Baustein F** wird die Bedeutung von Netzwerkarbeit thematisiert. Entsprechend der Gelingensbedingungen für Übergänge müssen innerhalb der Schule Verantwortlichkeiten geklärt, Ressourcen für eine individuelle Übergangsgestaltung und Netzwerkarbeit geschaffen sowie die Frage der kontinuierlichen Dokumentation von Übergängen geklärt werden. Damit ist die Implementation einer individuellen Übergangsgestaltung in das Gesamtkonzept einer Schule eine Frage der Schulentwicklung, die im multiprofessionellen Team aus Fachlehrerinnen und Fachlehrern, Förderpädagoginnen und Förderpädagogen, Beratungslehrkräften, Schulbegleiterinnen und Schulbegleitern und Erzieherinnen und Erzieher realisiert werden muss. Die Praxishilfe bietet hier Anregungen und Impulse, vor allem zur Systematisierung der bisherigen Maßnahmen zur Übergangsgestaltung und zur Erstellung eines schulspezifischen Zeitplans.

Baustein G enthält grundlegende Hintergrundinformationen zum Thema Inklusion in Schulen und sonderpädagogischer Förderbedarf. Die Feststellung eines sonderpädagogischen Förderbedarfs wird in den einzelnen Bundesländern verschieden gehandhabt. Die Vorgehensweise und die möglichen Bildungsgänge in Thüringen sind hier als Beispiel erläutert.

Abb. 5: Phasenstruktur zur Durchführung einer Übergangskonferenz (Quelle: eigene Darstellung)

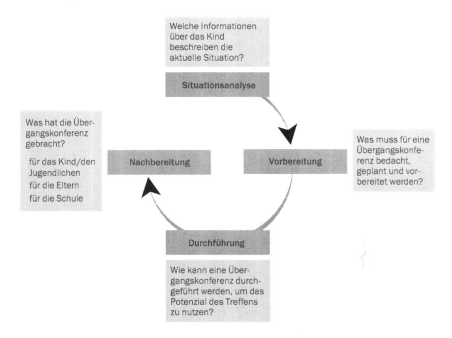

Die Praxishilfe ist in allen Punkten als ein Angebot zur individuellen Gestaltung von Übergängen zu betrachten. Die Überschriften und Gliederungspunkte sind als Fragen formuliert, um einen bedarfsgerechten, an den spezifischen Voraussetzungen der Schule und des Schülers bzw. der Schülerin orientierten Einsatz anzuregen.

Ein zeitlicher Überblick über die drei in der Praxishilfe näher betrachteten Übergänge sind konkret für Jena, den Durchführungsort des Projektes, erarbeitet worden. Sie finden sich, wie alle anderen regionalen Bezüge, als Beispiele gekennzeichnet unter dem Symbol der Lupe. In den Praxisbausteinen zu den verschiedenen Übergängen gibt es Arbeitsblätter zur Selbsterarbeitung eines Zeitstrahls, so dass jede Schule nach ihren Voraussetzungen planen kann.

4   Wer sind die Zielgruppen?

Die Praxishilfe unterstützt vorrangig das Ziel, die Durchführung von Übergangskonferenzen für Kinder und Jugendliche mit sonderpädagogischem Förderbedarf zu strukturieren und damit zu erleichtern. *Pädagogen* und *Pädagoginnen* sollen bei der individuellen Übergangsgestaltung unterstützt werden, um Übergänge von Kindern und Jugendlichen mit Förderbedarf zwischen Kin-

165

dergarten, Schule und Beruf Erfolg versprechend zu gestalten und so zu einer möglichst günstigen Bildungslaufbahn und emotionalen Entlastung aller beteiligten Akteure beizutragen. Mit Hilfe der dargestellten Abläufe, Hintergrundinformationen und Checklisten können Übergangskonferenzen von pädagogischen Fachkräften selbstständig durchgeführt werden.

Um Übergangskonferenzen als eine Methode zur individuellen Übergangsgestaltung an einer Schule zu etablieren, müssen bestimmte Fragen zu Verantwortlichkeiten und Kooperationen innerhalb und außerhalb der Schule sowie die Bereitstellung von personellen Ressourcen auf Schulebene diskutiert werden. *Personen, die mit Schulentwicklung befasst sind,* finden Impulse zur Entwicklung eines individuellen Übergangskonzeptes in den Theoriebausteinen A und B. Sie bieten Hintergrundinformationen zur Systematisierung von Übergängen und entsprechend verschiedener Zielstellungen eine Einteilung in zwei Typen von Übergangskonferenzen.

Die inklusive Schule ist ein wichtiges Thema für angehende Lehrkräfte. Lehramtsstudenten und -studentinnen in der Ausbildung finden in der Praxishilfe Hintergrundinformationen zu schulischer Inklusion, sonderpädagogischem Förderbedarf, individueller Übergangsgestaltung und Netzwerkarbeit. Das Material kann in der Ausbildung eingesetzt sowie zur selbständigen Vorbereitung auf die Arbeit in inklusiven Schulen hilfreich sein.

Literaturverzeichnis

Arndt, Ann-Kathrin/Rothe, Antje/Urban, Michael/Werning, Rolf (2015): Im Spannungsverhältnis von Kontinuität und Diskontinuität – Perspektiven von ErzieherInnen und Lehrkräften in der Transition. In: Urban, Michael/Schulz, Marc/Meser, Kapriel/Thoms, Sören (Hrsg.): Inklusion und Übergang. Perspektiven der Vernetzung von Kindertageseinrichtungen und Grundschulen. Bad Heilbrunn: Klinkhardt, S. 120–134.

Berkemeyer, Nils/Järvinen, Hanna/Otto, Johanna/Bos, Wilfried (2011): Kooperation und Reflexion als Strategien der Professionalisierung in schulischen Netzwerken. In: Zeitschrift für Pädagogik 57, H. 1, S. 225–247.

Bertelsmann Stiftung/Beauftragter der Bundesregierung für die Belange behinderter Menschen/Deutsche UNESCO-Kommission/Sinn-Stiftung (Hrsg.) (2011): Gemeinsam lernen – Auf dem Weg zu einer inklusiven Schule. Gütersloh: Verlag Bertelsmann Stiftung.

Epstein, Joyce L. (1992): School and Familiy Partnerships. In: Alin, Marvin C. (Hrsg.): Encyclopedia of Educational Research. New York: Macmillan Publishing Company, S. 1139–1151.

Graßhoff, Gunther/Ullrich, Heiner/Binz, Christine/Pfaff, Annika/Schmenger, Sarah (2013): Eltern als Akteure im Prozess des Übergangs vom Kindergarten in die Grundschule. Wiesbaden: Springer.

Griebel, Wilfried/Niesel, Renate (2004): Transitionen. Fähigkeit von Kindern in Tageseinrichtungen fördern, Veränderungen erfolgreich zu bewältigen. Weinheim Basel: Beltz.

Hasselhorn, Marcus/Ehm, Jan-Henning/Wagner, Hanna/Schneider Wolfgang/Schöler, Hermann (2015): Zusatzförderung von Risikokindern. Handreichung für pädagogische Fachkräfte im Übergang vom Elementar- zum Primarbereich. Göttingen: Hogrefe.

Herriger, Norbert (2002): Empowerment in der sozialen Arbeit. Stuttgart: Kohlhammer.

Jugend- und Familienministerkonferenz, Kultusministerkonferenz (Hrsg.) (2009): „Den Übergang von der Tageseinrichtung für Kinder in die Grundschule sinnvoll und wirksam gestalten – Das Zusammenwirken von Elementarbereich und Primarstufe optimieren." www.kmk.org/fileadmin/Dateien/veroeffentlichungen_beschluesse/2009/2009_06_18-Uebergang-Tageseinrichtungen-Grundschule.pdf (Abfrage: 20.01.2019).

Kracke, Bärbel/Mayhack, Kerstin/Noack, Peter/Weber-Liel, Dorit (2019a): Übergangskonferenzen – Eine Praxishilfe zur individuellen Übergangsgestaltung in Kindergarten und Schule. Weinheim und Basel: Beltz.

Landratsamt Rems-Murr-Kreis (Hrsg.) (2013): „Leitfaden zur Integrationshilfe in Kindertagesstätten im Rems-Murr-Kreis." www.yumpu.com/de/document/view/25699689/leitfadenlandratsamt-rems-murr-kreis/15 (Abfrage: 20.01.2019).

Mayhack, Kerstin (2010): „Leitfaden für eine partnerschaftliche Elternarbeit." In: Thüringer Ministerium für Bildung, Wissenschaft und Kultur (Hrsg.): Materialband zum Thüringer Bildungsplan für Kinder bis 10 Jahre. www.thueringen.de/imperia/md/content/tmbwk/bildung/bildungsplan/bildungsplan_materialband.pdf (Abfrage: 20.01.2019)

Nieskens, Birgit/Peperkorn, Milena/Schmidt, O./Paulus, Peter (2015): Fit für Ausbildung und Beruf! – Mit psychischer Gesundheit den Übergang gestalten. Lüneburg: MindMatters Programmzentrum.

Narayan-Parker, Deepa (2002): Empowerment and Poverty Reduction: A Sourcebook. Washington, DC: World Bank.

Peterson, Gary W./Sampson, James P. Jr./Reardon, Robert C. (1991): Career development and services: A cognitive approach. Pacific Grove, CA: Brooks/Cole.

Serviceagentur Ganztägig Lernen (Hrsg.) (2010): „‚Check-Liste' für Kooperationen zwischen Schulen und außerschulischen Partnern". www.niedersachsen.ganztaegig-lernen.de/sites/default/files/Checkliste_0.pdf (Abfrage: 20.01.2019).

Sommer, Viola (2013): Berufsorientierung im Rahmen der Initiative „Inklusion" – Gelingensbedingungen für Übergänge von der Schule in das Arbeitsleben. In: Jantowski, Andreas (Hrsg.): Gemeinsam leben. Miteinander lernen (S. 123–130). Weimar: Gutenberg.

Spieß, Erika (2004): Kooperation und Konflikt. In: Schuler, Heinz (Hrsg.): Enzyklopädie der Psychologie, Band Organisationspsychologie – Gruppe und Organisation. Göttingen: Hogrefe, S. 193–250.

Spinelli, Cathleen G. (1998): „Improving Communication between Parents and Teachers: Promoting Effective Intervention for Students with Disabilities". files.eric.ed.gov/fulltext/ED417547.pdf (Abfrage: 20.01.2019)

Stark, Wolfgang (1996): Empowerment. Neue Handlungskompetenzen in der psychosozialen Praxis. Freiburg i. B.: Lambertus.

Thüringer Ministerium für Bildung, Wissenschaft und Kultur (2013): „Handreichung für den Gemeinsamen Unterricht. Praxishilfe." www.thueringen.de/mam/th2/schulaemter/handreichung_gu.pdf (Abfrage: 20.01.2019).

Thüringer Ministerium für Bildung, Wissenschaft und Kultur (2008): „Fachliche Empfehlung zur Sonderpädagogischen Förderung in Thüringen". www.thueringen.de/imperia/md/content/tkm/schule/broschuere_sonderpaedagogische_foerderung.pdf (Abfrage: 20.01.2019).

Praxisboxen zur Lehrkräftegesundheit

Sebastian Meißner, Sascha Roth, Ina Semper &
Nils Berkemeyer

1 Einleitung

Die Arbeits- und Gesundheitssituation von Lehrkräften ist ein seit den 1990er
Jahren sowohl in der Öffentlichkeit wie auch in der Forschung zur Lehrkräftegesundheit breit und kontrovers diskutiertes Thema. Vor dem Hintergrund der
zentralen Bildungs-, Qualifikations- und Erziehungsaufgaben, mit denen Lehrkräfte zum Fortbestand und zur Weiterentwickelung von Gesellschaft beitragen, stellt die Förderung der Lehrkräftegesundheit ein bedeutsames Thema dar,
denn für guten Unterricht braucht es nicht nur zufriedene und motivierte, sondern vor allem gesunde Lehrkräfte.

Die eigenen Ressourcen zu erkennen, zu stärken und dadurch Lehrkräfte
psychisch wie physisch widerstandsfähiger gegen die Herausforderungen und Belastungen des Schulalltags zu machen, ist das Kernanliegen der im VorteilJena-
Teilprojekt „Gesunde Lehrkräfte durch Gemeinschaft" entwickelten Praxishilfematerialien. Aus einer salutogenetischen Perspektive stellen sie aus je unterschiedlichen Richtungen die Frage zentral: *Was erhält Lehrkräfte gesund.*

Während sich die *„Anti-Stress-Box für Lehrerinnen und Lehrer"* darauf konzentriert, was Lehrkräfte selbst tun können, um ihre beruflichen Belastungen
und Beanspruchungen erfolgreich zu bewältigen und dadurch positiv auf das
eigene Stressgeschehen einzuwirken, nutzt die *„Praxisbox Kollegiale Fallberatung. Herausforderungen in der Schule gemeinsam bewältigen"* kollegiale Beziehungen innerhalb von Schulen als Gesundheitsressource, die die negativen
Wirkungen von Stressoren nicht nur abfedern, sondern sich auch unmittelbar
positiv auf das Wohlbefinden und die psychische Gesundheit von Lehrkräften
auswirken können (Meißner et al. 2019; Rothland 2013).

Ziel des nachfolgenden Beitrags ist es, einen exemplarischen Einblick in die
während der Projektlaufzeit entwickelten Praxishilfematerialien zu geben und
deren Potenziale für die Lehrkräftegesundheit ebenso wie deren Anwendungs-
grenzen herauszuarbeiten.

2 Anti-Stress-Box für Lehrerinnen und Lehrer

Die Herausforderungen und Belastungen, mit denen sich Lehrkräfte täglich konfrontiert sehen, resultieren aus den besonderen Charakteristika des Arbeitsplatzes Schule und des Lehrkräfteberufs, sind aber auch Folge bildungspolitischer und -administrativer Reformen. Wie aber mit diesen vielfältigen Herausforderungen und Arbeitsbedingungen umgehen? Wie auch unter belastenden Bedingungen gesund bleiben?

Diesen Fragestellungen begegnet die Anti-Stress-Box mit Reflexions- und Anwendungsübungen für den individuellen Gebrauch, mit deren Hilfe die eigenen Ressourcen gegen beruflichen Stress aktiviert und gestärkt werden können.

Die insgesamt 46 Karten bieten den Anwenderinnen und Anwender zentrale Impulse, das eigene Gesundheits- und Stressverhalten gezielt in den Blick zu nehmen und über konkrete Interventionsmöglichkeiten erfolgreich(er) mit dem eigenen Stress umzugehen. Im praktischen A5-Format finden Lehrkräfte Anregungen und Tipps im Umgang mit dem eigenen Stressmanagement. Unter Stressmanagement verstehen wir alle Anstrengungen, um den eigenen Stress zu meistern, zu mildern, zu tolerieren oder zu vermeiden (Lazarus/Launier, 1981). Stressbewältigung findet demnach auf unterschiedlichen Ebenen statt, in der Veränderung von Stressoren, der Stärkung von Ressourcen, der kontinuierlichen Veränderung von Bewertungsmustern oder durch die Reflexion wenig erfolgreicher und die Erprobung neuer Bewältigungsstrategien. All diese Ebenen greift die Anti-Stress-Box in folgenden vier Themenfeldern auf:

Mein Stress und ich – Stress erkennen, verstehen, reflektieren

Bei diesen Übungen geht es darum die eigene Stresswahrnehmung und das eigene Stresserleben genau kennenzulernen und zu reflektieren. Erst diese Kenntnisse ermöglichen es, Schritt für Schritt Maßnahmen zu ergreifen, um den eigenen Stress zu vermindern oder zu vermeiden. Die Selbsterkundungen orientieren sich an zentralen Leitfragen, wie: Was belastet mich? Was beansprucht mich? Wie fühle ich mich? Wie bewerte ich (unbewusst) meine Situation und die an mich gestellten Anforderungen? Wie setze ich mich selbst unter Stress? Auf welche Ressourcen kann ich (bereits) zurückgreifen?

Meine Regeneration und Entspannung – dem Stress begegnen

Rückzugsmöglichkeiten und Entspannungsphasen fehlen im Schulalltag oft. Um auch in stressigen Arbeitsphasen die natürliche Regulationsfähigkeit des Körpers zu erhalten, beinhaltet die Praxisbox eine Vielzahl von praktischen Tipps und Übungen zur Gestaltung aktiver kurzer Pausen, zur Progressiven Muskelentspannung, zur eigenen Work-Life-Balance oder auch Entspannungstechniken aus dem Bereich der Achtsamkeit.

Mein Zeit- und Selbstmanagement – mehr Raum schaffen

Ziel von Zeit- und Selbstmanagement-Techniken ist es, einen bewussteren Umgang mit der zur Verfügung stehenden Zeit zu ermöglichen. Im Rahmen dieser Übungen erhalten die Anwenderinnen und Anwender die Möglichkeit die Souveränität über die eigene Zeit (zurück)zugewinnen und für alle diejenigen Tätigkeiten, Vorhaben und Ziele zu nutzen, die dem Einzelnen wichtig sind. Aber auch Strategien zum Setzen von Grenzen und zum Umgang mit perfektionistischen Einstellungen werden thematisiert.

Mein Umfeld und ich – meine Beziehungen zu anderen konfliktfrei gestalten

Je unterstützender und spannungsärmer sich die Beziehungen zu Kolleginnen und Kollegen, Schülerinnen und Schülern, Eltern oder Kooperationspartnerinnen und -partnern sind, desto mehr tragen sie zu unserem Wohlbefinden bei. Konflikte und Spannungen dagegen stellen einen starken Belastungsfaktor dar und sind nicht selten eine Quelle für Stress. Die Reflexionsübungen in diesem Bereich thematisieren neben Gesprächsführungstechniken, mit deren Hilfe sich Konflikte produktiv bearbeiten lassen, Hinweise zur Arbeit mit Eltern, zur Kooperation im Kollegium oder auch zum Geben von Feedback.

Abb. 1: Exemplarische Gesundheitsübungen der Anti-Stress-Box (Quelle: Meißner et al. 2019a) – Fortsetzung nächste Seite

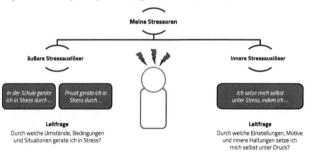

01 Mein soziales Netz

Die Methode »Mein soziales Netz« hilft Ihnen, die Beziehungsqualitäten zu Ihrem sozialen Umfeld zu visualisieren, zu reflektieren und sich dadurch Kraftquellen und Kcrafträuber im eigenen sozialen Netz bewusst zu machen.

Freunde und Bekannte

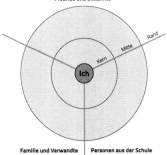

1. Tragen Sie Personen aus Ihrem sozialen Umfeld als Kreise mit Initialen in die Grafik ein. Je näher Sie Personen an die Mitte heranrücken, desto intensiver erleben Sie diese Beziehungen.

2. Veranschaulichen Sie, wie Sie Ihr eigenes soziales Netz erleben, indem Sie einzelne Kreise farbig als Kraftquellen oder Krafträuber markieren.

3. Betrachten Sie in Ruhe das Ergebnis. Ziehen Sie die Kreise derjenigen Kraftquelle dick nach, die Sie als besonders positiv für Ihr eigenes Wohlbefinden erleben, sowie desjenigen Crafträubers, der Sie besonders belastet.

4. Hinweise zur abschließenden Reflexion finden Sie auf der → Rückseite.

Familie und Verwandte | **Personen aus der Schule**

02 Meine Lebensinseln

In unserem Berufs- und Privatleben füllen wir allerlei Rollen aus. Im »Ozean des Lebens« sind wir so täglich auf ganz verschiedenen »Lebensinseln« unterwegs und unterschiedlich stark gefordert, deren Anforderungen zu managen. Um sich klarzumachen, auf wie vielen »Lebensinseln« Sie selbst täglich in welcher Gefühlslage unterwegs sind, zeichnen Sie sich alle aktuellen »Lebensinseln« (Rollen) auf und bewerten Sie diese mit Smileys! Versuchen Sie dabei folgende Fragen zu beantworten:

1. Was sind meine Haupt- und Nebeninseln(-rollen)?
2. Welche Gefühle verbinde ich mit meinen Lebensinseln?
   (☺ angenehm/positiv; ☺ gleichgültig; ☹ unangenehm/negativ)

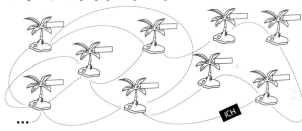

11 Meine positive Tagesbilanz

Schritt 5
Abschließend frage ich mich:
Was habe ich dazu
beigetragen, dass ich diese
Dinge als positiv erlebt habe?

Schritt 1
Ich nehme mir jeden Abend
vor dem Schlafengehen
3-5 Minuten Zeit für meine
positive Tagesbilanz.

Schritt 4
Ich schreibe mir die drei
Dinge auf, die für mich an
diesem Tag gut waren.

Schritt 2
Ich gehe in mich, lasse den
vergangenen Tag Revue
passieren und konzentriere
mich dabei auf die positiven
Erlebnisse.

Schritt 3
Was hat mir Freude bereitet?
Was war besonders schön?
Worauf kann ich stolz sein?
Wofür bin ich dankbar?

171

Zusätzlich bietet das 32-seitige Booklet Lehrkräften einen kurzen und anwendungsorientierten Einblick in die Themen Beanspruchung, Stress und Stressbewältigung im Lehrkräfteberuf und zeigt individuelle Möglichkeiten auf, die Lehrerinnen und Lehrern im Umgang mit Stress zur Verfügung stehen. Konkret geht es darum die Anwenderinnen und Anwender in die wichtigsten Grundbegriffe der Stressforschung einzuführen und zu vermitteln, welche gesundheitlichen Wirkungen mit Stress verbunden sein können. Gleichzeitig gilt es zu reflektieren, welche Be- und Entlastungsfaktoren zentral für den Lehrkräfteberuf sind und wie sich diese im Arbeitsalltag reduzieren bzw. kultivieren lassen. Abschließend thematisiert das Booklet aber auch, dass es sich bei Lehrkräftegesundheit um kein ausschließlich individuelles Thema handelt, sondern gesunde Lehrkräfte und Schule eine Aufgabe der gesamten Schulgemeinschaft und damit eine Frage der Schulentwicklung ist.

3 Praxisbox Kollegiale Fallberatung. Herausforderungen in der Schule gemeinsam bewältigen

Als Lehrkraft tätig zu sein bedeutet, in einem an Herausforderungen reichen Beruf zu arbeiten, der zum einen belastend, zum anderen aber auch sehr zufriedenstellend sein kann (Lehr 2014). Damit aus Herausforderungen keine Überforderungen werden, bedarf es wirksamer Unterstützungssysteme in Schulen. Dabei sind es vor allem Merkmale der schulischen Umwelt, die als Ressourcen wirken und das eigene Belastungserleben positiv beeinflussen können. Im beruflichen Alltag von Lehrkräften zählt insbesondere die soziale Unterstützung durch die Schulleitung und im Kollegium zu einer der bedeutsamsten gesundheitsrelevanten Faktoren (Rothland 2013).

Eine Methode, die die entlastenden und schützenden Wirkungen kollegialer Beziehungen systematisch nutzt und zu einem festen Prozessablauf verdichtet, stellt die Kollegiale Fallberatung dar. Sie ermöglicht es Lehrkräften sich im Umgang mit herausfordernden und belastenden Situationen aus dem Schulalltag auszutauschen und gemeinschaftlich praxisnahe Lösungen zu finden, ohne dass hierfür externe Beraterinnen und Berater oder Supervisorinnen und Supervisoren nötig sind. Die Kollegiale Fallberatung überzeugt zugleich durch ihre einfache Handhabbarkeit, da sie ohne großen zeitlichen und organisatorischen Aufwand leicht umgesetzt werden kann.

Die positiven Effekte Kollegialer Fallberatungen lassen sich auch empirisch nachweisen. Fasst man die bisherigen Forschungsbefunde zusammen, so können Lehrkräfte in dreifacher Weise von Kollegialer Fallberatung profitieren, insbesondere bei einer längerfristigen Anwendung: erstens durch die Lösung konkreter Handlungsprobleme, zweitens durch die Entwicklung beruflicher Handlungskompetenzen und drittens durch die Reduktion beruflicher Bean-

Abb. 2: Praxisbox Kollegiale Fallberatung im Überblick (Quelle: Meißner et al. 2019b) –
Fortsetzung nächste Seite

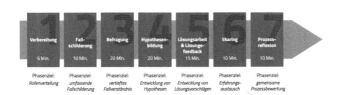

Der Prozess der Kollegialen Fallberatung

1 Vorbereitung	2 Fall-schilderung	3 Befragung	4 Hypothesen-bildung	5 Lösungsarbeit & Lösungs-feedback	6 Sharing	7 Prozess-reflexion
5 Min.	10 Min.	20 Min.	20 Min.	15 Min.	10 Min.	10 Min.

Phasenziel:	Phasenziel:	Phasenziel:	Phasenziel:	Phasenziel:	Phasenziel:	Phasenziel:
Rollenverteilung	*umfassende Fallschilderung*	*vertieftes Fallverständnis*	*Entwicklung von Hypothesen*	*Entwicklung von Lösungsvorschlägen*	*Erfahrungs-austausch*	*gemeinsame Prozessbewertung*

Bei dem hier dargestellten Fallberatungsprozess handelt es sich um einen idealtypischen Verlauf.
Wenn die Fallberatungsgruppe Erfahrungen mit der Methode gesammelt hat, kann dieser an die Gruppen-
bedürfnisse angepasst und abgewandelt werden.

Den Fall erkunden und verstehen

Berufliche Handlungsprobleme sind häufig in einen größeren Zusammenhang eingebettet. Verschiedene Ebenen
spielen ineinander, die es bei der Erkundung eines Falles zu berücksichtigen gilt:

Beispiele für Leitfragen:
- Welche Aspekte sind fachlicher Art?
- Welche professionellen Aspekte werden berührt?
- Welche Rollenaspekte werden tangiert?

Beispiele für Leitfragen:
- Wer ist an der Situation beteiligt?
- Welche Befürchtungen hat die/der Fallgeber/in?
- Wie ist die Zusammenarbeit zwischen den Beteiligten?
- Was vermeidet die/der Fallgeber/in?
- Wer hat einen Nutzen oder Verlust in diesem Fall?
- Welche Motive haben die Beteiligten in der Situation?

fachlich-professionelle Ebene | Ebene der Institution
Fall
zwischen-menschliche Ebene | persönliche Ebene

Beispiele für Leitfragen:
- Gibt es eine Vorgeschichte zum Fall?
- Wie wird in der Schule üblicher-weise mit derartigen Fällen umgegangen?
- Wer hat offiziell welche Handlungsbefugnisse?
- Welche Schulstrukturen prägen die Situation?

Beispiele für Leitfragen:
- Wie wird der Fall geschildert?
- Welche Gefühle/Gedanken/ Werthaltungen kommen zum Ausdruck?
- Welche Metaphern/Bilder/Ana-logien werden herangezogen?
- In welcher/welchen Rolle/n handelt die/der Fallgeber/in?
- Wie führt sie/er die Rolle/n aus?

spruchungen (Tietze 2010, Meißner et al. 2019, Semper/Meißner in diesem Band). Die Kollegiale Fallberatung ist daher ebenso ein Professionalisierungs- wie auch ein Entlastungsinstrument, von dem berufserfahrene Lehrkräfte wie auch Berufseinsteigerinnen und -einsteiger, Referendarinnen und Referendare sowie andere in der Schule tätige Personen gleichermaßen profitieren können.

Um diese positiven Wirkungen in Schule zu entfalten und stärker zur Anwendung zu bringen, beinhaltet die *„Praxisbox Kollegiale Fallberatung. Herausforderungen in der Schule gemeinsam bewältigen"* alles, was Kollegien, Teams von Lehrkräften und weitere in Schule tätige pädagogische Fachkräfte benötigen, um selbstständig, unkompliziert und materialgestützt Kollegialer Fallberatungen zu initiieren und durchzuführen.

Als Praxisanleitung enthält sie neben einer eingängigen Darstellung der Fallberatungsmethodik zusätzlich Begleitmaterialien zu deren Umsetzung, sodass die Methode ohne lange Vorbereitung direkt im Anwendungsprozess erlernt und eingeübt werden kann. Die Praxisbox eignet sich aber nicht nur zur Durchführung Kollegialer Fallberatungen innerhalb der eigenen Schule. Alle Materialien können auch zur Organisation und Durchführung schulübergreifender Fallberatungsrunden genutzt werden.

Die Grundlage hierfür bildet ein 31-seitiges Booklet, welches den Anwenderinnen und Anwender einen umfangreichen Einblick in die Methode der Kollegialen Fallberatung, deren Anwendung und Besonderheiten praxisnah anhand der folgenden sechs Leitfragen vermittelt:

1. Was ist Kollegiale Fallberatung?
2. Warum Kollegiale Fallberatungen durchführen?
3. Wie können Kollegiale Fallberatungen gelingen?
4. Wo liegen die Grenzen Kollegialer Fallberatungen?

5. Welche Rollen sind an der Fallberatung beteiligt?
6. Wie verläuft eine Kollegiale Fallberatung?

Neben allgemeinen Informationen zur Kollegialen Fallberatung liegt der Schwerpunkt des Themenheftes darauf, Lehrkräfte mit den spezifischen Rollen der Fallberatung, deren Anforderungen und Aufgaben vertraut zu machen, sodass sie sich während des Fallberatungsprozesses sicher in ihren jeweiligen Rollen bewegen können. Neben den je spezifischen Rollenanforderungen erhalten Lehrerinnen und Lehrer gleichzeitig einen detaillierten Überblick über die einzelnen Phasen des Fallberatungsprozesses, deren Besonderheiten und je spezifischen Anforderungen an die einzelnen Rollen innerhalb der Kollegialen Fallberatung. Zusätzlich werden die Gelingensbedingungen und die Grenzen Kollegialer Fallberatungen thematisiert.

Ergänzt wird die Praxisbox durch umfangreiche Begleitmaterialien, die das Erlernen und die praktische Umsetzung der Methode erleichtern und dadurch etwaige Hürden in der Anwendung abbauen. Als Begleitmaterialien stehen Lehrkräften u. a. ein Rollenkartenset, eine Übersichtskarte zum Prozessablauf der Kollegialen Fallberatung sowie diverse Methodenkarten zur Verfügung (vgl. Abb. 3, nächste Seite).

Für den konkreten Praxiseinsatz beinhaltet die Praxisbox neben einem downloadbaren Poster zusätzlich eine Karte zur Struktur der Fallberatung (in mehrfacher Ausführung). Dadurch wird sichergestellt, dass alle Teilnehmenden jederzeit im Blick behalten können, in welcher Phase sie sich befinden und welche grundlegenden Ziele und Aufgaben damit verbunden sind. Nähere Ausführungen zu den Aufgaben der unterschiedlichen Rollen in den jeweiligen Fallberatungsphasen finden sich auf den einzelnen Rollenkarten.

Das Rollenkartenset umfasst – ebenfalls in mehrfacher Ausführung – für jede am Fallberatungsprozess beteiligte Rolle eine Rollenkarte (vgl. Abb. 4, übernächste Seite). Während auf der Vorderseite jeweils kurz beschrieben wird, wie sich die Lehrkräfte in ihrer jeweiligen Rolle als Fallgeber/in, Berater/in, Moderator/in und Beobachter/in zu verhalten haben, wird auf der Rückseite der A5-Karten noch einmal verdeutlicht, welche Aufgaben ihnen in den einzelnen Beratungsphasen zukommen.

Ergänzt wird die Praxisbox letztlich durch diverse Methodenkarten. Da die Kollegialen Fallberatung, wie alle Methoden, der Einübung bedarf und es zu Beginn ungewohnt sein kann, während der Phase der Fallschilderung, der Befragung und Analyse des Falls zielführende Fragen zu stellen, um sich ein umfassendes Bild über den Fall zu verschaffen, erhalten Lehrkräfte Unterstützung und konkrete Anregungen durch die Übungskarten, wie „Den Fall erkunden und verstehen" und „Den Fall analysieren". Weiterhin erhalten die Anwenderinnen und Anwender praktische Hinweise und Techniken beispielsweise zu essentiellen Gesprächsführungstechniken, wie dem aktiven Zuhören, oder auch

Abb. 3: Materialien zur Kollegialen Fallberatung (Quelle: Meißner et al. 2019b)

 Aktives oder Anteil nehmendes Zuhören

Aktives Zuhören

bedeutet reflektierendes, einfühlendes Verstehen. Diese Elementartechnik soll Sie dabei unterstützen, die/den Fall-geber/in inhaltlich wie emotional bestmöglich zu verstehen. Gleichzeitig signalisieren Sie: »Ich höre dir zu und kon-zentriere mich auf dein Anliegen und nehme dich damit ernst«.

Während der Fallschilderung können Sie der/dem Fallgeber/in durch verschiedene verbale und nonverbale Signale zeigen, dass Sie ihr/ihm aufmerksam und empathisch zuhören.

In der anschließenden Befragungsphase können die verbalen Techniken, die Sie auf der → Kartenrückseite finden, den Verstehensprozess unterstützen und dabei helfen, zu einem umfassenden Fallverständnis zu gelangen.

Nonverbal

- Körperhaltung: Hinwendung zur/zum Gesprächspartner/in
- Blickkontakt halten: freundliches Anschauen, aber nicht anstarren
- Bestätigungslaute: Hmhm, Ach so, Aha, lachen, seufzen
- Gestik und Mimik: z. B. zustimmendes Nicken

Schwierigkeiten im Beratungsprozess begegnen

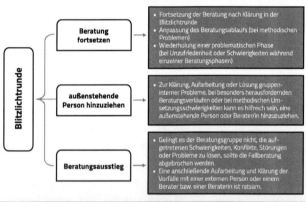

Blitzlichtrunde

Beratung fortsetzen
- Fortsetzung der Beratung nach Klärung in der Blitzlichtrunde
- Anpassung des Beratungsablaufs (bei methodischen Problemen)
- Wiederholung einer problematischen Phase (bei Unzufriedenheit oder Schwierigkeiten während einzelner Beratungsphasen)

außenstehende Person hinzuziehen
- Zur Klärung, Aufarbeitung oder Lösung gruppen-interner Probleme, bei besonders herausfordernden Beratungsverläufen oder bei methodischen Umsetzungsschwierigkeiten kann es hilfreich sein, eine außenstehende Person oder Berater/in hinzuzuziehen.

Beratungsausstieg
- Gelingt es der Beratungsgruppe nicht, die auf-getretenen Schwierigkeiten, Konflikte, Störungen oder Probleme zu lösen, sollte die Fallberatung abgebrochen werden.
- Eine anschließende Aufarbeitung und Klärung der Vorfälle mit einer externen Person oder einem Berater bzw. einer Beraterin ist ratsam.

 Einen Fall auswählen I

Kollegiale Fallberatungen leben von Ihren Fällen. Zu Beginn eines Gruppentreffens kann es jedoch gelegentlich vor-kommen, dass sich die Fallauswahl schwierig gestaltet. Um diese erste Hürde vor der eigentlichen Fallberatung zu nehmen, gibt es verschiedene Strategien, die Sie als Moderator/in anwenden können.

Herausforderungen bei der Fallauswahl

Es gibt zu viele Fälle

Herausforderung:
Die Zahl potenzieller Fälle übersteigt den zeitlichen Rahmen der Fallberatung.

Folge:
Nicht alle Fälle können beraten werden.

Handlungsempfehlung:
- Fallpriorisierung (→ Rückseite)

Unsicherheit potenzieller Fallgeber/innen

Herausforderung:
Potenzielle Fallgeber/innen schätzen ihren Fall gelegentlich als
- zu unbedeutend/nebensächlich,
- zu groß/klein oder
- zu voraussetzungsreich/komplex ein.

Folge:
Teilnehmer/innen halten ihren Beratungswunsch und -bedarf zurück.

Handlungsempfehlung:
- offene Diskussionsrunde zur Eignung des Falls (→ Rückseite)

Es gibt keine Fälle

Herausforderung:
Augenscheinlich gibt es keinen Fall und keinen Beratungsbedarf.

Folge:
Die Fallberatung kann nicht stattfinden.

Handlungsempfehlung:
- Fallblitzlicht
- Murmelgruppe (→ »Einen Fall auswählen II«)

Abb. 4: Rollenkarten – Fortsetzung nächste Seite

Fallgeber/in

Als Fallgeber/in

- bin ich bereit, mich beraten zu lassen.
- habe ich die Absicht, etwas zu verändern.
- bin ich ehrlich an einer Lösung meines Falls interessiert.
- spreche ich offen über meinen Fall.
- bin ich bereit, nicht nur über den Inhalt meines Falls, sondern auch über meine eigenen Emotionen zu sprechen.
- reflektiere und stelle ich meine bisherige Sicht auf meinen Fall selbstkritisch in Frage, ohne mich zu rechtfertigen.
- lasse ich mich von den Eindrücken, Hypothesen und Lösungsvorschlägen meiner Kolleg/innen anregen, inspirieren und irritieren.

Fallgeber/in

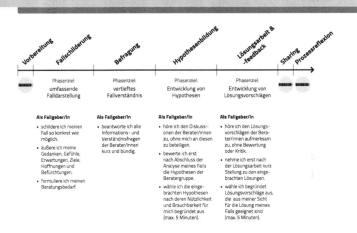

Berater/in

Als Berater/in

- trete ich der/dem Fallgeber/in respektvoll, ehrlich und offen gegenüber.
- zeige ich ein ehrliches Interesse am eingebrachten Fall.
- akzeptiere ich, dass der Fall für die/den Fallgeber/in ein wichtiges und zu klärendes Problem darstellt.
- stelle ich mich reflexiv auf die Perspektive der Fallgeberin/des Fallgebers ein.
- bringe ich meine Eindrücke, Vermutungen und Hypothesen in den Beratungsprozess ein, um der/dem Fallgeber/in neue bzw. alternative Sichtweisen auf den Fall zu ermöglichen.
- bringe ich vielfältige Lösungsvorschläge und -ideen im Umgang mit dem Fall ein.

177

Moderator/in

Als Moderator/in

- leite ich die Fallberatungsgruppe.
- bin ich für den systematischen Verlauf der Kollegialen Fallberatung verantwortlich und moderiere die Übergänge zwischen den Beratungsphasen.
- achte ich auf die Einhaltung der Zeit-, Rollen- und Phasendisziplin.
- beziehe ich alle Beteiligten in den Beratungsprozess ein.
- visualisiere ich die Hypothesen und Lösungsvorschläge.
- reagiere ich umgehend auf die Verletzung von Kommunikationsregeln.
- gehe ich direkt auf offene und/oder verdeckte Konflikte und Spannungen ein und versuche diese aufzuklären, um eine erfolgreiche Fallberatung zu garantieren (→ »Schwierigkeiten im Beratungsprozess begegnen«).

Beobachter/in

Als Beobachter/in

- beteilige ich mich *nicht* aktiv an der Kollegialen Fallberatung.
- beobachte ich die Fallberatungsgruppe während des Beratungsprozesses.
- notiere ich alle meine Eindrücke und Beobachtungen.
- konzentriere ich mich auf alle Beteiligten und ihre Rollen.
- gebe ich am Ende der Fallberatung allen Teilnehmer/innen ein Feedback zum Ablauf und Prozess der Kollegialen Fallberatung.
- trage ich durch meine Rückmeldungen zur Verbesserung des Beratungs- prozesses sowie zur Weiterentwicklung der Kollegialen Fallberatung bei.

zum Umgang mit herausfordernden Situationen im Kontext der Kollegialen Fallberatung („Einen Fall auswählen I & II"; „Schwierigkeiten im Beratungspro- zess begegnen").

Neben dem in der Praxisbox enthaltenen Kartenset stehen den Lehrkräften ebenfalls Online-Materialien zur Verfügung. Da im Kontext Kollegialer Fall- beratungen unter Umständen sehr sensible Aspekte angesprochen werden, ist es zu Beginn sinnvoll, gemeinsam mit allen Beteiligten Regeln für die Kommu- nikation und Zusammenarbeit festzulegen. Hierfür kann die Postervorlage „Un- sere Regeln der gemeinsamen Zusammenarbeit" genutzt werden. Speziell für Beobachterinnen und Beobachter gibt es auch eine Vorlage für einen Beobach- tungsbogen, der es erlaubt, die Fallberatung strukturiert zu beobachten, um der Fallberatungsgruppe ein umfangreiches Feedback zu geben und den Prozess- ablauf zu optimieren. Aber auch alle Methodenkarten stehen den Anwenderin- nen und Anwender online zur Verfügung, sodass diese bei Bedarf leicht verviel- fältigt werden können.

4 Lehrkräftegesundheit – eine Gemeinschaftsaufgabe

Die eigene Gesundheit zu fördern und den beruflichen und alltäglichen Stress zu bewältigen kann auf unterschiedlichem Wege erfolgen. Dabei können grundsätzlich zwei Ansätze unterschieden werden, die Verhaltens- und die Verhältnisprävention (vgl. Abb. 5). Maßnahmen der Verhaltenspräventionen setzen direkt beim Individuum und seinem Verhalten an, während verhältnispräventive Maßnahmen die jeweiligen Lebens-, Arbeits- und Umweltbedingungen in den Blick nehmen, kurz: die Verhältnisse in denen sich Menschen bewegen.

Abb. 5: Präventionsansätze (Quelle: Meißner et al. 2019a, S. 18).

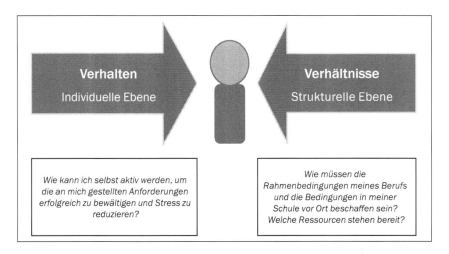

Im Idealfall verknüpft eine erfolgreiche Gesundheitsprävention und -förderung verhaltens- und verhältnisorientierte Ansätze. Zwar gibt es eine Vielzahl von Möglichkeiten, selbst aktiv zu werden, dennoch ist eine erfolgreiche Stressprävention und Gesundheitsförderung nie nur ein persönlich und berufsbezogen einzuschlagender Entwicklungsweg, sondern eine Entwicklungsaufgabe für die gesamte Schule sowie für das Schulsystem. Kurz: *Gesunde Schule zu entwickeln, ist ein gemeinsam getragener, systematischer Prozess der gesamten Schulgemeinschaft.* Nicht zuletzt braucht es auch einen gesellschaftlichen Rahmen, in dem Lehrkräfte mit Anerkennung ihrer Tätigkeit und Unterstützung in ihrer Berufsrolle rechnen können.

Die beiden Praxisboxen zur Lehrkräftegesundheit verstehen sich vor diesem Hintergrund als Werkzeugkiste bzw. Toolbox mit deren Hilfe sich Lehrkräfte, wie im Fall der Anti-Stress-Box, ihre eigene Anti-Stress-Strategie zusammenstellen können. Im Mittelpunkt steht hier die Verhaltensprävention. Die Praxisbox Kollegiale Fallberatung wiederum knüpft an Aspekte der Verhaltens- wie der Verhältnisprävention an. Mit Hilfe der Kollegiale Fallberatungsmethodik wird einerseits die individuelle Bewältigung von Problemen und damit einhergehend die Aktivierung eigener Ressourcen zentral gestellt, andererseits ist die Kollegiale Fallberatung auch ein Instrument zum Aufbau und der produktiven Gestaltung kollegialer Beziehungen und bildet damit den Ausgangspunkt für Vergemeinschaftsprozesse in der Schule. Diese kollegiale „Kraft" kann sich dann auch auf Schulentwicklungsprozesse auswirken und den Weg freimachen für verhältnisbezogene Veränderungen.

Literaturverzeichnis

Lehr, Dirk (2014): Belastung und Beanspruchung im Lehrerberuf – Gesundheitliche Situation und Evidenz für Risikofaktoren. In: Terhart, Ewald/Bennewitz, Hedda/Rothland, Martin (Hrsg.): Handbuch der Forschung zum Lehrerberuf. 2., überarbeitete und erweiterte Auflage. Münster, New York: Waxmann, S 774–773.

Meißner, Sebastian/Semper, Ina/Roth, Sascha/Berkemeyer, Nils (2019): Gesunde Lehrkräfte durch kollegiale Fallberatung? Ergebnisse einer qualitativen Evaluationsstudie im Rahmen des Projekts „Gesunde Lehrkräfte durch Gemeinschaft". In: Prävention und Gesundheitsförderung 12, H. 1, S. 15–21.

Rothland, Martin (2013): Beruf: Lehrer/Lehrerin – Arbeitsplatz: Schule. Charakteristika der Arbeitstätigkeit und Bedingungen der Berufssituation. In: Rothland, Martin (Hrsg.): Belastung und Beanspruchung im Lehrerberuf. Modelle, Befunde, Interventionen. 2., vollständig überarbeitete Auflage. Wiesbaden: Springer VS, S. 21–39.

Tietze, Kim-Oliver (2010): Wirkprozesse und personenbezogene Wirkungen von kollegialer Beratung. Theoretische Entwürfe und empirische Forschung. 1. Auflage. Wiesbaden: VS Verlag.

Schlussbetrachtung

VorteilJena – Bilanz und Perspektiven teilhabeorientierter Gesundheitsförderung

Sebastian Meißner, Bärbel Kracke, Nils Berkemeyer &
Peter Noack

Lebensphasenübergreifende Gesundheitsförderung und Prävention der Bevölkerung in der Region Jena durch Steigerung der sozialen Teilhabe – diesem Ziel haben sich alle VorteilJena-Teilprojekte aus je unterschiedlichen Richtungen verpflichtet. Im Rahmen der praxisorientierten Forschung stand die Entwicklung, Evaluation und der Transfer von Praxishilfen zur Gesundheitsförderung in den Lebensbereichen „Gesund Lernen", „Gesund Arbeiten" und „Gesund Altern" im Mittelpunkt (Berger/Kraußlach/Strauß 2019, S. 2).

Verortet im Bereich „Gesund Lernen", haben die im vorliegenden Band vertretenen VorteilJena-Teilprojekte im Setting Schule unterschiedliche Zielgruppen avisiert. Während das Teilprojekt „Netzwerke für Bildungsübergänge" vor allem Kinder und Jugendliche mit sonderpädagogischem Förderbedarf an Bildungsübergängen adressierte, lag der Arbeits- und Forschungsschwerpunkt des Teilprojektes „Gesunde Lehrkräfte durch Gemeinschaft" auf der Gesundheitsförderung und Prävention von Lehrkräften.

Im Ergebnis liegen drei qualitätsgesicherte Praxishilfen vor. Die Praxishilfe „Übergangskonferenzen" (Kracke et al. 2019) stellt mit der Übergangskonferenz ein Instrument zur Verfügung, dass durch Kooperation und Vernetzung aller beteiligten Akteure Kinder und Jugendliche mit sonderpädagogischen Förderbedarf entsprechend ihrer individuellen Bedarfe bei den Übergängen vom Kindergarten über die Schule bis hinein in den Beruf unterstützt. Mit der „Anti-Stress-Box für Lehrerinnen und Lehrer" (Meißner et al. 2019a) können Lehrkräfte im Sinne der Verhaltensprävention eigene Entlastungspotenziale offenlegen und ihre Kompetenzen im Umgang mit schulischen Belastungen stärken. Mit der „Praxisbox Kollegiale Fallberatung" (Meißner et al. 2019b) können Lehrerinnen und Lehrer – im Schnittfeld zwischen verhaltens- und verhältnisbezogenen Maßnahmen – in ihren Kollegien oder in schulübergreifend organisierten Lehrkräftenetzwerken eigenständig Kollegiale Fallberatungen durchführen.

Trotz der insgesamt positiven Bilanz die sich am Ende des Förderzeitraums in den einzelnen Beiträgen abzeichnet, gilt es, die Projektergebnisse kritisch zu reflektieren. Deutlich wurde vor allem und dies zeigen auch die empirischen Ergebnisse der Evaluationsstudien, vor welchen Herausforderungen projektförmig organisierte und von außerschulischen Institutionen getragene Interventionen der Gesundheitsförderung und Prävention stehen. Im Anschluss an Matern (2013, S. 195 ff.) lassen sich fünf zentrale Spannungsfelder ausmachen:

• Nachhaltigkeit vs. Aktionismus
• Modellhaftigkeit vs. Schulrealität
• Wirksamkeitsnachweis vs. Evaluierbarkeit ganzheitlicher Gesundheitsförderungsprojekte
• Innovation und Professionalisierung vs. Tradierung und Laienhaftigkeit
• Selbstetikettierung vs. authentisches Engagement

Das übergreifende Ziel, Schulen durch die Verknüpfung von verhaltens- und verhältnisbezogenen Maßnahmen als gesunde Lebenswelten zu gestalten und zu entwickeln, konnte teilweise realisiert werden. Beide Teilprojekte konnten innerhalb des schulischen Settings Impulse sowohl zur Gestaltung inklusiver Übergangsprozesse initiieren als auch zur Entlastung und Professionalisierung von Lehrkräften im Umgang mit herausfordernden Situationen im Schulalltag beitragen. Die Initiierung, Koordination und Nachhaltigkeit der entsprechenden Netzwerkstrukturen bleibt jedoch meist prekär. Die Evaluation der Netzwerkinterventionen verdeutlichen, dass eine nachhaltige Gesundheitsförderung und Prävention insbesondere dann erfolgreich ist, wenn es gelingt, sie zu einem Teil der inneren Entwicklung von Schulen werden zu lassen. Darüber hinaus wird deutlich, dass eine umfassende Entwicklung gesundheitsförderlicher Settings sektorenübergreifend, durch den „Aufbau und die dauerhafte Verankerung multidisziplinärer Kooperationsstrukturen" (Dadaczynski/Baumgarten/Hartmann 2016, S. 219) erfolgen muss. Derartige Strategien bedürfen jedoch eines Umdenkens im Bereich schulischer Gesundheitsförderung.

Gesunde Schulen als Gemeinschaftsaufgabe

Eine nachhaltige schulische Gesundheitsförderung ist eine auf die gesamte Schulentwicklung bezogene Aufgabe, die von Rahmenbedingungen, Strukturen und Ressourcen sowohl des Umfelds als auch der übergeordneten Systemebenen beeinflusst wird. Es gilt, schulische Gesundheitsförderung mit den primären Aufgaben von Schule enger zu verknüpfen (Paulus 2010).

Der Erhaltung sowie die Förderung der Gesundheit und des Wohlbefindens aller in Schule beteiligten Personen zielt letztlich auf die Implementierung eines umfassenden Gesundheitsmanagements (Hundeloh 2013). Gesundheitsförderung wird damit ein integraler Bestandteil von Schulentwicklung und dessen Teilprozessen der Personal-, Unterrichts- und Organisationsentwicklung (KMK 2012). Ob und inwieweit dies gelingt, hängt wesentlich von einer gesundheitsförderlichen Schulkultur ab, die geprägt ist durch Respekt, Wertschätzung, Beteiligung und Verantwortung. Eine solche Schulkultur zeichnet sich konkret durch a) einen hohen Grad kollegialer Zusammenarbeit, b) eine Kultur des Miteinander-kooperierens und Korrespondierens, statt Konkurrierens, c) durch einen Grundkonsens in pädagogischen, fachlichen und didaktischen Fragen sowie d) durch eine effektive Partizipation und Beteiligung aller in Schule beteiligten Personen bei zentralen Entwicklungsfragen aus (Hurrelmann/Palentin 1997, S. 22). Die Bereitschaft Schulentwicklungsprozesse anzustoßen, weiterzuverfolgen und erfolgreich in den schulischen Arbeitsalltag zu integrieren gelingt insbesondere dann, wenn die Beteiligten diese Veränderungen im Sinne des Salutogenese-Modells als bedeutsam und sinnvoll, handhabbar und verstehbar wahrnehmen (Hundeloh 2012, 2013; Paulus 2010; Paulus 2013). Dieses grundlegende Verständnis herzustellen und aufrechtzuerhalten ist eine zentrale Aufgabe von Schulleitungen, die mit einem gesundheitsgerechten Führungsverhalten einen wesentlichen Beitrag zum Gelingen einer gesunden Schulentwicklung leisten (Hundeloh 2013). Insgesamt, das sei hier noch einmal betont, ist die Entwicklung gesunder Schulen eine Gemeinschaftsaufgabe, die alle in Schule beteiligten Akteursgruppen gleichermaßen betrifft.

Mit Blick auf das Mehrebenensystem Schule und dessen komplexen Relationen und Abhängigkeiten gilt, dass zentrale Lösungen, die für jede Einzelschule passen, nicht zu erwarten sind. Die erfolgreiche Umsetzung gesunder Schulen und letztlich einer ganzheitlich ausgerichteten gesundheitsförderlichen Schul-(system)entwicklung hängt, so ließe sich mit Hans-Günter Rolff (2011) abschließend formulieren, davon ab, ob und wie Schulen und das Schulsystem in der Lage sind, die jeweils besten Lösungen für ihre individuellen Entwicklungsherausforderungen und -absichten selbst zu entdecken und umzusetzen.

Literaturverzeichnis

Berger, Uwe/Kraußlach, Heike/Strauß, Bernhard (2019): VorteilJena: Vorbeugen durch Teilhabe in der Gesundheitsregion von morgen. Prävention und Gesundheitsförderung 14, H. 1, S. 1–2.

Dadaczynski, Kevin/Baumgarten, Kerstin/Hartmann, Thomas (2016). Settingbasierte Gesundheitsförderung und Prävention. Kritische Würdigung und Herausforderungen an die Weiterentwicklung eines prominenten Ansatzes. In: Prävention und Gesundheitsförderung 11, H. 4, S. 214–221.

Hundeloh, Heinz (2012): Gesundheitsmanagement an Schulen. Prävention und Gesundheitsförderung als Aufgaben der Schulleitung. Weinheim und Basel: Beltz.

Hundeloh, Heinz (2013): Gesundheitsmanagement an Schulen. Prävention und Gesundheitsförderung als Entwicklungsaufgaben der Schulleitung. In: Pädagogik 6, H. 13, S. 34–37.

Hurrelmann, Klaus/Palentien, Christian (1997): Zwei Bedingungen für eine gesundheitsfördernde Schule. In: Wildt, B. (Hrsg.): Gesundheitsförderung in der Schule. Neuwied: Luchterhand, S. 15–38.

Kracke, Bärbel/Mayhack, Kerstin/Noack, Peter/Weber-Liel, Dorit (2019): Übergangskonferenzen – Eine Praxishilfe zur individuellen Übergangsgestaltung in Kindergarten und Schule. Weinheim und Basel: Beltz.

Kultusministerkonferenz (KMK) (2012): Empfehlung zur Gesundheitsförderung und Prävention in Schule. www.kmk.org/fileadmin/veroeffentlichungen_beschluesse/2012/2012_11_15-Gesundheitsempfehlung.pdf (Abfrage: 01.11.2019).

Matern, Stefan (2013). Projektförmig organisierte Gesundheitsförderung in der Grundschule – ein Spannungsfeld zwischen Postulaten und pädagogischer Machbarkeit. In: Marchwacka, Maria A. (Hrsg.): Gesundheitsförderung im Setting Schule. Wiesbaden: Springer, S. 189–203.

Meißner, Sebastian/Roth, Sascha/Semper, Ina/Berkemeyer, Nils (2019a): Anti-Stress-Box für Lehrerinnen und Lehrer. Weinheim und Basel: Beltz.

Meißner, Sebastian/Roth, Sascha/Semper, Ina/Berkemeyer, Nils (2019b): Praxisbox Kollegiale Fallberatung. Herausforderungen in der Schule gemeinsam bewältigen. Weinheim und Basel: Beltz.

Paulus, Peter (2010): Bildungsförderung durch Gesundheit. Bestandsaufnahme und Perspektiven für eine gute gesunde Schule. In: Paulus, Peter (Hrsg.) (2010). Bildungsförderung durch Gesundheit. Bestandsaufnahme und Perspektiven für eine gute gesunde Schule. Weinheim und München: Juventa, S. 7–30.

Paulus, Peter (2013). Mit Gesundheit gute Schulen entwickeln. Zum Verhältnis von Gesundheit, Bildung und Schule. In: Pädagogik 6, H. 13, S. 6–9.

Rolff, Hans-Günter (2011): Wie verändern wir Schule wirklich? Gelingensbedingungen für erfolgreiche Schulentwicklung. In: Lange, Valerie (Hrsg.): Schulentwicklung zwischen Autonomie und Kontrolle. Wie verändern wir Schule wirklich. Berlin: Friedrich-Ebert-Stiftung, S. 22–32.

Autorinnen und Autoren

Nils Berkemeyer, Prof. Dr., Inhaber des Lehrstuhls für Schulpädagogik und Schulentwicklung an der Friedrich-Schiller-Universität Jena, Sprecher des Projektes LADi – Lehrkräfte als Agenten der Demokratie des Qualitätsoffensive Lehrerbildungsprojektes „PROFJL² – Professionalisierung von Anfang an im Jenaer Modell der Lehrerbildung. Vernetzt – Verantwortlich – Forschungsbasiert" an der FSU Jena, Mitglied des Direktoriums des Zentrums für Lehrerbildung und Bildungsforschung. Arbeitsschwerpunkte: Gerechtigkeit im Schulsystem, Professionalisierung und Kritische Schulsystementwicklungsforschung.

Bärbel Kracke, Prof. Dr., Inhaberin des Lehrstuhls für Pädagogische Psychologie am Institut für Erziehungswissenschaft der Friedrich-Schiller-Universität Jena, 2019–2021 Sprecherin des Qualitätsoffensive Lehrerbildungsprojektes „PROFJL² – Professionalisierung von Anfang an im Jenaer Modell der Lehrerbildung. Vernetzt – Verantwortlich – Forschungsbasiert" an der FSU Jena, seit WS 2019/20 Gleichstellungsbeauftragte der FSU Jena. Arbeitsschwerpunkte: Inklusionskompetenz in der Lehrerbildung, Gelingensbedingungen des Gemeinsamen Unterrichts, Berufswahlforschung, Diagnose und Förderung selbstgesteuerter Lernprozesse.

Kerstin Mayhack, Dr., Systemische Therapeutin in eigener Praxis, Jena. Arbeitsschwerpunkte: Begleitung in Veränderungsprozessen, Achtsamkeit, Stressprävention, Selbstfürsorge, Kooperation von Eltern und Lehrern.

Sebastian Meißner, M.A., Projektkoordinator des Qualitätsoffensive Lehrerbildungsprojektes „PROFJL² – Professionalisierung von Anfang an im Jenaer Modell der Lehrerbildung. Vernetzt – Verantwortlich – Forschungsbasiert" an der Friedrich-Schiller-Universität Jena. Arbeitsschwerpunkte: Lehrkräftegesundheit, Subjektivierungsforschung, Bildungsungleichheit, Schulentwicklung, Neue Steuerung und raumtheoretische Schulsystemforschung.

Peter Noack, Prof. Dr., Inhaber des Lehrstuhls für Pädagogische Psychologie am Institut für Psychologie der Friedrich-Schiller-Universität Jena. Arbeitsschwerpunkte: Lernmotivation und -verhalten, politische Sozialisation in Familie und Schule, Inklusion und Schulübergänge, Entwicklung von Familienbeziehungen und Erziehung.

Ina Semper, M. A., Wissenschaftliche Mitarbeiterin am Institut für Erziehungswissenschaft der Friedrich-Schiller-Universität Jena. Arbeitsschwerpunkte: Lehrkräftegesundheit, Schulsystem und Bildungsgerechtigkeit, Lehrkräfteprofessionalisierung und Lehrerbildung.

Sascha Roth, 1. Staatsexamen, Lehramtsanwärter für das Gymnasium, Gera. Arbeitsschwerpunkte: Lehrergesundheit und -wohlbefinden, Philosophie der Wahrnehmung und philosophische Anthropologie.

Weber-Liel, Dorit, M. A., Wissenschaftliche Mitarbeiterin im Fachbereich Erziehungswissenschaft/Pädagogische Psychologie der Friedrich-Schiller-Universität Jena, Arbeitsschwerpunkte: Inklusive Gestaltung von Bildungsübergängen, Individualisiertes Lernen und Digitalisierung.